镇江新区
近现代名人

《镇江新区近现代名人》编委会 编

江苏大学出版社
JIANGSU UNIVERSITY PRESS

镇 江

图书在版编目(CIP)数据

镇江新区近现代名人/《镇江新区近现代名人》编
委会编. —镇江:江苏大学出版社,2018.8
ISBN 978-7-5684-0736-6

Ⅰ.①镇… Ⅱ.①镇… Ⅲ.①名人－生平事迹－镇江
－近现代 Ⅳ.①K820.853.3

中国版本图书馆 CIP 数据核字(2017)第 327141 号

镇江新区近现代名人
Zhenjiang Xinqu Jinxiandai Mingren

编　　者/《镇江新区近现代名人》编委会
责任编辑/徐子理　董国军
出版发行/江苏大学出版社
地　　址/江苏省镇江市梦溪园巷 30 号(邮编:212003)
电　　话/0511-84446464(传真)
网　　址/http://press.ujs.edu.cn
排　　版/镇江文苑制版印刷有限责任公司
印　　刷/镇江新民洲印刷有限公司
开　　本/718 mm×1 000 mm　1/16
印　　张/23.5
字　　数/440 千字
版　　次/2018 年 8 月第 1 版　2018 年 8 月第 1 次印刷
书　　号/ISBN 978-7-5684-0736-6
定　　价/56.00 元

如有印装质量问题请与本社营销部联系(电话:0511-84440882)

序

习近平总书记指出："两个一百年"奋斗目标的实施，要"以优秀传统文化为根脉"，"提升文化软实力"。

镇江新区，人杰地灵，作为先秦吴国故邑与祭祀圣地，开启了以农神崇拜为基因的宜文化。三千多年来，宜文化薪火传承，波澜壮阔，积淀了丰厚如山的文化遗产。改革开放后，新区作为镇江的经济技术开发区，立于镇江发展战略的高地，以二十多年的开拓发展对镇江的建设产生了巨大作用和深远影响。

地杰人灵的镇江新区贤良辈出、才俊云集。既有勾吴开国君主泰伯，晚唐著名诗人许浑，为推翻帝制、建立共和、振兴中华做出杰出贡献的辛亥革命先驱赵声，国医大师章成之，京剧名家张君秋，又有具有世界影响的绘画大师赵无极，航天工程专家、中国工程院院士王礼恒，当代著名作家刘勇（笔名格非）等，专家、学者、劳模、企业家、副厅级以上的领导更如群星密布，熠熠生辉。由镇江市政协新区工作委员会编撰的这本《镇江新区近现代名人》，正是这一强大阵容的展示。书中重点记载近代以来，在推翻封建建立共和与农耕文明向现代文明转型这两大历史进程中涌现的众多精英人物，展示他们的时代风采、杰出贡献与精神价值，具有资政育人、借鉴启迪的重大意义，也为新区乃至镇江文化建设增添了一部具有重要人文价值的宝贵文献。

当前，镇江新区立足于自身的资源优势，"系统性打造具有新区特质的宜文化"。人是历史文化的创造者，是历史文化的具体体现，是历史文化的载体，名人集中典型地折射着时代精神与文化。仰望《镇江新区近现代名人》中的精英，我们引以为豪，他们的心灵世界滋养着我们，激发我们热爱祖国、建设家园的热情与动力，激励我们在"二次创业"的道路上砥砺前行，汇集出高水平全面建成小康社会、建设镇江新区现代化美好家园、实现"中国梦"的正能量！

《镇江新区近现代名人》编委会

凡例

一、记载文体

正文以客观公正、求实存真为原则,采用记述体,只记事实,不做评论。社会评价、学术成果、文艺作品作为附录列入正文之后。

二、收录标准

本书收入 1840 年以来在镇江新区世居、祖居、迁居、寄居、工作和生活的名人。名人按最高成就归类。

三、分类标准

领导干部:副厅级及以上的地方领导干部;正师级及以上的军队、武警领导干部;历届新区党政主要领导。

历史人物:志书记载、有社会影响的重要人物。

科技人文:中国科学院院士;中国工程院院士;出版过产生重大影响的学术专著、获得主导产业专利的科技人文界人士;在国际、国内专业杂志发表专业论文的科技人文界人士;科技、社会、人文学术带头人;国家级和省级有突出贡献的中青年专家;国家科学技术奖获得者。

文学艺术:作品获得省级以上政府奖的文学艺术家。

医药卫生:国医大师、省级专家。

教育体育:特级教师;受省政府及以上表彰的优秀教师或优秀教育工作者;省级以上运动队主教练。

工商经济:重要、大型企业的创始人、负责人、总师;在主板上市的新区民营企业负责人。

功勋劳模:革命功臣、全国劳模、省部级劳模、"五一劳动奖章"获得者;部队二等功以上获得者、荣誉称号获得者;在国际、国家级赛事上取得前三名成绩的运动员,国家级以上运动队队员。

革命英烈:著名革命烈士。

四、排序说明

每一篇章所载名人均按姓氏笔画排序。

目录

领 导 干 部

于 丁

1916
|

1916 年 12 月生,镇江姚桥镇伏漕村人。1930 年,14 岁的于丁考入镇江乡村师范学校。1934 年毕业后,被分配到丹徒县黄墟小学当老师,一年后,被上海新华艺专录取。

卢沟桥事变爆发后,于丁决定加入抗日救国的队伍之中。于丁联系了好友王伯源老师和师范时的同学陈燮生等 4 人,前往延安。他们在西安找到了八路军办事处,在林伯渠主任的安排下,到云阳青训班学习。在青训班,于丁靠着自己的稳重、干练和吃苦耐劳当上了大队长,还被选为俱乐部主任。当时的学习环境十分艰苦,既无教室,又无食堂,上课、吃饭均在露天。时值寒冬,手脚都被冻裂冻肿,但于丁没有退缩,以顽强的毅力坚持了下来。1938 年 1 月,于丁在学习期间加入了中国共产党,同年 2 月,转入抗大四期学习。1939 年,王震来到延安马列学院为 359 旅挑选干部,把于丁选到了旅教导营政治队任政治教员。1944 年 11 月,于丁随 359 旅南下支队在湘鄂边区开创根据地,他被分配到直属警卫连担任指导员。在日伪占领区,他们拔除据点,破坏交通线,打掉一大批汉奸、土匪、地方反动武装,开辟和建立起多块抗日根据地。

解放战争时期,于丁任吕梁军区团政委,第一野战军组织部部长,参加了中原突围和临汾、太原、扶眉等战役。新中国成立后,任装甲兵直属政治部主任,中国人民志愿军坦克兵指挥所政委。1960 年毕业于装甲兵学院,历任装甲兵工程学院政治部主任、副政委、坦克技术学校政委,荣获二级独立勋章、二级解放勋章,被授予中将军衔。2015 年 9 月 2 日,荣获中国人民抗日战争胜利 70 周年纪念章。

田昌炜

1 9 2 0
|

1920 年生于镇江大港镇龙泉田家村。

1939 年参加新四军。1940 年在苏北参加保卫郭村的战斗和黄桥战役。1942 年任如皋县警卫团七连政治指导员。翌年 4 月领导七连官兵参加如中地区的反"清乡"斗争,并取得最后胜利。

解放战争期间,参加过苏中"七战七捷",山东枣庄、孟良崮及淮海、渡江、上海等重大战役。

新中国成立后,调海军学校基地工作。1978 年调国防科委后勤部任主任(副军级)。1984 年撰写回忆录《坚持如中地区反"清乡"战斗》片断,刊登在 1985 年 9 月 4 日的《新华日报》上。

朱士俊

1 9 1 7
|

1917 年 2 月生,镇江姚桥镇儒里人。原上海市物资局局长。1938 年 2 月进入管文蔚举办的丹阳抗日军政学校,1939 年 4 月加入中国共产党。在抗日战争期间,历任丹阳抗日自卫总团镇南、镇西、麒麟区抗日自卫团政治训练员、团长,新四军挺进纵队司令部政治联络员,连队、大队政治指导员,新四军七师政治部《武装报》编辑,新华社皖江支社驻皖南特派记者等。1945 年秋由中共华中局分配至苏皖边区政府两淮盐务总局任盐阜、淮北教务管理局副局长,中共淮北盐苏特委委员兼宣传部长。新中国成立后,任华东区盐务局办公室主任,华东财政部办公室副主任,国家物资储备局华东区分局副局长,上海市物资局副局长。

1983 年离休后,旋即由上海市政府任命为上海市海洋石油服务总公司副董事长,同时被国务院国家物资局聘为该局咨询中心咨询员,并任上海市物资经济学会副会长,苏、锡、常物资经济理论研究会顾问,上海市离退休高级专家协会经济法律委员会副主任等。

多年来,在《上海物资经济》等有关刊物上发表物资工作论文和抗日斗争回忆文章数十篇,并出版《抗日斗争片断回忆》一书。曾获上海社会科学联合会优秀论文奖一次,上海市新四军暨华中抗日根据地历史研究会优秀论文奖两次。

朱禄海

————

1 9 3 3

|

————

 1933 年 11 月出生于镇江大路镇东岳村。1950 年于建东中学（儒里中学）初中毕业。1953 年于江苏省扬州中学高中毕业，当年被大连工学院（现名为大连理工大学）化工机械系录取。1957 年毕业，分配到东北齐齐哈尔化工学校做教师。1958 年调至江苏省化工研究所。1959 年调至江苏省工业厅机械一处化肥设备制造组工作。这期间在丹阳化肥厂蹲点攻关，直至 1964 年调至江苏省化肥建设指挥部工作。后在江浦"五七"干校和老家当"五七新农民"。1970 年秋，调丹徒县筹备丹徒化肥厂。1975 年调江苏省石油化工设备配件公司任职。1980 年加入中国共产党，被任命为工程师、副经理。1983 年 9 月被江苏省第六届人大常委会任命为石油化学工业厅厅长。

孙晓南

1962
|

　　1962 年 10 月生，镇江新区大路镇人。1981 年 7 月参加工作，1985 年 8 月加入中国共产党，江苏省委党校研究生学历。现任镇江市委常委、市委宣传部部长。

　　1981 年 7 月至 1988 年 5 月任镇江地委（市委）办公室秘书。1988 年 5 月至 1990 年 2 月任镇江市委办公室秘书科副科长。1990 年 2 月至 1992 年 4 月任镇江市委办公室秘书科科长。1992 年 4 月至 1992 年 11 月任镇江市委办公室秘书一科科长。1992 年 11 月至 1996 年 4 月任镇江市委办公室副主任（其间：1994 年 8 月至 1996 年 4 月挂职润州区副区长）。1996 年 4 月至 1998 年 12 月任丹阳市副市长（1997 年 3 月至 1997 年 12 月挂职泗洪县副县长）。1998 年 12 月至 2003 年 4 月任镇江市委副秘书长兼市政府副秘书长（2000 年 8 月明确为正处级）。2003 年 4 月至 2006 年 11 月任镇江市委副秘书长、办公室主任。2006 年 11 月至 2012 年 9 月任镇江市政府秘书长、党组成员、办公室党组书记。2012 年 9 月至 2015 年 10 月任江苏省对口支援西藏拉萨市前方指挥部副总指挥、党委副书记（2012 年 10 月任镇江市副市长、党组成员，2012 年 12 月至 2015 年 10 月任江苏省对口支援西藏拉萨市前方指挥部副总指挥、党委副书记，拉萨市副市长）。

孙家庆

1 9 4 9

|

1949 年 10 月生,江苏镇江人。镇江市人民奖章获得者。1955年 9 月至 1956 年 7 月在南京工学院工业管理专业学习。1969 年 1月参加工作,先后在丹徒县辛丰黄泥村插队,在镇江市汽车保养厂从事生产、统计工作,并担任人保干部,先后担任镇江地区汽车运输公司团委副书记,镇江市交通局组织科长、党委副书记、副局长,镇江经济开发区大港地区管委会主任、党委副书记,镇江经济开发区管委会主任、党组书记。1998 年 1 月 23 日在镇江市四届一次人代会上当选镇江市副市长。2000 年 1 月任泰州市副市长。2001 年6 月退休。

巫朝正

1 9 4 6

|

1946 年 8 月生,江苏句容人。1970 年参加工作,1973 年 1 月加入中国共产党。大专学历,高级经济师。

1970 年 7 月至 1973 年 6 月,任句容县百货公司营业员、团委书记、文书。

1973 年 6 月至 1975 年 11 月,任共青团句容县委干事。

1975 年 11 月至 1976 年 9 月,任句容县白兔公社大队党支部副书记。

1976 年 9 月至 1982 年 7 月,任句容县宝华公社党委书记。

1982 年 7 月至 1987 年 1 月,任句容县副县长(其中:1984 年 9 月至 1986 年 7 月在南农干部专修班学习)。

1987 年 1 月至 1987 年 4 月,任中共丹徒县委常委。

1987 年 4 月至 1989 年 1 月,任丹徒县副县长。

1989 年 1 月至 1992 年 12 月,任中共丹徒县委副书记、县长。

1992 年 12 月至 1999 年 3 月,任中共丹徒县委书记(期间兼任丹徒县政协主席、人大常委会主任)。

1999 年 3 月至 2002 年 1 月,任镇江新区管委会主任、党工委书记。

2002 年 1 月至 2006 年 9 月,任镇江新区管委会调研员。

2006 年 9 月,退休。

李小平

1962
|

　　1962 年 8 月生，江苏常州人。大学文化，高级工程师。1983 年
7 月参加工作，1992 年 11 月加入中国共产党。现任常州市人大常
委会副主任。

　　1979 年 10 月，就读于南京化工学院无锡分院有机化工专业。
1983 年 7 月，担任武进轻工助剂厂技术员、技术科长。1986 年 12
月开始，历任武进轻工助剂厂副厂长、厂长、党支部书记。1996 年 4
月开始，历任江苏新亚化工集团（武进化肥厂）党委副书记、董事
长、总经理（厂长）。1997 年 12 月至 1998 年 1 月任武进市政府副
市长。1997 年 9 月至 1999 年 6 月，进入南京大学工商管理专业研
究生课程进修班学习。1999 年 6 月任武进市政府副市长。2001 年
3 月，任武进市委常委、市政府副市长，同年 11 月任武进市委副书
记、代市长。2002 年 1 月，任武进市委副书记、市长，同年 4 月，任
常州市武进区委副书记、区长。2005 年 9 月，任常州市外经局党委
书记、局长。

　　2009 年 1 月，任镇江新区（经济开发区）党工委书记，同年 2 月
同时任镇江市政府副市长。2011 年 8 月，任镇江市委常委、镇江新
区（经济技术开发区）党工委书记。2016 年 1 月，任常州市政府副
市长。2017 年 2 月，任常州市人大常委会副主任。李小平曾当选
十二次省党代会代表、十届省人大代表。

吴惠民

1897
|
1964

　　原名伯纯，镇江市姚桥镇西墙门村人。幼读私塾，19岁师从其姑父、东乡名医仲景生习医，学成后，先后在家乡和如皋县掘港镇行医。1929年东渡日本，悬壶神户，"七七事变"前归国。在西墙门村为乡民治病，遇有贫苦病人，不仅不收诊金，还资助其药费。时东乡一带为新四军抗日根据地，吴惠民见新四军出生入死，坚持敌后抗日斗争，甚为钦佩，常与地下工作同志密切联系。他以合法身份，团结地方爱国人士，积极支持抗日斗争。1939年，农村旱荒严重，民生维艰，他受抗日民主政府委托，去无锡募捐，被敌逮捕。敌人先以利诱，后加严刑，他受尽折磨，终未吐实，经多方营救始得脱险。1941年，山北县副县长郑竹波被叛徒猛砍4刀，伤势很重，吴惠民将他藏在家中，日夜守护，郑竹波在其精心治疗下痊愈。1944年，吴惠民当选抗日民主政府苏中五分区人民代表。1948年，圌山区特派员颜诚在葛巷里被敌包围，突围中两肩中弹，至西墙门时，吴惠民妥为安排，并为之治疗。

　　新中国成立后，任县生产救灾委员会副主任，县各界人民代表会议常务委员会驻会副秘书长，丹徒县卫生科副科长。1956年，当选丹徒县副县长，经常深入农村，检查卫生防疫工作，帮助基层解决具体问题，要求社会医生加强政治学习，钻研业务，提高技术，全心全意为人民服务，走集体化道路。1958年市县合并后，被选为镇江市政协副主席，兼镇江市中医院院长，主动团结关心老医生，在医院中有很高的威望。1962年，丹徒县恢复建制后，继续担任副县长。1964年2月，当选江苏省第三届人民代表大会代表。是年7月，因患直肠癌逝世。市、县隆重举行追悼会，并将其安葬于镇江市南郊。

汪锡堂

|

1945 年 12 月 27 日生,镇江大港镇孩溪村大王庙一组人,本科学历。1964 年 11 月参军入伍,1966 年 6 月加入中国共产党。先后在陆军第 12 军、南京军区、总参下属单位任职。曾任总参测绘局正团职测绘大队政委、组织处处长、副师职纪检办主任,总参作战部专职纪检委员。

张万祥

1 9 3 4

|

1934 年 1 月 14 日出生于镇江姚桥镇庄基行政村张巷里。7 岁随父到苏州读书、生活，17 岁考入华东人民革命大学学习，随后参加革命工作。早先在上海公、检、法系统工作，后调入北京中南海机关工作，期间曾到湖北省参与新兴汽车城的规划和建设。原中直工委委员、中直工委办公室主任。

张万祥从基层一步步走来，担任过办事员、书记员、科员、共青团书记、党支部委员、机关俱乐部主任等职务。1958 年受到不公正处理被停止工作，1959 年下放农村劳动。1961 年根据毛泽东主席"原议处分不予执行，分配工作"的指示，回中办秘书室工作，负责编辑供中央领导参阅的内刊《群众反映》。20 世纪 70 年代任十堰市基建局长、建委副主任、党委书记、工程指挥部指挥长。1979 年十一届三中全会后，中办政治部作了《关于张万祥同志的平反决定》，经中组部同意，调张万祥回中办工作，担任中直党委宣传部副部长、《中直机关生活报》主编、中直党委办公室副主任。1988 年任中直工委委员、中直工委办公室主任。1989 年，参加中共干部代表团赴朝鲜访问。国庆 40 周年纪念，担任庆祝活动指挥部指挥长，并立首都国庆活动组织委员会一等功。曾陪同华国锋同志观看第十一届亚运会开、闭幕式。1992 年在北戴河主持召开中直机关精神文明建设研讨会，作《积极推进中直机关精神文明建设》的发言，主编出版了《中央机关精神文明建设的实践与探讨》一书。是年，参加中国共产党第十四次代表大会会务工作，任秘书组组长。1993 年当选中直机关工会联合会主席，主编出版了《机关工会手册》。是年底，出席中国工会第 12 次全国代表大会，任中直机关代表团团长，当选全国总工会执委。1994 年退休。

张吉生

1952
|

1952 年 5 月生,镇江姚桥镇兴隆村人。1972 年 1 月参加工作,1977 年 2 月加入中国共产党。本科学历,高级经济师。

历任江苏省镇江市丹徒县委宣传部副部长,镇江市委组织部科长、部务委员,中共句容县委副书记、县政府常务副县长;镇江市税务局局长、党组书记,镇江市副市长、党组成员(其间:参加江苏省第一期高级管理人才经济研究班学习及美国哈佛大学培训),中共镇江市委常委、常务副市长等职务。2005 年 1 月至 2007 年 1 月,任江苏省国有资产经营控股有限公司总经理、董事长、党委书记。2007 年 1 月至 2008 年 3 月,任江苏省发改委副主任、党组副书记(正厅级)。2008 年 3 月至 2009 年 8 月,任江苏省经济贸易委员会主任、党组书记。2009 年 8 月至 2013 年 2 月,任江苏省政府副秘书长(正厅级)(其间:2012 年 2 月 12 日当选江苏省第十届政协常委会委员)。

张金荣

镇江姚桥镇华山村人。历任南京军区群工部部长,安徽省军区政委,安徽省委常委。少将军衔。

张溢国

1 9 1 8
|

1918 年生,镇江姚桥镇人。原解放军温州军分区政委。中校军衔。

1940 年 8 月加入中国共产党。抗日战争时期,曾任山北县(今丹徒县)文教抗敌委员会主任,中共山北县第五区区委宣传委员,区文教干事,公立中心小学校长。1945 年 9 月转入中国人民解放军,任苏中军区第七纵队政治部民运科干事、七纵队垦务局科长、军服厂厂长。

新中国成立后,任苏北军区后勤部科长,江苏省军区后勤部处长。1955 年被授予少校军衔,1962 年晋升为中校。1961 年、1973 年先后进总后勤部重庆建筑工程学院和中国人民解放军军政大学学习。1965 年后,历任江苏省军区独立第一师后勤部部长兼党委书记、副政委、党委常委,浙江省军区温州军分区副政委、政委、党委常委、副书记、书记,浙江省第八届人大代表,中共温州市委常委。

1982 年离休。1988 年中央军委授予其独立功勋荣誉章。

陆天虹

1922
|

　　原名厚德,别名展思、赵权之,1922 年 3 月生,镇江大路镇小港陆家村人。陆九皋胞弟。幼年在上海、海门读书。1939 年接受进步思想,投身抗日救亡运动,担任学生运动领袖。1942 年加入中国共产党,在苏州、常熟等地担任地下党领导职务,先后编辑《江涛报》和《江南挺进报》,直至抗战胜利。1946 年春奉命进入上海、苏州,任苏州工委书记。后因组织遭破坏,转移至中原解放区,任天(门)汉(川)县委城市工作部部长,开展对武汉国民党策反工作。

　　1949 年 5 月,武汉解放,在市委机关短期工作后,次年创建并领导《新武汉报》,1953 年改任《长江日报》社社长、党组书记。是年底,作为成员之一,参加由中央派遣以邓拓为团长的中国新闻工作者代表团赴苏联学习考察。后任中共武汉市委宣传部副部长和市委副秘书长。1974 年复任《长江日报》社社长。1980 年任武汉市人大常委会委员,兼任武汉市地方志编纂委员会副主任,主持《武汉杂志》编纂和业务指导并主编《武汉年鉴》。1981 年,受中国地方志协会委托,主办中南、西南九省区地方志干部培训班,学员400 人。1985 年,国务院恢复重建中国地方志指导小组,陆天虹为指导小组成员和城市志指导组组长,先后主持 20 余次全国和大区及沿海开放城市、经济特区城市志学术研讨会。1992 年受镇江市人民政府之聘,任《镇江市志》顾问,此后,多次回乡做学术讲演和志稿评议。1995 年离休,仍任武汉市地方志编委会副主任等职,并兼任湖北省新四军暨华中抗日根据地历史研究会常务理事、武汉市新四军历史研究会副会长等职。

郑竹波

1921
｜

1921 年出生于江苏丹阳埤城前岗村（今镇江丁岗镇前岗村）。中国人民解放军高级将领。南京军区空军原政治委员、南京军区党委常委，正兵团职。1938 年参加革命，1939 年加入中国共产党。获三级独立自由勋章、二级解放勋章、独立功勋荣誉章。1955 年被授予空军上校军衔，1962 年晋升为空军大校军衔。

抗日战争初期，任丹北人民抗日自卫总团科员，新四军挺进纵队 3 支队 8 大队政治指导员、4 团青年干事，澄武锡三抗会自卫团政治协理员。

皖南事变后，任镇江县副县长，苏中第 5 分区丹北独立团政治处副主任、特务第 3 团政治处主任，华中第 2 分区特务营政治委员。经历了皖南事变后的艰苦岁月，参加苏南反"清乡"斗争。

解放战争时期，任苏中军区政治部联络部科长，中共华中第二地委社会部科长，华中军区第二军分区溧潼独立团政治处主任，第三野战军 29 军 86 师 258 团副政治委员，先后参加了淮海、渡江、上海、福州、漳厦等战役。

中华人民共和国成立后，先后任 29 军 86 师 258 团政治委员，空军 11 师干部部部长、政治委员，空军 27 师政治委员。

1965 年 11 月至 1968 年 11 月，任成都军区空军指挥所政治部主任。1978 年 1 月至 1978 年 10 月，任空军 8 军副政治委员。1978 年 10 月至 1983 年 5 月，任成都军区空军指挥所政治委员。1983 年 5 月至 1987 年 1 月，任南京军区空军政治委员。1987 年 3 月离职休养，现任江苏省新四军历史研究会第一副会长。

2015 年，94 岁的郑竹波受党和国家邀请，于 8 月下旬进京参加纪念中国人民抗战胜利七十周年大阅兵系列活动，并参加 9 月 3 日在天安门广场举行的阅兵典礼。

此次受阅的老兵代表方阵为 132 人,代表着八路军、新四军、东北抗日联军等抗战部队,方阵位置列于开道摩托车方阵之后,是受阅的第一方阵,郑老的位置处在第一排中间。

"进京前,国家授予的抗战胜利七十周年纪念章在南京已经颁发。进京后,相继受到了中央军委首长的接见以及地方党政机构和民众团体的慰问,接着就是参加了两次大阅兵预演排练。"郑老动情地说。阅兵大长国威军威,参加阅兵的老兵们十分珍惜机遇和荣誉,倍感胜利来之不易。同时,作为一名当年参加新四军挺进纵队的老兵,十分怀念昔日的战友和烈士们。"我参加这一重大活动,也是代表挺进纵队的所有将士参加受阅,胜利和荣誉永远属于大家,属于孕育挺纵发展壮大的丹阳人民!"

郑老说,此行最大的感受就是抗战胜利来之不易。当时中国虽大却积贫积弱,日本虽小,科技、军事力量却远超中国。落后就要挨打,这是历史的必然。"这就警示我们,必须坚定不移地走强国强军富民发展之路。""习近平总书记在天安门广场上的讲话,令人鼓舞振奋,现场中外来宾和参加阅兵队伍掌声如雷,显示了中国人民爱好和平、与世界人民一道建设新的世界秩序的强有力姿态,也展示了中国人民解放军的保卫祖国领土、领海、领空和世界和平的强大实力。"最后,郑老说,作为一个曾经参加过丹北地区抗战的老兵,虽然年纪大了,精力有限,但"今后还要继续为人民做些力所能及的工作"。

赵天翔

———

　　镇江新区大港赵庄村人。人民解放军陆军炮兵防空兵学院首任院长,少将军衔。曾任中国人民解放军防空兵学院训练部部长。2013 年 5 月任防空兵学院院长。2014 年 7 月晋升少将军衔。2017年 6 月任陆军炮兵防空兵学院院长。

赵文豹

1920
|
1988

　　原姓宦,名暮林,因继承舅家,改姓赵。出生于镇江大港镇宦家村。幼从塾师,后去南京学徒,抗战爆发后,失业回家。经新四军挺进纵队民运科长周苏平培养,于1939年3月加入中国共产党,任挺纵服务团青年股长、镇五区区长。积极建立民兵组织,发动人民群众抗日;领导武装人员先后抓土匪百余人,捣毁匪窝十几个,镇压了一些危害人民、破坏抗日并屡教不改的匪首;剪除了为虎作伥的敌特分子;教育并争取了一批"身在曹营心在汉"的伪乡保长。1941年起,历任山北县县长、镇江县县长兼县独立团团长,兼代镇江市长。山北县地处镇江东南,北濒长江,南接茅山革命根据地,是新四军渡江的咽喉要道,赵文豹为开辟和维护这条通道,护送新四军领导干部陈毅、粟裕、陈丕显、谭震林、叶飞等南来北往,保证新四军大部队过境,倾注了全部精力。他领导地方武装部队,出生入死,浴血奋战,令汉奸、日军闻风丧胆,使这条战略要道始终畅通无阻。他在建立当地抗日民主政权、发展党的组织、扩充地方武装、为主力部队输送兵员及反"清乡"斗争等方面,做出了重大贡献。1945年10月,新四军北撤,赵文豹任中共江都县委书记兼县长。1947年1月,南下坚持斗争,他任丹北(镇江、丹阳、武进、扬中)工委副书记、代理书记。时国民党在沿江一带筑碉堡,设据点,驻军集镇,强化保甲政权,建立反动"自卫"武装,搞连坐制度,清剿频繁。赵文豹立场坚定、英勇顽强,紧紧依靠人民群众,反特锄奸,进行针锋相对的反清剿斗争,为丹北地区革命战争的胜利开创了新的局面。

　　新中国成立后,他先后任丹徒县县长、县委书记、中共镇江地委委员、镇江专署副专员,冶金部金属结构总公司副经理,江苏省冶金局副局长、局长、党组书记,冶金部第四冶金建设公司党委书记,冶金部西南指挥部政治部主任,辗转于祖国各地,勤勤恳恳,任劳任怨,为社会主义建设,特别是为发展我国的冶金事业,做出了积极贡献。1973年,任浙江省冶金局局长、党组书记。1979年调任江苏省经委副主任、党组成员,省国防工办副主任、党组副书记。1982年离休。1988年2月15日因病医治无效,逝世于南京,归葬于大港横山南竹林中。

赵庆荣

1 9 5 3

|

1953 年 7 月 14 日出生于镇江大港镇大山村。

1960 年至 1966 年就读于大山村小学。1966 年至 1972 年就读于大港中学(初、高中)。1972 年至 1974 年在大港公社大百大队任民兵营长、团支部书记。1974 年至 1976 年就读于镇江地区卫校医师班。1976 年为丹徒县人民医院外科医生,1977 年任丹徒县人民医院团支部副书记。1983 年至 1986 年就读于江苏省职工医科大学。1987 年加入中国农工民主党,同年任农工民主党丹徒支部副主任。1990 年晋升为主治医师,1991 年任医院门诊部副主任,1993 年任丹徒县卫校副校长(主持工作),1995 年任丹徒县卫校校长并兼任丹徒县卫生局副局长。1996 年兼任丹徒县医院院长。1997 年任丹徒县副县长。1997 年晋升为副主任医师。1996 年至 1998 年就读于中央党校党政管理专业本科班。2000 年至 2002 年就读于南京大学社会学系研究生课程进修班。1999 年任农工民主党镇江市委委员,2000 年任副主委,2001 年至 2016 年任农工民主党镇江市委主委。2003 年至 2016 年连续三届任镇江市政协副主席。2004 年至 2016 年任江苏省政协委员。2003 年至 2011 年任镇江市卫生局副局长。2011 年至 2016 年任市医师协会会长。2016 年退休。现任镇江市政协委员,市诗词楹联协会会长。

赵庆荣出生医学世家,在从事外科工作近 20 年中,钻研业务,技术精湛。另一方面,他领导下的镇江市"中华诗词之市"创建工作取得丰硕成果,镇江市及下辖的六个辖市区全部顺利通过"中华诗词之市""中华诗词之乡"的检查验收,为镇江市赢得了声誉,为镇江市的精神文明建设做出了积极的贡献。

1998 年获农工民主党中央授予的"支援抗洪救灾工作先进个人"称号;2004 年在镇江市创建国家环境保护城市工作中荣立"二等功";获江苏省政协提案办理先进个人、镇江市重视老龄人工作优秀干部。

赵金荣

————

1 9 2 5

|

1 9 8 8

1925 年 11 月 16 日出生于镇江大港镇赵家庄。1944 年参加中国共产党领导的地下工作,从事抗日活动。1945 年 3 月加入中国共产党。新中国成立前, 一直从事我党领导的地下工作,曾被捕,但始终坚守地下工作的秘密。1949 年 4 月至 7 月,任丹徒县大港区副区长。新中国成立后,历任扬中县人民法院院长、中共扬中县委农工部部长、扬中县委宣传部部长、扬中县委统战部部长及镇江市政协常委、扬中县政协主席。1988 年 11 月病逝于南京。

赵绍先

————

1 9 3 5

|

1935 年 4 月生,镇江大港镇人。解放军某部师政委。大校军衔。1947 年就读于丹徒县建东中学(儒里中学)。1949 年 8 月考入华东军政大学入伍。1956 年加入中国共产党,服役于炮兵、国防科工委、第二炮兵等部队,长期从事军队机要工作和政治工作。历任译电员、参谋、科长、处长、团政委、基地技术装备部政委(师职)、基地纪律检查委员会专职委员等职。1988 年被授予大校军衔。

赵绍和

1 9 3 2
|
1 9 9 8

1932 年 6 月 25 日生,镇江大港镇人。兄妹七人,赵氏长子。1998 年 8 月 16 日,在美国探亲期间,横遭车祸,不幸辞世。

1944 年前就读于大港洪溪小学。1947 年于安徽江淮中学初三肄业。1947 年至 1949 年春失学在上海祥和粮行打工,后又在家帮助母亲务农。

1949 年 6 月入中国人民解放军华东军政大学。1950 年 12 月至 1951 年 8 月在空军第五航校军械专业学习。1959 年 7 月至 1960 年 9 月在空军速成中学(高中)学习。1961 年 7 月在哈尔滨解放军军事工程学院空军工程系学习,获大学专科学历。1950 年加入中国共产主义青年团。1953 年加入中国共产党。1949 年 6 月参加中国人民解放军。1951 年 8 月提干,服务于空军某部基地,历任军械员、军械师、军械主任。其间曾于 1950 年入朝参加抗美援朝战争。

1976 年 3 月转业至镇江地区公安处消防科任副科长、科长。1983 年 1 月,由消防民警转为兵役制,任地区消防科科长兼武警镇江市消防大队政治教导员。1988 年 10 月任武警镇江市消防支队党委副书记、副政治委员(正团职)。1990 年 4 月离休。

1949 年 12 月至 1950 年 12 月在华东军政大学三总队、二总队曾三次获得二等奖。1952 年 12 月至 1953 年 12 月在中南空军维护团和空军 24 师曾立三等功两次。1954 年至 1958 年在空军 71 团二大队立集体二等功、三等功各一次。1959 年 1 月在空军 24 师 71 团受团书面嘉奖。1993 年 6 月 21 日经公安部批准,被授予中国人民解放军胜利功勋荣誉章。

[链接]

1959 年 2 月 13 日空军 71 团《给赵绍和书面嘉奖》原文抄录于后：

二大队军械主任赵绍和同志，由于其对工作一贯积极负责的精神和认真细致的工作作风，曾先后发现和检查出飞机校错靶标和后炮撞针挤断等严重问题及时排除纠正，避免了严重后果发生。其主要事迹如下：

今年 2 月 1 日赵绍和同志由医院病愈归队后，听说第二天 58 号机校靶，便不顾疲劳和大家一起去了机场。当他发现 58 号机用的靶标较实际靶标少了 70 公厘，便及时向团军械主任提出。虽然当时团军械主任认为靶标是对的，他仍能坚持意见和团军械主任回营房一起查对校靶说明书。查后证明用的靶标确实错了，及时纠正了以往七架飞机校靶的错误（从去年 12 月起用此靶标校了七架飞机），避免了此一错误的继续发生和严重后果。

去年 11 月，二大队 54 号机曾因军械员粗心大意，后炮撞针未卡住就装上了，致装弹时机心推不到底，最后将装针挤断机心后才顺利了。但当时军械员并未发现此一故障，经军械师向其报告后，赵绍和同志为了查出机心推不到底的原因，不使飞机带故障值班，仍坚持重新检查，终于发现后炮撞针已挤断，避免了飞机带故障参加战斗值班。

从以上事迹我们可以看出，赵绍和同志对革命工作和空军事业的高度热爱和责任心，以及长期不懈的战备思想，勤恳细致的工作态度。为了表彰先进嘉勉该同志，除号召全体同志学习赵绍和同志这种精神外，并给其以书面嘉奖之奖励。

团　　长：×××

政治委员：××

赵建军

---

1 9 5 1

|

    1951 年 2 月 18 日出生,江苏省镇江市新区大港横山里湾村人。中共党员。高级工程师。1968 年底由四川回归故里,是插队知青。1971 年在丹徒县化肥厂工作。南京工业大学毕业后为浙江省杭州市化工研究所技术员、江苏省石油化工厅信息中心主任、江苏省化工机械研究所所长、江苏省厂油化工厅办公室主任。2011 年在江苏省安全生产监督管理局副局长岗位上退休,任江苏省安全生产协会会长至今。

赵南军

1 9 4 9

1949 年 4 月 3 日生,镇江新区大港人。大学本科学历。二级警监警衔。1968 年 10 月参加工作,1979 年 7 月 1 日加入中国共产党。

参加工作后历任镇江钢铁厂办公室秘书,镇江市公安局四牌楼派出所民警、局政治处干事、城区分局常务副局长、副书记,市交警支队党委书记、政委,京口分局书记、局长,市公安局副局长、副书记、常务副局长,市消防支队党委书记,市公安局党委书记。扬州市公安局党委书记、局长、武警支队第一书记、第一政委,扬州市政府党组成员、市长助理,扬州市政协副主席。现任扬州市见义勇为基金会理事长。

赵腊根

————

1 9 5 5

|

　　1955 年 1 月生,镇江丁岗镇人。1983 年 7 月至 1983 年 9 月,任镇江市团市委组织部部长。1983 年 9 月至 1984 年 1 月,任镇江市郊区区委组织部副部长。1984 年 7 月,任镇江市郊区谏壁镇党委书记。1985 年 4 月,任中共镇江市润州区委副书记、区长。1992 年 5 月至 1996 年 1 月,任中共镇江市润州区委书记。1993 年 1 月至 1996 年 1 月,兼任镇江市润州区人大常委会主任。1996 年 1 月至 2001 年 5 月,任镇江市计划委员会主任。1996 年 1 月至 2003 年 4 月,任镇江市计划委员会主任、党组书记。2001 年 5 月至 2002 年 4 月,兼任镇江市信息产业局局长。2001 年 6 月至 2003 年 5 月,兼任镇江市信息化办公室主任。2003 年 4 月至 2009 年 1 月,任镇江新区党工委书记。2003 年 11 月,兼任镇江市人大常委会新区工作委员会主任。2008 年 1 月,任镇江市政协副主席、党组副书记。

宦江群

————

1 9 6 5

|

————

1965 年 7 月生，镇江大路镇小港村人。硕士学历。现任中国人民解放军某部队司令员。空军大校军衔。

1984 年 6 月，进入空军第一航空预备学校学习；1986 年 6 月，在空军第七飞行学院深造；1987 年 9 月，进入空军领航学院进修；1989 年 7 月，任南京军区空军航空兵训练基地司令部领航科副连职参谋；1991 年 10 月，任南京军区空军司令部领航处指挥引导科正连职参谋；1992 年 6 月，任南京军区空军司令部办公室秘书科正连职秘书；1994 年 10 月，任南京军区空军司令部办公室秘书科副营职秘书；1997 年 10 月，任南京军区空军司令部办公室秘书科正营职秘书；1999 年 3 月，任南京军区空军装备部外场处计划训练科副科长；1999 年 12 月，任南京军区空军装备部外场处计划训练科科长；2001 年 3 月，任南京军区空军装备部综合计划处计划财务科科长；2004 年 1 月，任南京军区空军装备部综合计划处副处长；2011 年 6 月至今，任中国人民解放军某部队司令员。

入伍 32 年来，在原南京军区空军机关工作 20 年，长期的机关工作经历，培养了宦江群较好的组织协调能力、扎实的文字功底和严谨细致的工作作风，也使他积累了丰富的机关工作经验。特别是 2004 年至 2008 年，宦江群全程参加空军、军区空军组织的各种作战重难点问题研究和所有实兵演习；主导组织装备系统全员、全要素的综合保障实兵实装演练；全程参加北京奥运会和上海世博会空中安保行动，是空军应急作战准备人才库人员。

2011 年到训练机构任职后，坚持聚焦中心，发力前行，着眼缩短训用差距，积极探索更加有效的专业学兵培训方法，逐步走出了一条由传统机下练习向集成训练、仿真训练、实装实操训练转变的路子,训练成绩始终在空军处于领先地位,考核验收合格率保持在100%。在工作上,宦江群严格要求自己,发挥带头表率作用,积极进取,勇于担当,团结带领广大官兵较好地完成以教学训练为中心的各项任务,赢得了上下一致的认可与支持。2012年,宦江群领导下的94922部队党委被空军评为先进师旅级党委;2014年,部队党委被空军表彰为"拥政爱民先进单位",部队营院被军区空军评为"健康营院",宦江群也被原南京军区空军评为廉政勤政师旅团领导干部;2015年,受领战区空军带兵骨干集训和新兵集中接训任务,训练模式得到了广泛认可,"摇篮"作用发挥明显。

宦江群在长期的军旅生涯里坚持学习并开展科研,将实训与科研结合起来,取得了丰硕的科研成果。

出版专著《21世纪的数字化士兵》,对装备有深入的研究。论文《东南沿海方向作战装备保障和建设研究》于2010年获得军区空军装备理论研究一等奖。

主要学术论文还有:(1)《开拓创新 科学推进 努力建设一流雷达兵训练机构》(发表于《雷达兵》2013年第5期);(2)《把握培训任务特点 立足岗位任职需求 不断提高训练机构教学训练质量》(发表于《雷达兵》2013年第5期);(3)《瞄准实战需求 培养能打胜仗的战斗员》(发表于《航空杂志》2013年第9期);(4)《士官升级培训中常见问题分析及对策》(发表于《士官教育》2014年第1期);(5)《强化装备战勤参谋队伍建设的思考》(发表于《航空杂志》2014年第1期);(6)《预警监视系统士官升级培训应把握的几个问题》(发表于《雷达兵》2014年第2期);(7)《训练机构课程教学存在主要问题及其改革措施》(发表于《雷达兵》2015年第5期);(8)《推进士兵职业技能鉴定工作健康有序发展》(发表于《雷达兵》2016年第4期)。

宦祥宝

1 9 5 7
I

　　1957 年出生于上海市闸北区，1962 年随父母回原籍丹徒县大港公社横山村（现镇江大港镇横山村）。

　　1963 年至 1969 年，就读于大港横山村小学。1969 年至 1972 年在大港葛巷学校接受初中教育。1972 年至 1974 年，就读于大港中学（高中）。1974 年至 1975 年在横山四队务农。1976 年，由东方大队选送到丹徒县农干校学习一年。1977 年加入中国共产党。1977 年至 1982 年，先后任东方大队团支部副书记、书记、大队农业技术员、大队农科队队长、东方大队副大队长。从 1997 年开始进行杂交稻高产攻关试验，连续五年亩产超过 1500 斤，获得省、地、县重要科技成果奖。1982 年初被中共镇江地委破格录用为国家干部。同年 6 月调至江苏省丘陵地区农科所工作。1986 年，任中共句容县郭庄乡党委副书记兼纪委书记。1987 年，任句容县春城乡（现为句容市春城镇）党委书记。1991 年，任句容县委常委、组织部长。1992 年，任句容市委常委、常务副市长，兼任江苏省句容经济技术开发区党工委书记、管委会主任。1994 年至 1996 年，攻读中共中央党校函授学院经济管理专业学士学位。1997 年，任中共句容市委副书记、市委党校校长。1998 年任镇江市民政局党委书记、局长，兼任市委政法委委员。2001 年，任中共京口区委书记，兼人武部第一书记。2002 年底，任中共扬中市委书记，兼人武部第一书记。2004 年 8 月，任中共镇江市委政法委副书记。2005 年 7 月，任中共镇江市委政法委副书记、市综治办主任。2005 年 12 月，任中共镇江市委副秘书长、市委政法委副书记、市综治办主任。2006 年，任中共润州区委书记，兼人武部第一书记。2008 年，任镇江市政协副主席、市委统战部部长、市社会主义学院院长。2016 年，任镇江市政协副主席。2017 年底，任镇江市革命老区开发促进会会长、市扶贫开发协会会长。

宦祥宝先后获江苏省农业重大科技成果三等奖、共青团丹徒县新长征突击手、镇江地区新长征突击手标兵、江苏省新长征突击手标兵、全国新长征突击手、江苏省劳动模范等荣誉;先后任丹徒县政协委员,镇江地区第七、第八届人大代表,江苏省第八届人大代表,全国第六届人大代表,江苏省第十、第十一届党代会代表,江苏省第十、第十一届政协委员等。

姚晓东

————

1 9 6 2

|

1962 年 4 月生，镇江姚桥镇人。1982 年 8 月参加工作，1986 年 3 月加入中国共产党。拥有研究生学历、博士学位和主任记者职称。现任中共江苏省淮安市委书记、市人大常委会主任。

1978 年 10 月，入复旦大学新闻系新闻专业学习。1982 年 8 月，为《新华日报》社政法处编辑。1984 年 4 月，为《新华日报》社南京记者站记者。1985 年 11 月起，先后任《新华日报》社南京记者站副站长、站长。1990 年 5 月，任《新华日报》社记者处副处长。1992 年 12 月获主任记者职称。1993 年 3 月，任《新华日报》社副秘书长、外宣处处长；1995 年 8 月，任《新华日报》社社长助理、党委委员。1996 年 9 月，任共青团江苏省委副书记。1999 年 8 月，任江苏省广播电视厅（局）副厅（局）长、党组成员，江苏人民广播电台台长。2000 年 12 月，任江苏省委宣传部副部长。2001 年 6 月，任江苏省委宣传部副部长、省广播电视总台党委书记。2001 年 8 月，任江苏省委宣传部副部长、省广播电视总台党委书记、省广播电视集团有限公司董事长。2002 年 1 月，任中共江苏省委副秘书长、省广播电视总台党委书记、省广播电视集团有限公司董事长。2004 年 4 月，任江苏省委副秘书长（正厅级）、江苏预备役高炮第一师副政委（其间：2009 年 10 月至 2010 年 5 月，参加中组部"新世界高级公务员培训计划"赴外交学院、美国哈佛大学培训）。2011 年 7 月，任常州市委副书记，市人民政府代市长、市长、党组书记，市行政学院院长。2013 年 2 月，任淮安市委书记。2014 年 1 月，任淮安市委书记、市人大常委会主任。

姚晓东曾任：第十二届全国人大代表；第十二、十三届江苏省委委员；江苏省第十二、十三次党代会代表；江苏省第十二届人大代表；第十一届江苏省纪委委员；第八、九、十届江苏省政协委员；第十届江苏省政协常委；党的十九大代表。

秦海涛

1 9 7 0

江苏兴化人。1992 年 4 月加入中国共产党,1992 年 7 月参加工作。研究生学历,管理学博士学位。江苏省第十二届人大代表。现任中共镇江市委常委、镇江经济技术开发区(镇江新区)党工委书记。

1992 年 7 月至 1994 年 11 月,在《群众》杂志社办公室工作(其间:1993 年 3 月至 1994 年 3 月,江苏省委驻沭阳扶贫工作队工作;1994 年 3 月至 1994 年 8 月,借调江苏省委组织部综合干部处工作;1994 年 8 月至 1994 年 11 月,借调江苏省委组织部企事业干部处工作)。

1994 年 11 月至 1997 年 1 月,任江苏省委组织部企事业干部处干事(其间:1995 年 9 月至 1997 年 6 月,南京理工大学工商管理专业研究生课程进修班学习)。1997 年 1 月至 2000 年 1 月,任江苏省委组织部市县干部处副科级组织员。2000 年 1 月至 2001 年 5 月,任江苏省委组织部市县干部处正科级组织员(其间:1999 年 1 月至 2001 年 1 月,任江苏省委"三讲"教育领导小组办公室工作)。2001 年 5 月至 2004 年 1 月,任江苏省委组织部组织二处(企业工委组宣处)副处长(其间:2001 年 7 月至 2001 年 12 月,借中组部地方干部局帮助工作)。2003 年 9 月至 2010 年 6 月,在河海大学技术经济及管理专业在职研究生班学习,获管理学博士学位。2004 年 1 月至 2007 年 12 月,任江苏省委组织部组织二处副处长。2007 年 12 月至 2011 年 12 月,任江苏省委组织部组织二处处长(其间:2007 年 4 月至 2008 年 4 月,挂职任常州市武进区委常委)。2011 年 12 月至 2015 年 3 月,任江苏省委组织部干部监督处处长、举报中心主任。2015 年 3 月至 2016 年 9 月,任中共镇江市委常委、组织部部长。2016 年 9 月至今,任镇江市委常委、镇江经济技术开发区(镇江新区)党工委书记。

顾炳荣

1 9 5 2

　　1952 年 2 月出生,镇江丁卯张许村人。1973 年入伍,1974 年加入中国共产党、在职大学学历。历任原 23 集团军 68 师 202 团战士、排长、连长、团作训股长、团参谋长、团长,68 师参谋长、68 师师长、69 师师长、23 集团军参谋长、39 集团军副军长、沈阳军区联勤部副部长。副军职,少将军衔。2010 年 5 月退休。三次入军队院校进修学习,1981 年至 1983 年在解放军石家庄高级步兵学校学习,2002 年在解放军长沙科技大学学习,2004 年在解放军国防大学学习。主要成绩:任班长、团作训股长期间 6 次荣立三等功;1987年任团参谋长带领组织部队赴大兴安岭扑火救灾荣立二等功;1998年任 68 师师长带领部队参加嫩江抗洪抢险荣立二等功,并被授予全国抗洪模范称号;2006 年、2009 任副军长期间两次组织指挥部队实兵、实装、实弹多兵种跨战区联合军事演习;2009 年组织指挥部队参加"和平使命—2009"中俄联合反恐军事演习。

郭文科

————

1 9 2 5

|

1925 年 1 月生,镇江大港镇人。少校军衔。1939 年 11 月参加新四军,为新四军苏皖支队 8 团战士。1941 年 1 月随 8 团编为新四军军部特务团。1941 年 8 月加入中国共产党。历任战士、班长、排长、连长、营长。抗战中,参加过郭村保卫战、黄桥决战、盐埠反扫荡、解放枣庄等战斗;解放战争中,参加过鲁南、莱芜、南马、孟良崮等战役,以及淮海决战、渡江战役、解放上海等战役,获解放三级勋章。

1951 年初,选调空军,任空军 20 师 58 团作战股长,同年入南京空军军政学校学习,并在学校政治部任军法干事。1954 年 12 月调十二航校,任干部部一级干事。1955 年授大尉衔,1958 年晋衔少校。1956 年任十二校学员大队参谋长,1960 年任一团参谋长,1966年任四团团长,1976 年任十二校参谋长。1979 年 5 月离休。现居东部战区扬州空军干休所。

郭　建

————

1 9 6 8

|

1968 年 11 月生,扬中人。1986 年 7 月参加工作。1993 年 6 月加入中国共产党。曾任镇江新区党工委书记、管委会主任、共青团扬中市委书记、扬中市联合镇党委书记,润州区委常委、宣传部长、副区长、京口区区长、区委书记等职。现任中共镇江市委常委、市委秘书长。

葛恒锦

1919
|
1999

镇江大路镇田桥村人。1941 年参加革命，同年 6 月秘密加入中国共产党，以大路镇森泰杂货店职员身份为掩护，坚持地下斗争。

1949 年 4 月 23 日，大路镇解放，担任大路镇镇长，后任姚桥区干部。1951 年 5 月至 1959 年 5 月，先后担任丹徒县税务局股长、副局长、局长等职。1959 年至 1969 年，先后任中共大路镇公社委员会第二书记和武桥公社党总支书记。1971 年任农业银行大路镇营业所主任。1983 年 12 月离职休养，享受县处级待遇。

葛恒锦一贯坚持原则。20 世纪 50 年代末，一位老上级的堂弟家住大路镇，房屋倒塌，欲举家迁往上海。当时正值"大办农业"，上级文件规定不允许农民外迁，因此，葛恒锦没有"帮忙"，他登门做思想工作，并向老上级说明情况。诸如此类在原则问题上毫不通融的事情，使他得到一个"葛死人"的绰号。

20 世纪五六十年代，作为农村基层领导干部，葛恒锦坚持严谨细致的工作作风。他和公社主任陈广义分工，两人经常转田头、场头，甚至沟沟坎坎，对各生产队的苗情、水情、虫情等关乎农业生产的情况，掌握得比队干部还具体，每逢开会，他们总是有的放矢，切中要害，令队干部心服口服。

葛恒锦下乡都是自带干粮，从不到群众家吃喝，无论是困难时期还是经济状况好转之后。一次，葛恒锦任小公社书记时下乡调查走访。一天中午路过一名生产队干部门口，干部的妻子挽留他吃饭。端上桌的是两碗菜粥，秧草、胡萝卜为主，糙子（即粗麦粉）疙瘩加少许大米，葛恒锦的碗里米多些，菜少些，而小孩的碗里正相反，清汤寡水的。葛恒锦一阵心酸，硬是将两只碗换了吃，饭后将一片做干粮的云片糕塞给孩子。这一餐饭使他更坚定了把农业搞上去的决心。经过干群共同努力，武桥成了全镇的"粮仓"，全县有名的高产粮区。

20 世纪 60 年代一天早上,葛恒锦经过大路镇医院门口,看见新华村萧姓夫妇,丈夫怀抱四五岁大小的男孩,男孩已经奄奄一息,妻子呜咽啼哭。葛恒锦得知孩子患病,因无钱医治延误了,医生要他们转院,夫妻俩说:"哪有钱治病,只好回家……"葛恒锦刚好领了工资,随即掏出 50 元钱(相当于月工资的 6 成),嘱咐他们快上镇江,"没钱就不要还了"。不久,孩子痊愈,夫妻俩逢人便说"是葛书记救了孩子一条小命"!葛恒锦晚年多病,还非常关心大路镇的两个文明建设。葛恒锦于 1999 年 1 月病逝。

蒋金波

1 9 4 5
|

1945 年 1 月 2 日生，镇江姚桥镇永八桥村人。研究生学历。曾任中共河南省委书记办公室副主任、中共河南省委政策研究室副主任（副厅级）、巡视员（正厅级）。

1957 年 9 月至 1963 年 8 月，在镇江市大港中学（初中、高中）学习。1963 年 9 月至 1968 年 8 月，在中央财政金融学院学习。1968 年 9 月至 1978 年 8 月，在 8181 部队太康农场、河南禹县农村劳动锻炼，并在开封市中学任教。1978 年 9 月至 1982 年 8 月，在河南大学政治经济学研究生班学习，毕业后留校任教一年。1982 年 9 月至 1984 年 8 月，在河南省社会科学院经济研究所、《中州学刊》编辑部工作，任《中州学刊》编辑部副主任。

1984 年 8 月至 2000 年 12 月，在中共河南省委办公厅、中共河南省委政策研究室工作，任中共河南省委书记办公室副主任，中共河南省委政策研究室副主任、巡视员。2001 年退休。

1980 年以来，蒋金波在金融、流通、农业、工业、党建等领域进行过大量深入的调查研究，形成一批有质量的调研报告，提出了许多有价值的建议，为党委、政府决策服务，受到一致好评。在理论研究特别是经济研究和《资本论》研究方面成果较多，在《金融研究》《学术月刊》《河南大学学报》等 20 多种报刊上发表论文及调查报告近百篇，出版著作多部。其中主要获奖项目有：（1）《农业社会化服务体系建设的目标和模式研究》获 1994 年河南省实用社会科学优秀成果二等奖；（2）专著《银行工作与经济规律》（河南人民出版社出版）获 1987 年河南省社会科学优秀成果二等奖；（3）《略论货币流通规律与其他经济规律的关系》（载于中国金融学会主办的《金融研究》1981 年第 12 期）获 1984 年河南省社会科学优秀论著三等奖；（4）《关于水城县税收查补情况的调查报告》获 1984 年河南省社会科学院优秀论著二等奖；（5）《美国农场合作社考察报告》被选入 1997—1998 年河南省优秀调研成果汇编。

薛　峰

————

1 9 6 2
|

1962 年 4 月生,江苏扬中人。研究生学历。1981 年 12 月参加工作,1985 年 8 月加入中国共产党。

1981 年 12 月至 1983 年 12 月,南京化工学院南化分院化工专业毕业后,分配至扬中县化肥厂任技术员。

1983 年 12 月至 1984 年 3 月,任共青团扬中县委干部。

1984 年 3 月至 1987 年 2 月,任共青团扬中县委副书记(其间:1985 年 2 月,兼任扬中团县委青工部部长)。

1987 年 2 月至 1990 年 7 月,任共青团扬中县委书记。

1990 年 7 月至 1992 年 11 月,任中共扬中县委宣传部副部长(其间:1991 年 4 月,兼任县文化局局长;1991 年 6 月,兼任县文联主席)。

1992 年 11 月至 1994 年 1 月,任中共扬中县永胜乡党委副书记、乡长。

1994 年 1 月至 1996 年 2 月,任中共扬中县(市)永胜乡党委书记。

1996 年 2 月至 1999 年 12 月,任丹徒县副县长。

1999 年 12 月至 2002 年 11 月,任中共丹徒县(区)委常委、副县(区)长。

2002 年 11 月至 2012 年 7 月,任镇江市外办主任、党组书记。

2012 年 7 月至 2015 年 12 月,任镇江市经信委主任、党委书记、中小企业局局长。

2015 年 12 月至 2016 年 7 月,任镇江市发改委主任、党组书记(其间:2016 年 6 月,任镇江经济技术开发区管委会主任)。

2016 年 7 月至今,镇江经济技术开发区管委会主任,镇江新区党工委副书记、管委会主任,镇江出口加工区管委会主任。

薛 锋

1940
|

1940 年 3 月出生于扬中县三茅乡滨江村(现扬中市三茅镇滨江村),抗日战争期间迁居丹徒县伏元乡新生圩(现属镇江新区姚桥镇)。

1960 年 3 月加入中国共产党。1961 年至 1965 年在南京师范学院(现南京师范大学)政教系学习。1965 年毕业后留校,先后担任南京师范学院党委、院长办公室秘书,后调任镇江市委、市革委会秘书,镇江焦化厂党委副书记、副主任,镇江地区化工局局长、党组书记,宜兴县县长、县委副书记,武进县县长、县委书记和常州市副市长、市政协副主席等职。2004 年 3 月退休。曾当选第七届全国人大代表。具有高级经济师和经济学教授职称,在南京师范大学、江苏化工学院(今常州大学)、江苏技术师范学院(今江苏理工学院)任兼职教授,讲授经济理论和管理知识,开设有关经济改革与发展专题讲座,担任江苏省政府宏观决策支持系统专家委员会委员和中国社会科学院人文研究所研究员。

退休后,经上级批准,担任常州市国际友好交流协会会长、常州市老年人体育协会主席、常州市齐梁文化研究课题组组长、常州市辛亥革命课题组组长等社会职务。

先后撰写过《龙城常州》《思实录》《读行论记》《史海趣录》《国学散论》等著作,主编过《齐梁文化研究丛书》和《常州辛亥革命英杰》《赵凤昌评传》等著作。1997 年《关于国有企业改革几个关键问题的思考》论文获江苏省哲学社会科学三等奖,1998 年参与撰写的《关于地区经济形势和发展战略研究》获江苏省哲学社会科学一等奖,2016 年主编的《齐梁文化研究丛书》获江苏省哲学社会科学三等奖。

戴 瑛

1 9 2 2
|
1 9 9 7

镇江大路镇东岳戴家村人。少时曾随师学医，17岁即投身革命，以行医为掩护，在艰苦的环境中，坚持敌后抗日武装斗争。任中共山北县圌山区委书记期间，建立和发展抗日民主政权，委任忠于我党的同志任20个乡的乡长、民兵队长、中心校长。大力开展抗战文艺宣传活动，建立乡民兵基层组织，训练民兵。1945年5月，乘姚家桥日军调防之机，发动民兵突袭，一举摧毁日军据点。北撤后在江都县工作。

新中国成立后，历任镇江军管会调研室主任、镇江市委办公室主任、市委统战部部长、镇江市副市长、市长、镇江专署物资局局长、专署副秘书长等职。在工作中，他紧密结合实际，认真贯彻党的路线、方针、政策，创造性地开展工作，为社会主义事业做出了突出贡献。"文化大革命"期间下放农村劳动。恢复工作后，任镇江市建委主任、市委常委、市革委会副主任、镇江地区外事办公室主任，1983年任镇江市政协副主席，直至1987年离休。他长期从事统战、政协工作，始终坚持和执行中国共产党领导的多党合作和政治协商制度，坚持贯彻"长期共存、互相监督、肝胆相照、荣辱与共"十六字方针，在改革开放的新形势下，发展爱国统一战线，开创政协工作新局面。离休之后，他关心各方面工作，并提出了许多建设性建议。

戴长友

1 9 4 6
|

1946 年 9 月生,镇江丁卯凤凰山村人。中共党员。少将军衔。

1953 年至 1957 年在枣庄小学学习,1957 年至 1959 年在左村小学学习,1959 年至 1961 年在镇江市第五中学学习,1961 年至 1962 年在丹徒县丹徒中学学习。初中毕业后,在农村任大队团支部书记、生产队长。1964 年 7 月,他作为优秀青年被派往镇江地区社教工作团参加集训,同年 12 月应征入伍,并于 1966 年 4 月加入中国共产党。1984 年 7 月至 1985 年 7 月赴滇作战。1989 年 6 月,率部赴京,圆满地完成了任务。历任步兵第 92 团 1 营战士、2 营排长,第 107 团政治处干事、股长,第 36 师政治部宣传科副科长、科长,第 108 团政治处主任、副政委、政委,第 12 集团军炮兵旅政委,步兵第 36 师政委,第 12 集团军副政委,安徽省军区副政委,2002 年任安徽省军区政委。2003 年 7 月调任上海警备区政委。2005 年 7 月,任中共上海市委常委、上海警备区政委。先后荣立三等功两次。2002 年,当选为党的第十六次代表大会代表。2006 年 10 月退休。

魏国强

1964
|

江苏丹阳人。大学学历,理学学士学位。1984 年 8 月参加工作,1990 年 5 月加入中国共产党。

1980 年 9 月至 1984 年 8 月,在南京师范大学数学系学习。1984 年 8 月至 1988 年 9 月,任丹阳市中学教师。1988 年 9 月至 1991 年 3 月,任中共丹阳团市委学少部部长。1991 年 3 月至 1992 年 10 月,任中共丹阳市委组织部干部科科员。1992 年 10 月至 1993 年 8 月,任中共丹阳市委组织部青年干部科副科长。1993 年 8 月至 1995 年 3 月,任中共丹阳团市委副书记。1995 年 3 月至 1996 年 3 月,任中共丹阳团市委书记。1996 年 3 月至 1997 年 11 月,任中共丹阳市界牌镇党委书记。1997 年 11 月至 1999 年 12 月,任丹徒县人民政府副县长。1999 年 12 月至 2000 年 12 月,任中共丹徒县委常委、纪委书记。2000 年 12 月至 2002 年 1 月,任中共句容市委书记(其间:2001 年 9 月至 2002 年 1 月,参加中央党校县委书记进修班学习)。2002 年 1 月至 2002 年 9 月,任镇江新区管委会主任、党工委书记。2002 年 9 月至 2003 年 4 月,任中共镇江市委常委、镇江新区管委会主任、党工委书记(其间:2003 年 3 月至 2005 年 1 月,参加中央党校马克思主义哲学专业研究生学习)。2003 年 4 月至 2008 年 4 月,任共青团江苏省委书记(其间:2007 年 9 月至 2008 年 1 月,参加中央党校进修班学习)。2008 年 4 月至 2008 年 6 月,任中共连云港市委副书记(正市级)。2008 年 6 月至 2011 年 6 月,任中共连云港市委副书记、市委组织部长(正市级)(其间:2010 年 6 月至 2010 年 8 月,参加省委组织部第十二期高级管理人才经济研究班学习)。2011 年 6 月至 2011 年 9 月,任中共连云港市委副书记(正市级)。2011 年 9 月至 2012 年 1 月,任中共盐城市委副书记、代市长。2012 年 1 月至 2014 年 7 月,任中共盐城市委副书记、市长。2014 年 7 月至 2015 年 1 月,任中共宿迁市委书记。2015 年 1 月至今,任江苏省宿迁市委书记、市人大常委会主任。

历　史　人　物

王秀芝

1 8 6 7

|

1 9 2 7

又名王秀,字兰少,讳义伦,出生于镇江大港镇韩桥王家山嘴村。少年时就读于大港私塾"天香阁",受赵蓉曾教诲。王秀芝天资聪颖,成绩优良。考中秀才后曾随其父王仕经营商业,先后在大港镇开设义和、和丰杂货店和泰牛酱园店。不久,因民生凋敝,商业萧条,上述店铺被迫关闭。王秀芝返回家乡,在龟山头创办采石场。在此期间,曾因为民伸张正义,触犯当地官府利益,被非法逮捕押解南京审讯。不久,被革命志士营救出狱,并参加起义部队的后勤工作,与大路镇李竟成、黄墟乡冷遹等革命党人交往甚密。辛亥革命胜利后曾荣获银质勋章。

1916 年,受南通张謇资助,恢复石矿开采。不久,经中华民国农商部注册,集股金 3 万元,创办中国震兴鱼竹有限公司,以养鱼种竹为业,任经理。1923 年,经营面积发展到 51.3 亩,种植品种由竹扩大到湖桑、果木等。其中湖桑 3300 株、桃树 400 株、枇杷树 50 余株、篾竹 3.5 亩,周围野桑篱障 100 余丈,共 2000 余株,鱼塘 30 亩,为当地经济振兴起了积极作用。1927 年病逝。

王家驹

1878
|
1939

字维白，镇江高桥镇人。幼时就读于大港赵蓉曾先生的私塾"天香阁"。后东渡日本，毕业于早稻田大学。归国后奉旨得举人之称，授职内阁中书。

民国时，历任教育部教育佥事、司长，安徽省教育厅厅长，北京法政学校校长，中英庚子赔款文化基金委员会委员，北京大学、朝阳大学、天津法商学院讲师、教授。负责起草中国银行章程时，曾拒绝两千块银圆贿赂，坚持不改章程中一字。

住北京期间，常年赠送"百效膏""一贴膏"，以扶助贫病。北京沦陷后，"伪行政委员会"委员长王克敏、教育部总长汤尔和多次劝逼其出任伪职，均遭拒绝。后忧愤成疾，1939 年 6 月 10 日因心脏病逝世于北京。病中曾书联自挽："爱国有心，匡时乏术；赍志殁地，抱恨终天。"著有《比较教育法论》《破产法》等。

可 成

1 8 8 9
|
1 9 3 2

　　字大呆,镇江大路镇王巷里人。12 岁投镇江鹤林寺,要求削发为僧,被家人阻止,但其志已决,遂受剃度于灵鹫寺。16 岁受具足大戒于句容宝华山,23 岁至金山江天寺,受法益更多,办事练达,历任要职。27 岁至南京香林寺,次年奉天宁寺冶开、香林寺济南两大师命,为玉佛寺住持。玉佛寺因玉佛得名。可成继任住持时,认为当时佛教沉沦,急宜倡导教风;原寺被占,租屋供奉玉佛,终非久远之计。于是募得今上海江宁路 11 余亩基地,经营十载,佛殿楼庑、斋厨、浴室等相继于 1928 年告竣。殿宇崇宏,禅堂广博,蔚为巨刹,甲于沪上,遂命名新建寺院为玉佛寺。民国初,佛教不被重视,各省有毁寺之举,以后又有收庙产兴学之议。可成与上海各方长老及诸居士,创立中国佛教会及上海市佛教会,至诚所感,毁寺收庙之事渐息。其间兼主南京香林寺、杭州护国寺,无不大力宣传佛家教化。终因心力交瘁成疾,召弟子乘真付以大事,1932 年 7 月 5 日圆寂。初建塔于杭州护国寺,1988 年复建衣钵塔于虞山之麓,玉佛寺住持真禅作铭。

田 荣

1 8 4 3
｜
1 9 0 3

又名田向荣,镇江大路镇武桥村姜家桥人。清同治三年(1864)乡试中举,次年二月会试,三月殿试中进士,授庶吉士,留翰林院3年。

目睹朝政腐败,决意隐居不仕,归乡以教书为生。田荣虽为封建文人,却具有无神论思想,年轻时曾在大港东岳庙教书,并寄宿庙内。咸丰年间东岳庙四周为荒野,阴天昏夜,磷火闪闪,绿光荧荧。庙内两殿阎罗狰狞可怖,谣传夜间拷讯叱咤之声,令人毛骨悚然。不久,馆门上出现一副对联:四壁叱咤嚎叫无非天籁,满山青黄赤紫总是化机。对联把以上怪异之说概括为自然现象。后人认定对联的作者是田荣。

田荣晚年在一次农民暴动中保护了当地群众。光绪中期,各地农民暴动纷起,反清情绪高涨。有一年,本地农民万余人借新庙头“二月八”庙会之机,在大路镇街发难,围攻地方官吏安港司巡检和“昂邦使”(前为地方治安官员,后为满语官员职务),纵火烧了二人的蓝呢大轿,夜间包围二人躲藏的石库门当铺,欲行火攻。当地士绅和街坊担心玉石俱焚,深夜叩门请田荣出来调处。年近花甲的田荣坐独轮车来到大路镇北街谢家桥,登上方桌,骚动的人群顿时鸦雀无声。田荣对大家说:“父老乡亲们已经煞了清朝官员的威风,我看事情可以收场了,再闹下去的利害你们也想得到。请大家放心,我田荣负责说情,地方官不会为难乡亲们。”一场风暴就此平息。安港司巡检和“昂邦使”恼羞成怒,遂向抚台诬告万人暴动乃田荣指使。抚台命镇江府拘讯田荣。镇江知府王仁堪素知田荣为人,更慑于众怒难犯,乃派人礼请田荣,以翰林身份相待,从正门迎入。田荣敷衍官府说:“农村正值春荒,多数农民外出谋生,待归家后访实率众闹事之人,一定绑送府衙法办。”此事即不了了之。

田庆荣

镇江东乡大路镇田家桥人,大港柳湖田氏十五承事公二十八世孙。道光二十四年(1844)应甲辰恩科武举(《清光绪丹徒县志》)。据说曾在福建沿海当过小官,太平天国时期曾被太平军掳去当过轿夫。

田庆荣出自本村书香门第的"乐善堂"内,因排名第六,且文武兼备,被后人尊为"六太爷"。他于清朝后期建起一座八间三进的宅院,谓之"贻穀堂",这也是该村史上最后一座老宅院。

田庆荣自幼深受儒家思想熏陶,故将祖屋"乐善堂"门楼上的"耕读传家"也复制到"贻穀堂"门楼之上。其对子孙教育尤为重视,五个儿子中三个考中秀才,以至整个家族"耕读"之风绵延源长。1946年,其三十一世孙在老宅办起新式学校——田桥小学,不仅使得全村适龄儿童接受教育,也为抗日战争和解放战争的胜利做出了重要贡献。

目前,田家桥村已拆迁,"贻穀堂"作为文保单位,仍然位于田家桥村,成为镇江东乡沙腰河故道上难得的历史见证。

严承志

————

1881

|

1956

女,原名严吟凤,镇江丁岗镇人。民主革命志士。赵声夫人。曾随赵声参加广州起义。光复南京战役中,她组织妇女战斗队,被任命为总指挥。抗日战争期间,留居大港家中,生活艰苦,终拒伪方接济。新中国成立后,政府对她的生活给予照顾,使她得以安度晚年。

李竞成

1 8 8 0
|
1 9 3 5

镇江人路镇小桥头人。午少时，一度因贫辍学。后得名儒赵蓉曾赏识，免费收读，与其子赵声同窗，志趣相投。

光绪三十一年（1905），应征入新军三十三标，历任排长、队官，加入同盟会。继又考入南洋陆师学堂。广州起义前，潜居香港，策动新军反戈，奔走于省港之间。起义失败后，潜至上海，参加同盟会上海地区的革命活动。

武昌起义后，在沪与同盟会同志共商光复镇江、南京大计。衔命至常、锡等地召集有志革命的退伍兵目，组织敢死队，暗藏武器，分批潜入镇江待机。将其亲戚开设的三益栈旅馆作为起义总指挥部，积极开展起义准备活动。与新军管带林述庆相互配合，争取巡防营统领陆如仙中立，赢得各要塞及海军官兵的支持，又得商界为起义准备的粮饷巨款，于是兵不血刃光复镇江，成立军政府，李竞成任军务部长。江浙联军西取南京时，渡江与徐宝山组成江北支队，率队抵十二圩，合水师营，克六合镇，与柏文蔚所率镇军支队，攻占顽敌张勋的辎重基地浦口，切断南京守敌北逃之路。攻打浦口时，李竞成临阵督战，被山炮震昏倒地，口吐鲜血。部属将其背下阵地抢救，他苏醒后，即强令左右将自己送到前线继续指挥作战。官兵深受感动，士气大振，以一当十，使已退却之士兵也转退为进，终于攻克浦口。

南京光复后，任陆军第16师参谋长，后任镇江卫戍司令官。任职期间，整顿社会秩序，为民除害，镇压了罪恶累累、民愤极大的恶棍7人；枪决了徐宝山血债累累的心腹团长边振新；倡议修筑京畿路。1915年，袁世凯谋复帝制，李竞成与黄兴等联名通电讨袁，遭袁世凯通缉，被迫匿居上海租界，至袁世凯死始返里。此后，大小新旧军阀争战不休,辛亥革命果实已被葬送。李竟成痛悼林述庆遇害,受内部排挤,隐于故里,开窑坊度日,以书法自娱。邻里每有不平事则为调处,遇欺压乡民的恶霸豪绅则不稍让。尝书对联明志:一为"早岁从戎,誓复润州铁瓮;近年养晦,每思梓里山河";一为"一轮明日,两袖清风"。1935年,病逝于故里。

张炳蔚

1 8 8 7
|
1 9 6 8

字豹文，镇江大路镇宗张巷人。少时随父在镇江皮丝烟店学做生意，为人勤勉，精明能干。成年后，与挚友联合经营茶庄、木行等业。

辛亥革命成功，1912年即倡导并参与创办新学，在张氏宗祠内兴办"镇江县宗张巷小学校"，该校系东乡最早的国立小学校之一。学校公费不足以聘请优秀教师，缺额由他补足；学生上音乐课无风琴，他买好派人送去；当时宗张巷村适龄儿童全部入学，他特别嘱咐校方，凡贫困儿童"学费书费同我算账"。学校迅速发展成完全小学，6个班，且有相当数量寄宿生，校舍趋于紧张，张炳蔚遂出资在祠堂东西两侧扩建平房、楼房共12大间又4小间。本村一青年家境贫寒，成绩优异，张炳蔚认为其是可育之才，供其读完大学。民国年间，当地农田屡屡受淹，他出资开河造闸，后又争取到镇江县政府拨款。1933年疏浚沙腰河，族人推举张炳蔚主持。

张炳蔚为地方开明士绅。在民主革命时期，赵文豹等中共地下工作者和民主政府负责人经常隐蔽在他家中。一段时间，他家做过新四军后方医院，前后三进宅院住满伤员。张炳蔚及其子女为部队进城买过药品。张炳蔚还动员本村有志青年加入新四军，并请赵县长介绍，将次子送往苏北参军。

张炳蔚于抗战胜利后任镇江县参议员，兼张氏家族族长，常为族人说事开交，如有人送礼，必受其训斥。六十寿辰时，张炳蔚拒绝做寿，族人送匾额一块，悬于宗张巷小学内。晚年寓居扬州，82岁时病逝。

陈礼荣

　　字子华,镇江大港镇人。清代慈善家。附近多贫民,一些贫民生女怕抚育,而将其溺死。陈礼荣与志同者于同治九年(1870)创设大港接婴堂,后改育婴堂,收养女婴,亲任董事,尽力调护,如己所生。离堂远的,则月给其母津贴,在家哺乳,与城中柳恂所创保婴自乳局互相补充,全活甚众,乡人皆称颂之。

赵 光

1890
|
1929

字诩三,镇江大港镇人。赵声的二弟。幼时与二哥赵念伯一起随父赵蓉曾读书,后于南京陆军招募新兵时应征入伍。

清宣统三年(1911)初,经大哥赵声引荐介绍,入同盟会,参与赵声领导的反清活动。黄花岗之役前,为起义军密运武器,传递消息于广州、香港之间,多次冒险入城,几不能脱。起义失败后,避居香港,直至武昌起义,与二哥赵念伯一起至沪召集赵声旧部,组织"先锋队",策动沪宁各地起义,并参加攻占江南制造局一役。上海光复后,洪承点带领千余队员至苏州,准备进攻宁镇;留沪队员由赵念伯任司令,赵光任第一大队队长,执行治安警戒任务,并接济江浙联军攻打南京的枪弹。

1912年1月1日,孙中山就任中华民国临时大总统,赵光奉命率第一大队赴宁担任大总统的警卫。2月中旬,清帝退位,南北言和,孙大总统辞职,赵光率部回镇。2月下旬,南京陆军部委任赵念伯为32旅旅长,赵光为该部61团团长。

二次革命时,江苏宣布独立,赵念伯与黄兴等人联名通电反袁,派赵光率团赴沪参加攻打江南制造局,失败后走日本。至黎元洪继任总统后,始归乡里。

1917年,护法军兴,受陈炯明电召,赵念伯任粤军总司令参议,赵光任攻泉司令,一同率军增援福建,讨伐当地军阀李厚基。1919年2月,赵念伯病逝后,赵光离职护柩返里,在家闲住。钮永健任江苏省主席时,赵光任省政府咨议,后任如皋县公安局局长。1929年病逝于镇江。

赵 声

1881
|
1911

字伯先,光绪七年二月十一日(1881年3月10日)出生于镇江大港镇东街。父赵蓉曾,母葛氏。

幼年从父就读,聪颖过人。8岁能做文章,9岁应试。尚好拳术,每晚课后,常向精通拳艺的老僧学习武术,且见义勇为。14岁入乡狱破械释放被拘之无辜乡民,赢得"义侠少年"之美誉。17岁中秀才,亲友纷纷祝贺,他坦然不以为意。因其志在"为国宣力",遂辞父母出游,侠行义举,意欲施展抱负。后因母病逝,困居乡里。清光绪二十七年(1901),以第一名的成绩考进江南水师学堂,因要求改革"校章"而被迫退学。后以文章雄奇,插班于江南陆师学堂就读,次年底毕业。光绪二十九年(1903)二月,东渡日本,考询军政。途中曾对友人说:"我生平最佩服孙文。"在日本期间,结识了黄兴、何香凝等人,确认"中国事尚可为也"。

回国后,曾在家乡大港创办洪溪阅书报社、小学堂及体育会等群众组织,以此启迪民智,宣传革命道理,造就革命人才。是年秋,应聘前往南京两江师范学堂任教,借机广交校内师生和校外革命同志。这期间,创作了七字唱词——《保国歌》,章士钊为之翻印散发,长江上下游的士兵,人手一纸,影响甚广。不久,深感"学校但能造就人才,不能挽救全局",而"吾乃军人",革命"贵在实行"。时值全国掀起反对沙俄入侵我东三省运动,赵声遂参加北极阁学生集会,登台发表演说,痛斥清王朝祸国殃民,号召民众推翻封建专制政府,共救中国。为此,受清廷通缉,而避走湖南长沙,任长沙实业学堂教员。

光绪三十年(1904)六月,北上保定,打入袁世凯北洋新军,图谋策动反清,后被袁世凯监视软禁,所图未能成功。曾作诗云:"一腔热血千行泪,慷慨淋漓为我言:'大好头颅拼一掷,太空追攫国民魂'。"光绪三十一年(1905)秋,江南首创南洋新军,赵声入九镇督练公所任参谋官,旋教练江阴新军。时遇道员郭人漳,与赵声言谈默契,后郭人漳调广西任职,赵声随往任管带(营长)。不久回宁九镇任三十三标二营管带,趁扩军之机广收革命青年入伍,先后引冷遹、柏文蔚、熊成基等于九镇任官佐。光绪三十二年(1906)春,被提升为三十三标标统(团长)。此时,孙中山派人与其接洽,是年,加入同盟会。

赵声治军有方,一方面在军中设立阅书报社,亲为官兵讲解革命道理,另一方面在军训中"首重军人精神教育,以养士兵革命思想为第一要义"。士兵受其训练,精锐整肃,"文明为全国陆军冠"。常用假日率部游明孝陵,演说元亡明兴的历史与"洪杨"革命事迹。讲到悲壮处便放声大哭,部属皆感愤落泪,誓死听从主将指挥。同年冬,两江总督端方来南京接任,得知此事,想借以兴狱加害赵声,虽经徐绍桢力保,但仍被革去军职。

光绪三十三年(1907)春,至广州任新军第二标二营管带,后因治军有方,旋升新军第二标标统,着力培养和组织一支雄厚的革命力量。未几,廉州豪族刘思裕以抗糖捐起兵,孙中山致函要赵声举兵响应。接信前,赵声已奉命与郭人漳前往镇压,并暗中派人与刘思裕计议,决心与起义军共图大事,并约郭人漳接应。郭人漳以刘非正式革命军而拒绝,向起义军发起突然袭击,致使起义军惨败。赵声知事不可为,单骑访刘思裕,劝其转移,刘思裕竟不省悟,为郭人漳镇压。7月,同盟会员王和顺联络钦州会党发动起义,孙中山特派黄兴、胡毅生分别联系郭人漳、赵声策应。郭人漳表面答应而暗中告密于粤督张人骏。及起义军攻克防城兵临钦州时,郭人漳反而率部阻击,致使起义军大受损失,转攻灵山而失败。赵声知起义军钦州受折,星夜驰往灵山助攻不及,曾怒斥郭人漳出卖革命,宣布与他绝交。回师廉州时,设宴召诸将校痛饮,酒酣吟咏,有"八百健儿多踊跃,自惭不是岳家军"之叹。

清光绪三十四年春,回驻广州,因郭人漳告密,二日进谗,被贬为陆军小学监督,后任第一标标统。两广总督爱其才,拟升赵声为第一协协统。两江总督获悉,上书陆军部长荫昌并密电粤督称:声才可重用,但思想危险,不要养虎遗患。赵声遂被降为督练公所提调。

清宣统元年(1909)三月,终以处境艰难,丢职归里。端方得讯,令文武协捕,幸得暗报,夜走浙江西湖,一度潜至沪宁,其家受捕役密探骚扰两月,待端方调直隶后始归。七月,召集革命党人集会于广州白云山能仁寺,讨论起义大计,不久引起广州当局的怀疑。为迷惑敌人,暂离广州去香港,参加广州新军起义,被推为总指挥,倪映典为副,决定于宣统二年(1910)春节起义。后因情况骤变,起义日期几经变更。在急剧变化的形势下,倪映典仓促于正月初三日上午率部进攻。待赵声赶到广州城内指挥机关时,清军已关闭城门,致使内外营军难为响应而告失败。赵声挥泪告别死难同胞,秘密返回香港,化名"葛念慈""宋王孙",匿居沙党乡躬耕渔猎,艰苦度日。

宣统二年(1910)六月,应孙中山电召赴日本。二人首次聚晤,共商再度举行广州起义。同年十一月十三日,孙中山再次召赵声、黄兴、胡汉民等于马来半岛的槟榔屿举行会议,决定集中同盟会精英,与清军决一死战。会后,返回香港,主持准备起义的各项军事组织工作。十二月二日致书孙中山,意在起义以速进为是,并决心以身许国。

宣统三年(1911)一月,成立起义领导机关统筹部,赵声任副部长兼交通课长,定于4月13日(公历)起义,并将全国所选800人分十路进攻,赵声被推为总指挥,黄兴为副总指挥。4月8日,发生归国党人温生才枪杀清驻防将领孚琦事件,清军震动并因此加强了广州的防务,迫使起义日期改为4月26日。赵声因清吏多面熟,不宜过早露面,定于起义前夕去广州,由黄兴事前三日先入粤。4月23日黄兴抵广州作临战部署,见形势紧张,复将起义日期推迟至4月27日,并电声:"省城疫发,儿女勿回家。"26日,黄兴得悉调广州增防营中多同情革命,急电香港"母稍痊,须购通早来",而当日夜间赵声接电报时香港已无船开往广州。在各路进攻队伍尚未到达时,黄兴率领百余"先锋"仓促发难,遭到清军的猛烈攻击,起义军孤军血战,牺牲惨重,最后导致起义失败。次日凌晨,赵声所率二百余名"先锋"抵达广州,城门紧闭,不得入内,欲强行攻城,路遇黄兴后被劝阻。两人相抱大哭,赵声愤不欲生,后经澳门回香港。广州起义再次失败,赵声感愤成疾,回到香港,因盲肠炎恶化,危不可救。宣统三年(1911)五月十七日,唤同志们于榻前:"吾负死难诸友矣,雪耻唯君等",并吟杜甫诗句"出师未捷身先死,长使英雄泪沾襟",吟毕闭目不能言。5月18日下午1时,与世长辞,时年31岁。

1912年,中华民国临时政府追赠赵声为上将军。同年农历四月初一将赵声灵柩从香港迁葬于镇江南郊竹林寺旁,并营建陵墓。竖碑曰:"大烈士丹徒赵伯先之墓"。赵声无子,以大弟念伯子俊庠承嗣。

[链接]

赵声与辛亥革命

壮志凌云

一八八一年三月十日(光绪辛巳年阴历二月十一日),赵声出生于大港天香阁,为镇江东乡名儒镜芙先生(赵蓉曾)与葛夫人的长子。在《赵氏文翁分谱》中排行"毓四九",因他出生于百花节前一日,故字百先(亦用伯先),自号雄愁子。

赵声"生而有大志,龙行虎步,瞻视非常,既负奇慧,亦擅神力,慕义若渴,疾恶如仇。……少负神童之目,九龄应试,邑令(应为镇江知府王仁堪)欲畀以冠军,声弗肯循绳墨,作字大小错出,乃已"。从此"发愤学书,至十三四岁,又以善书名"。

赵声自幼习武,仗义行侠,屡见不平而起。"大港固有虏夷,一日捕市人置狱,其母泣请于声父,父逡巡未应,而声已入狱(应为安港巡检司衙门)破械挟囚出矣,时年甫十四。"

"年十七,入邑庠,亲友来贺,声笑曰:丈夫当为国宣力,区区一秀才何足言。"赵声无意功名,为了开阔视野,体察国情,翌年,他与友人结伴作江淮游。目睹清廷腐败,民生凋敝,他认为:"今日之时世,非推翻旧局、改良新政、制造新国,不足以富强天下以拒外侮也。"赵声一度曾把康梁变法看作救国良策,他在诗中写道:"未能成革政,相厄有尸臣""空教天下士,痛哭念维新"。

一九〇〇年声母葛太夫人因难产病危。已与赵声订婚的严吟凤按照习俗过门"端茶",来视汤药。严吟凤出身读书人家庭,通情达理,与赵声伉俪情笃。葛太夫人终不治弃养。为筹治丧所需,镜芙先生欲售夫人陪嫁妆奁,启箱见质票累累,方知夫人生前为维持家用和救助贫苦学生,已典尽裙钗。见状,赵声悲痛万分,著《祭母文》,寄托哀思。翌年初,为分担家庭衣食之忧,赵声辞父别妻,应江苏候补县沈韵锵之聘,赴金陵就馆。

自八国联军破北京后,国势危殆,大厦将倾。赵声无法以开馆授徒而自安,慨然曰:"有文事者必有武备,吾当为班定远,岂能于墨汁中求生。"决心投笔从戎。一九〇一年秋,赵声报考江南水师学堂,考题为"江防要策",七百余名考生中擢居第一。"入学后同学多乐亲附,每议局势,辄惊四座。"他还与校外志士柏文蔚、张通典等人组织"强国会",倡导"夷夏之防",宣传革命思想。"适校中章程不良,众议要更易,举赵声为代表,声语诋监督,监督怒除其名籍。"离开水师学堂后,赵声借居于猫儿山寺,闭门读书。"……后为陆师学堂某生捉笔,校中主者(指监督俞明震)见其文,疑非本校生所能为,诘得实,大称赏,张其文于讲堂,复召声往见,深器其才,特许入校肄业。""是时海上诸先觉创革命排满说,赵声闻之慨然叹曰:'此我胸中之欲言者,乃有人先我发之。'"在陆师学堂,他与陶麟勋、茅乃封、解震皋等学友结为同志,决心献身民族民主革命,誓言:"我辈今日痛瘁求学,岂为官禄富贵来耶,乃预备他日手拯神州,出之茫茫巨浸中,使复见青天白日耳。"

一九〇三年初,赵声于江南陆师学堂毕业。因成绩优异,被派往日本考察军事与教育,同行者有茅乃封、解震皋、刘诚、倪谦、张一爵等十八人。他们在日本考察了军、地从幼年学堂到大学的各类学校、近卫联队、师旅团部及步、骑、炮、工各兵种团队,对日本当时军队的严整精悍和国民教育的普及感触极深。在日期间,赵声结识了黄兴、杨笃生、何香凝等大批革命志士,并与旧友陈独秀重逢。当时,革命派和亡命海外的改良分子麇集日本,围绕"国将不国,路在何方"的问题,争论不休。赵声认为"中国事尚可为也",空谈无益,"革命贵实行耳,居日本何为"。当年夏回国。

高歌保国

"赵声既归国,痛民智之闭塞,思有以启牖之,于是在其乡里先创阅书报社,继设(安港)小学堂"、润东阅书馆、鸿溪阅报茶社。他为阅书报社亲写对联,开宗明义:"纵环海奇观,开普通知识;籍大江流水,涤腐败心肠。"为习武健身,"更组一体育会,有志之士多与焉,造就才俊颇众",为他日后征召新军、起义"选锋"未雨绸缪。

一九〇三年秋,赵声应两江师范学堂之聘,前往任教。他"内结同校之教员学生,外结相识之同志,声气翕合,徒益日繁",俨然形成一个以他为首的革命群体。他秘写了七字唱本《保国歌》,"文辞肫至,读者莫不感泣"。章士钊"为之印布数十万份,湖北曹工丞且为麻鞋负囊,走数千里散之。一时长江上下游之兵若匪,人手一纸,习其词若流"。一九一一年十月五日《民立报》亦曾全文刊登《保国歌》。《保国歌》是一篇锋芒直指满清王朝的讨伐檄文,它与陈天华的《警世钟》《猛回头》及邹容的《革命军》一样,成为中国近代史上民族民主革命的重要启蒙教材。

一九〇三年九月，帝俄侵我东北，胁清廷改订新约，全国掀起拒俄风潮。"在赵声推动下，南京各学堂师生暨民众数千人集会于北极阁。声登台演说，分析国势，痛斥清廷，疾呼推翻封建专制。"江督魏光焘立欲缉拘，同志泣劝声避。赵声走上海。此乃他与柳亚子及南社诸友结交之始也。

一九〇四年三月，赵声应水师学堂同学李树藩之邀，前往长沙实业学堂，就任历史及兵操教习。"江楚有志之士争慕向之。"其时，华兴会已经成立，革命思潮方兴未艾。"湖南学界革命思想，得赵声灌送，更磅礴一新。"

策动新军

一九〇四年六月，得悉袁世凯扩练北洋新军，赵声敏锐地意识到：新军可以策动为一支重要的革命力量。"吾乃军人，正奠缘前往北洋，怂恿新军，以推翻清朝而图民族生存。""乃辞教习北上投效……至保定，袁世凯一见知非常人，延后署中楼上，月给五十金赠其家，以笼络之。一面以卫兵监视楼下，凡与外界来往信件皆不递达。伯先知被骗，百计求脱，乃入北京。"

"吴樾实行炸弹主义（曾写过《暗杀时代》），闻赵声至京，急访见之，互倾肝胆。赵声谓吴樾曰：'此行遇君，真不虚矣。'遂订密交。"吴樾倡暗杀，赵声倡武装斗争，主张虽异，意志同坚。别后赵声赴天津，赋诗寄赠吴樾，诗云："淮南自古多英杰，山水而今尚有灵。相见尘襟一潇洒，晚风吹雨太行青。""双擎白眼看天下，偶遇知音一放歌。杯酒发挥豪气露，笑声如带哭声多。""一腔热血千行泪，慷慨淋漓为我言。大好头颅拼一掷，太空追揽国民魂。""临歧握手莫咨嗟，小别千年一刹那。再见却知何处是，茫茫血海怒翻花。"吴樾"得诗，对人言，每诵赵君诗则辛酸泪堕，岂余之伤怀世事而为此儿女态耶，抑诗之感人深也"。吴樾复书赵声曰："兵革之事，请君任之，君为其难，吾为其易。"嗣得炸五大臣，赵"耗闻豪猾未死，而人豪殉身，大恸曰：'天乎！丧吾良友，未能杀贼，吾誓报此仇。'哀痛至数日不食"。

"是岁，（北洋新军）举行（河间）秋操，赵声窃喜，以为机可图也。乃赴保定投身陆军，为队官，欲藉秋操谋反正。无如北方军人其时尚甚固塞，运动无效。赵声意虽懊恼，而亦喜得秋操数月之经验。"

南洋新军初创，赵声寻思：江南风气渐开，自己或有所为。翌年南归，"充江宁督练公所参谋官，赵声筹划多中肯，为当道（指时任江督周馥）所器重，乃遣赴北洋调查军政。查竣南回，当道以赵声军事富有经验，嘱其教练江阴新军"。

时有赋闲江宁的候补道郭人漳，颇以新学弋时誉，被赵声误以为是同志。

郭受委为广西巡防营统领，邀声任管带随往。赵声认为，这是一次掌握军队策动士兵的机会，遂同行。在广西，"赵声日与士兵演说民族主义，其论洪秀全事人尤乐听。……既得众心，欲谋举事，广西大吏防范极严，赵声志不得逞"，遂辞职归江宁。

"时南洋征兵初开，异论纷起，阻力百出，应征者颇少。赵声乃奔走故乡，苦口剖析，晓以大义，卒至应征者踊跃，士夫魁博亦多投笔而起。"乡人冷遹、李竟成、阮德山、江谦吾、臧在新等大批志士及赵声两个弟弟赵念伯、赵光均入伍新军。"故第九镇兵士镇江人最多，而文明为全国陆军冠，赵声之力也。征兵事峻，统制徐固卿即嘱赵声管带三十三标二营……复擢统三十三标。"

通过赵声保荐，一批可靠的革命同志被陆续安排到三十三标各级领导岗位。他们是：一营管带伍崇仁、二营管带顾忠琛、三营管带柏文蔚、一营左队队官江谦吾、二营右队队官冷遹、宪兵正目李竟成、炮排队官熊成基、倪炳章（映典）等。

赵声以新军《训练制略》要求"练兵"与"训兵"并重为由，在军中开办"阅书报社"，每周对士兵作"精神讲话"，以军人养成教育为名，行革命宣传之实。他鼓励士兵剪掉辫子，并亲自谱写了充满爱国情怀的三十三标军歌。还利用野外演习的机会，带领士兵谒明太祖墓，焚曾国藩祠，向士兵灌输民族主义思想。在潜移默化中把三十三标逐步打造成反清救国的革命营垒。

主盟长江

一九〇六年春，孙中山派吴旸谷至南京面见赵声，共商发展同盟会会员并设立分支机构事宜。是时，赵声加入同盟会，同时入会的有九镇军官柏文蔚、倪映典、林述庆以及陆军将备师范等各校革命同志数十人。赵声被推为长江流域盟主。在他主持下，同盟会势力在苏皖赣得以迅速发展。

为了进一步壮大革命力量，赵声于三十三标设机关，明冠"俱乐部"之名，暗为联络各方革命志士之用。"是年冬，安徽创办新军，吴旸谷潜投三十一混成协，以炮马兵工辎弁目养成所为运动基地，与南京赵声第九镇遥相呼应。"一时"各地革命党人愿意接受赵声指挥的竟达二万人以上"。

就在此时，"杀人之枭"端方回任江督。"十七协协统孙铭（为我同志）就计于赵声，俟端接印时即狙杀之。"赵声认为：仓促起事，无如自损，"谓非俟苏皖赣运动成就不可。……孙深服其言"。端方到位后，闻毁曾国藩像事，"将假此以兴大狱，有三十三标皆革命党，可用炮轰之语。统制徐绍祯（固卿）隐佑之，以赵声免职寝事"。同志遂得以保全。

一九〇六年十二月,萍(乡)浏(阳)醴(陵)会党起义爆发,江西告急,端方"卒遣徐固卿。徐力荐赵声勇毅能赴敌,欲以三十三标仍属赵声率以往。端疑之不许,徐乃以赵声为行营中军官,赵声欣然就道。先密遣人报萍乡。是役熊成基、倪映典皆偕行。徐军既遣,端复疑悔,密遣心腹伺其军。赵声至萍乡,则起义军与江西军战不利,已解散。而又知端有侦伺在军,无可发展,摩挲长剑,暗中挥泪而已"。

此前,孙中山有安南之行,"与法国参谋长卜加啤约,协助南中国独立。密遣同志胡毅生偕法步兵大尉苛罗氏至宁晤赵声。胡君盛言粤中资力雄伟,人才众多,革命军兴,宜先取之以为根据,赵声甚韪其议"。面对端方对己猜之甚,防益严,必欲杀之而后快,赵声决定响应中山先生之召,束装赴粤。他授意熊成基去安徽发动新军;冷遹、倪映典等同志继续积蓄江南革命力量,以待策应广东。"临行之日,(三十三标)全标官长兵士列队送行,有泣下者,赵声抚慰之,曰:'丈夫胡作儿女态,将来共事之日正长,幸各自勉,勿忘我言可耳。'言已泪亦盈眶。"

钦廉起义

一九〇七年春,赵声抵广州。两广总督周馥与赵声为旧识,器声之才,亟欲延揽。先任赵声为督公所筹运科提调,旋委第二标统带。周馥为防赵声"萌异志",破格给以每月九百两银的高薪。赵声把大部分钱都花在部属身上:官兵患病,给增加营养;家中有困难,他倾囊相助;每逢假日,请官佐共同聚餐。赵声慷慨仗义,爱护部卒,使他在军界声名鹊起,赢得广东军人的共同爱戴。

不久,钦廉起义爆发,起义缘起于钦州民众抗拒糖捐。钦廉知府下令开枪镇压,激起民变,一时聚众万人,推刘思裕为首领,与官府对抗。周馥檄郭人漳(时任广东防军统领)、赵声会同总兵何长清率军平乱。赵声以为民气可用,机会难得,暗作阵前策应起义的准备。

时在河内的孙中山得知消息,急派黄兴去郭人漳军营(郭为黄的旧友,曾向黄提出加入同盟会的请求),胡毅生去赵声军营,相约策应民众起义,共举革命大业。郭人漳是一个心怀叵测的投机分子,他对黄兴阳表赞同,暗向周馥告密,谓赵声已与刘思裕通声气。周馥秘命何长清连夜率部进剿。待赵声得知事已外泄,起义民兵形势危殆,当即派人通知刘思裕率众走避,自己则挥兵疾进,拟在何部之前赶赴前线,助民兵脱险。奈为时已晚,起义民兵被何部击败,刘思裕殒命。

为扭转局面，孙中山指派王和顺为中华革命军南军都督，联络各地民兵组成党军，直取钦(州)廉(州)防(城)。王和顺潜入合浦赵声军营，相约由王率党军在前攻城，赵率部尾随相机策应。王欲取南宁未果，南下攻克防城。防城光复后，本拟依靠郭人漳做内应，一举攻下钦州。虽然黄兴不断催促，郭人漳却以种种借口一再推托，直至钦廉道王瑚有所警觉，亲自领兵巡城戒备，使党军错失攻取钦州的良机。王和顺无奈只得率党军转攻灵山。就在久攻不下之时，郭人漳彻底卸下"革命"伪装，杀害了替他传递党人信息的哨弁王得润，派兵增援灵山守军，并为清廷重新夺回防城。在灵山攻城的党军激战三天三夜，终以弹药已尽撤退下来，除少数精锐退入十万大山外，其余解散。

钦廉起义的失败使革命遭受重大挫折。赵声曾赋诗抒发此时的感受，诗云："临风吹角九天闻，万里旌旗拂海云。八百健儿齐踊跃，自惭不是岳家军。决战由来墙习胆，杀人未必便开怀。宝刀持来灯前看，无限凄凉感慨来。"流露出壮志未酬的痛苦抑郁心情。

对于此次失败的罪魁祸首郭人漳，赵声深恶痛绝。在某次官府宴会上两人碰面，赵声直指郭为"口蜜腹剑、阴险叵测的卑鄙小人"，当众宣布绝交。

庚戌之役

张人骏新任粤督，郭人漳既为赵声所不齿，便不时向张进谗，张由此疏赵，削其兵权，改任黄埔陆军小学堂监督。"赵声阳示失望，阴则造就革命基本人才，一时网罗称盛。如冯轶裴、陈铭枢、邓演存、邓演达、张竟生、周址、邓刚、吴文献、方书彪等。"陈铭枢在回忆文中写道："赵声身材魁伟……声音洪亮，眉宇间有一股威严之像，故大家称他为'活关公'。……不仅使全校师生倾倒，也受到新军的普遍崇拜。当时广州军人在集会时，都异口同声夸谈赵声，开口'赵伯先'，闭口'赵伯先'，甚至有人说成'我们的赵伯先'。"可见赵声当时在广东军界影响之深。

一九〇八年九月，安庆起义失败，熊成基牺牲。倪映典于事前遭江督端方通缉，逃广东，由赵声力荐为炮队排长，成为赵在军中的得力助手。因"赵声韬光既久，大吏(指张人骏)疑赵渐释，爱其才勇，复命统带第一标新军"。赵声借机大量安插革命党人，广泛联络新军各部。因赵声治军有方，继任粤督袁树勋拟擢声为广东新军第一协协统，被江督端方所闻。端将赵声的情况上报陆军部长荫昌，并电告袁树勋谓："声才堪大用，顾志弗可测，毋养虎肘腋，致自贻患。"

袁不敢重用赵声,将声降为新军督练公所提调。

一九〇九年七月,赵声召集军中党人骨干数十人,密会于白云山能仁寺,为准备在广州发动新军起义,颁布了革命方略之军律及其赏恤各章,并选出干事员,每人发给同盟会盟票二百张,分赴各部发展革命力量。经过深入工作,取得显著成效,广州新军中的同盟会员已增加到三千人。赵声统领过的一标、二标以及倪映典所在的炮兵营,官兵入盟人数达百分之七八十。巡防营也有许多哨官、见习官及士兵加入同盟会。

由于赵声活动频繁,招致当局猜疑。为不致牵连其他同志,他决定以探亲为名,请假还乡,以分散当局的注意力。端方获悉赵声回乡消息,下令通缉,派人围宅搜捕。幸有同志事先通报,得以脱身,连夜避往杭州,旋赴香港。

一九一〇年冬,同盟会南方支部电告在海外筹款的孙中山后,决定发动广州新军起义,并拟定起义计划:一、起义时间定为庚戌(一九一〇年)春节;二、军事指挥由赵声为总司令,倪映典为副总司令;三、起义以新军为主,由城外进攻广州,巡防营在城内配合;四、占领广州后,由邱逢甲、陈炯明担任民政长官。统一广东后,分兵两路继续北伐,一路由江西攻南京,另一路经湖南取武汉。会后,赵声即去广州,主持军事。十二月二十八日,清吏在一标发现同盟会盟票,排长巴泽宪逃亡,引起当局警觉。赵、倪赴港与黄兴、胡汉民磋商后,决定将起义推迟至元宵节(一九一〇年二月二十四日)进行。为防清廷残害赵声家属,南方支部派人将赵声父亲镜芙先生及夫人严吟凤接至香港。

就在起义领导人齐集香港做发难前最后布置的时候,又生突发事故。除夕当晚,二标士兵"因刻图章小故与巡警冲突,新军包围警局。当局把新军枪支缴去,新军抢了武备学堂,但仅得子弹一万多发,而枪还有三千多杆,不敷分配"。当局宣布取消春节放假,更使新军群情激奋,哗变一触即发。面对这一紧迫形势,赵声决定提前于正月六日发难,并嘱倪映典当晚(初二)赶回燕塘,疏导新军,自己随后即赴广州起义指挥机关。倪回到燕塘一标驻地,认为形势刻不容缓,未及通报赵声,于翌日(初三)上午发难,率千余人经沙河攻东门。清军早有准备,城门紧闭,水师提督李准坐镇东门设防。赵声在城内不知城外新军动向,巡防营无法接应。倪映典率孤军与清军战斗于牛王庙一带,管带李景濂叛变投敌,于阵前诱杀倪映典。倪牺牲后,起义士兵继续激战一个多小时,终因伤亡惨重、弹药不济而失败。史称"庚戌广州新军之役"。

因战斗未波及广州城内,"赵声赖同志何侣侠之助得以脱险。……清吏迅即侦知发难的主谋者为赵声,因此绘形缉拿,悬赏五万金以购其首级。一时侦骑四出,风声极紧,同志们力促赵声赴港暂避其锋。赵声改名宋王孙,隐居于香港沙港(应为沙岗)乡,白天下地耕种,夜则写革命宣传文章,投稿拿点稿费"。有史料详细记载了沙岗韬光的缘由与经过:当时退回香港的革命志士尚有八十三人之多,为了保存这些可贵的革命力量,又不致引起港府的注意,同志们集议后,决定在距九龙不远的沙岗购地百亩,自耕自食,及时养晦。年龄最长的同志邓三伯是九龙本地人,指导大家搭盖几间大葵棚作为栖身之所,并量才分工,各司其职。黄兴体胖,负责放养四头水牛;赵声力大,每日挑粪十担;洪承点、巴也民合种三亩菜地;其他同志分垄耕耘,种粮自给……起义失败特别是倪映典的牺牲,使赵声悲痛万分,誓言收拾旧部(除新军一标被解散外,二标、三标及巡防营的革命力量尚且保存),向清廷作最后一搏。他写信给老父云:"大事去,良友亡,无面目见人矣!乞恕不终养之罪。"流露出成仁取义的决心。

碧血黄花

一九一〇年六月,孙中山由美抵日,电邀赵声、黄兴、谭人凤诸同志去日本会面,赵声偕胡毅生、林文同往。这是赵声与孙中山的第一次见面。赵声对胡毅生说:"吾国最患无折冲樽俎之才,……今见孙公,吾无忧矣。"在这次会面时,赵声、谭人凤、宋教仁、林文等同志曾提出组织中部同盟会,以长江流域为中心开展武装革命的建议,而孙中山、黄兴坚持认为:庚戌之役虽败,新军革命力量大部保存,广东临海,捐款军火便于接济,只要广州一动,"必有谷中一鸣,众山皆动之像",主张发难仍在广州,下手仍靠新军。孙中山非常器重赵声,请他回港主持革命工作,并允诺每年筹款一万元作为革命经费。赵、黄、胡回港后,随即南渡英属各殖民地筹款,为再举作准备。六月底,同盟会总部从东京迁至香港,孙中山被推举为外部总长,赵声为内部总长,并被推举为香港同盟会会长。

一九一〇年十月十二日孙中山在马来亚槟榔屿柑仔园寓所召开秘密会议(史称庇能会议)。出席者有黄兴、赵声、孙寿屏、胡汉民以及槟城代表吴世荣、黄金庆、熊玉珊、林世安,怡保代表李孝章,芙蓉代表邓泽如等。会议决定:在广州再举行一次"有充分准备的、同时也是破釜沉舟的起义"。党人称之为"大举"。此次大举仍以新军为主力,另外选拔革命志士五百人(后增至八百人)为先锋(党人称之为"选锋"),任发难责,并作起义军队及民兵的骨干;"大举"军事行动由赵声、黄兴负责,孙中山负责海外筹款;军事方略仍按照庚戌新军起义时拟定的北伐方案,即广州既定后,赵声统一军由江西攻南京,黄兴统一军经湖南取武汉,两军会师长江后,挥师北上,直捣幽燕。会议拟定先筹募十万元,以备起义之用。孙中山当场分发捐册给各埠代表，立得捐款八千元，最后共筹得捐款十九万元。

会后，赵声立即返港，着手起义准备工作：设置多处机关，收拢被清方遣散的新军战士；派人至苏皖联络旧部，进行选锋，"召集志士得宋建侯等百余人"，赵声之弟赵念伯、赵光也在其列；派遣党人代表联络各部队，开展策动工作；促请顺德民军谭义、陈江、张炳等部准备待命。各项工作在有序进行之中，十二月三日，赵声致函中山先生云："天道远，人道迩。今事而言，实有不可终日之势。……成败之关头，不在巧拙，而在迟速。弟以身许国，断不能偷无味之生。"表达了他对起义必胜的信念和为革命献身的决心。为"解内顾忧"，赵声委托"姜证禅同志侍老父暨夫人北归"。

一九一一年一月，起义领导机关——统筹部在香港成立，由黄兴任部长，赵声任副部长，下设八课，赵声兼任交通课长。交通课的职责在于联络长江中下游各省，为今后的北伐作准备。赵声委派谭人凤携款赴江浙赣湘鄂等筹设机关，联系党人，以备响应。虽然后来大举失败，北伐流产，但赵、谭等人的先期发动工作为武昌起义的成功和相继各省的光复发挥了重要作用。

三月十日，统筹部开会，决定起义日期为四月一日（阴历三月十五日）；推举赵声为起举总指挥，黄兴为副总指挥；战斗部署为：由八百选锋组成敢死队分十路出击，攻占各主要军政机关及军械局，战斗打响后，由新军、巡防营和民军发动联合攻击。十路中主要的两路为：一路由黄兴率南洋及闽省同志百人攻总督署，另一路由赵声率苏皖选锋百人攻水师提督行台。

就在此时，突发邓明德"同胞会"被破获及温生才刺孚琦两事件。邓明德乃赵声旧部，主同胞会事，同胞会成员分布于各营署做内应，事泄，邓明德遭捕杀；温生才为南洋归来志士，狙击满人广州将军孚琦，毙亡，广州大震戒严。统筹部乃决定将起义日期延至三月二十八日，由黄兴先率部分同志于二十五日赴广州观察形势，赵声、胡汉民率大队选锋于二十六、二十七日分批去省，同时令民军在珠江南岸集合待命。黄兴到广州后，发现清吏正在搜捕党人，一时风声鹤唳，危机四伏。黄兴决定推迟一日（二十九日）发难，让在广州的选锋战士回港暂避，并令珠江南岸民军撤离，二十六日晚电告统筹部："省城疫发，儿女勿回家。"阻止赵、胡及大队选锋来广州。二十八日，黄兴据姚雨平、胡毅生报告：从顺德开来的巡防营（二十七日清方调巡防营二营三营加强广州防务）已到天字码头，三营十个哨长有八个是我们的同志，他们一定会乘机反正。黄兴认为"只要三营一反，其他营属必降，且有新军之大力后盾，巡警教练所二百余人复决心相助,枪弹足用。有此数者,事尽可为"。遂电告赵声"母病稍痊,须购通草来",促同志统统来省。此时,在港选锋人数众多,黄兴又送回三百多人避风,由港赴省的小火轮只有当日(二十八日)晚班和翌日(二十九日)早班可乘。赵声让选锋战士暗藏武器,尽量挤上夜班船赴省,自己带领其余战士第二日早班出发,胡汉民阻之说:赵声的面孔认识的人多,要赵声"到晚上出发"。赵声委派谭人凤乘二十九日早班船去广州,要求黄兴推迟一日发难,待选锋战士到齐后再举事。黄兴不听劝阻,顿足曰:老先生,毋乱我军心。他将原定的十路攻击计划收缩为四路,由黄兴率一路攻督署,姚雨平率一路攻小北门,陈炯明率一路攻巡警教练所,胡毅生率一路攻南大门,下午五时半分头出击。五时半,螺号齐鸣,黄兴率选锋队百余人直扑督署衙门。在火烧督署后,与李准部队遭遇,由于其他三路未能及时响应,黄兴孤军作战,许多同志英勇牺牲,黄兴亦负伤,右手断两指。在撤退时,又与革命党人温带雄所率前来接应的巡防营发生误会而激烈交火,双方又死伤多人。入夜,起义人员已是各自为战,除被清军中革命同志营救出城者外,多遭残杀。待赵声率选锋主力抵达广州时,只见城门紧闭,战事已经沉寂,遂嘱胡汉民带同志先回香港,自己欲往顺德调动民军。就在此时,遇见为黄兴买止血药的同志庄六,知城中起义已败,黄兴受伤脱险。赵、黄见面,相拥大恸。赵声腹痛痼疾突发,黄兴阻赵前往顺德,命庄六护送回港。

"七十二健儿酣战春云湛碧血,四百兆国子愁看秋雨湿黄花。"战后事定,由"潘达微敛其尸,得七十二人,丛葬黄花岗"。赵声同乡选锋战士宋健侯、石经武、华逐电、阮德山、徐胜西、封冠卿在其列。据各省同志以后调查,此役死难烈士远不止七十二人之数,因未知姓名而不彰者亦甚多。三·二九之役(史称黄花岗起义)虽然失败,但在中国近代史上留下了可歌可泣、悲壮辉煌的篇章。正是这振聋发聩的一声惊雷,进一步唤醒了民众,动摇了清王朝的统治基础,催生了武昌起义的成功。孙中山曾作如是评价:"是役也,碧血横飞,浩气四塞,草木为之含悲,风云因而变色,全国久蛰之心,乃大兴奋。怨愤所积,如怒涛排壑,不可遏抑。不半载武昌之大革命以成,则斯役之价值,直可惊天地,泣鬼神,与武昌革命之役并寿。"

星陨南天

赵声回港后,悲愤不已,病势转危。他不愿就医,黄兴、胡汉民强制送往日本人开设的马岛医院,诊断为盲肠炎,四月十七日开刀,惜为时已晚,回天无术。弥留之际,赵声环顾榻旁同志,沉痛地说:"吾负死难诸友矣,雪耻唯君等。"并吟：出师未捷身先死，长使英雄泪满襟。终不治。关于赵声的逝世日期，黄兴、胡汉民告南洋同胞书谓："延至中历十九日，竟长逝矣！"而镜芙先生主持编写的《大港赵氏文翁分谱》记载为阴历四月二十日未时。赵声逝世时，黄、胡"伤心目击"在侧，镜芙先生已归故里，是否因信息传递造成一日之误，现已无法考证。同志们葬赵声遗骸于香港茄菲公园内小山之巅，匿名树碑曰：天香阁主人之墓。夫人严吟凤得耗，仰药殉夫，幸发现及时，得救。自此更名承志，投身武装斗争，镇江光复时曾为女军总司令，同志们赞为女中豪杰。赵声无子女，立弟念伯长子俊庠为嗣。

赵声逝世后，全党同悲。章炳麟为其传讣闻，报国殇，"世人无论识与不识，咸痛悼之。"孙中山亲作祭文曰："……呜呼！京江汤汤，戎衣锵锵，剑胆诗心，痛疽肺肠。柝我常山，天胡不臧，丽尔仙城，三月念九……"黄兴、胡汉民书告南洋同志："以伯先平日之气概，不获杀国仇而死，乃死于无常之剧病。彼苍不仁，已歼我良士，又夺我大将，我同胞闻之，亦将悲愤不置，况于目击伤心者乎！"陈少白哭之以诗(亦说此诗为徐英毅所作)，诗云："曾攘大义复公仇，呕尽忠胆疾弗瘳。革命已编新战史，从戎原不为封侯。""旅魂归路三千里，名士罗胸十万兵。赢得血肠轻一殉，泉台夜夜作龙鸣。"苏曼殊奠之以画(苏与赵声友情深厚，苏允为赵作《荒城饮马图》，画成，赵已物故，苏万分悲痛，乞人携此画去香港，在赵声墓前焚之以奠)。更有甚者，长沙杨守仁同志闻赵声死耗，"至狂愤自沉其身"，惜哉！

作为"同盟会的著名活动家"，反清武装斗争的主要军事领袖，赵声的不朽业绩已永垂史册。在其短暂而辉煌的一生中，他曾计划进行苏皖赣起义，先后策应萍浏醴起义、钦廉起义，并领导了庚戌新军起义和三·二九黄花岗起义。终因壮志未酬，抱恨终身。正如章炳麟挽文所云："是这样豪雄，创起共和，推翻专制，所恨义旗大举，不在生前，致未能铁血齐飞，亲觇改革。"有人说赵声是失败的英雄，否！中山先生说："革命者只有两条出路，一为成功，一为成仁。成功之内若无成仁的意义，也不算成功；如有成仁的决心，虽然失败，亦可谓成功。"从这个意义上讲，赵声无疑是一位既成仁又成功的英雄。辛亥革命乃一历史过程，从一八九四年孙中山创立兴中会到武昌起义，经历了十七年波澜壮阔、艰苦卓绝的斗争，革命的成功绝非武昌之役一蹴而就。章炳麟谓："为武昌事先驱，则黄兴、赵声为之也。"胡汉民曰："至武昌振臂一呼，而天下皆应，则正以三月二十九日之役为之先。故从革命总体为之衡量，此役虽失败，而其功乃较战胜得地者百倍过之。"正是赵声的不懈努力，把新军改造成为一支主要的革命力量;正是赵声领导或参与的多次武装起义,为武昌之役的胜利和各省的相继光复奠定了基础。历史有时会令人扼腕叹息,有人发问:若黄花岗之役不败将如何?若赵声不死将如何?奈时光不会倒流,历史没有"如果",这只能是一个永久的遗憾。

赵声出自书香之家,其父镜芙先生为镇江东乡名儒。镜芙先生的教育熏陶,养成了赵声的高尚品格和爱国情操。他在家讲孝悌,交友重言诺。"月寄五十金供堂上甘旨,余尽接济诸同志,尝有句云:'愿交天下士,馨我怀中藏。'"他少年时代即以救国济民为己任,义无反顾投身于民族民主革命的伟大洪流,视利禄如粪土,置生死于度外。在革命营垒中,赵声倍受同志们的信赖和爱戴。顾忠琛称他"轶迈群伦,不可方肩",陈其美说他有"铁血""侠骨",茅乃封说他为"铁血之性,冰雪之操",方振武赞他为"旷世奇才",李汉魂尊他为"军中之圣"……作为一位职业革命家,赵声究竟具备哪些可贵的品德可以作为精神遗产垂范后世?我们可以从他的毕生革命实践中找到答案:

一、首先是他的深切爱国情怀和彻底革命精神。官府大吏重其文才武略曾多方笼络,赵声不为所动,从不妥协,革命意志弥坚。尽管他在革命生涯中屡受挫折,数度失败,但他从不灰心,从不退却,百折不回,不改初衷,直至献出生命。他不但以自己的行动实践了"以身许国"的誓言,还带动夫人、弟妹投入反清武装斗争的行列,连年甫十五岁的幺妹也不例外,被誉为"一门忠烈"。

二、赵声不竞声华,崇尚实干。他说"革命贵在实行",反对无益的空谈。无论是他早年启迪民智宣传革命,还是后来策动新军、领导起义,凡革命工作,他都是从一件件实事做起。为了实现自己的革命理想,他的足迹踏遍大江上下、祖国南北。每到一处,他都会联络当地的革命志士,播撒革命的火种,对革命工作从不懈怠。

三、赵声胸怀博大,磊落坦诚,爱憎形之于色,"往往面折人过,不少宽贷,然对于将校、士卒、学生、同志,则慈祥恺恻,如家人骨肉之亲"。无论在哪里,都能在身旁凝聚一批肝胆相照、生死与共的革命同志。赵声、吴樾的生死之交曾为那个英雄辈出、慷慨悲歌的年代留下了一段脍炙人口的史话。陈独秀赞曰:"存为丹徒赵伯先,殁为桐城吴孟侠。"

四、赵声对待革命工作一贯顾全大局,敢于担当。庚戌之役后,他本有在长江中下游发动起义的主张,但当孙中山、黄兴坚持下次起义仍在广州,赵声服从中山先生的决定,立即回香港,着手起义准备,并担任了起义总指挥。每当革命遭受挫折,他总是以大局为重,从不诿过于人。黄花岗之役,黄兴未征得总指挥赵声同意,不听劝阻,自作主张,仓促发难,致使起义失败,应当负有一定的责任,但赵声并未因此对黄兴有微词、存芥蒂,当这对生死与共的亲密战友相拥一起的时候只是泪洒一处,相互慰藉。当时革命营垒的同志来自四面八方,同志间的亲疏程度也不尽相同。正是领导者们的这种豁达大度、包容四海的高贵品质,对于维护革命党人的精诚团结起到了至关重要的作用。

辛亥革命胜利后,民国元年,孙中山领导的民国临时政府为表彰赵声的功绩,追赠赵声为上将军,并在镇江南郊竹林寺营造烈士墓园,将赵声的遗骨迁回故土。墓前树碑曰:"大烈士赵百先之墓"。正门石牌坊刻有对联云:"巨手劈成新世界,雄心恢复旧山河"。故乡人民追念赵声的不朽业绩,一九二六年由冷遹为首发起在镇江云台山建造"伯先公园",于一九三一年六月落成。公园迎门耸立赵声戎装佩刀铜像,山顶建有伯先祠。二〇〇五年由镇江新区管委会拨款翻修伯先故居,故居内辟有赵声革命事迹展室。故居、墓园和公园均被定为江苏省文物保护单位,成为对人民群众进行爱国主义和革命传统教育的场所。人们在这里重温历史,回顾当年先烈们为"复兴中华"的美好梦想而进行的悲壮斗争,仍然受到深刻的教育,获得催人奋进的力量。

(赵彭生 赵金柏 撰)

赵 芬

1 8 9 2

|

1 9 1 9

　　女,字吟香,又字芸香,出生于镇江大港镇。赵声之胞妹。幼受父(赵蓉曾)教,颖敏过人,10 岁能文章。曾在镇江、江宁、上海、香港等女子学校学习,成绩优异。

　　肄业后,跟随其兄赵声参加辛亥革命,是个女中豪杰,蔡元培撰文《赵芬夫人传》将她与浙江秋瑾女士并提。在广州起义时,她运送弹药,联络通讯,胆识过人。广州起义失败后,其兄赵声愤死,遂偕其二兄赵念伯、三兄赵光率领赵声旧部,转战南京、上海之间,亲手制作炸弹,冒着枪林弹雨,参加光复南京战役。在战斗中勇敢顽强,不屈不挠,即使面临困境,也从不退缩。

　　辛亥革命胜利后,辞归故里,侍奉老父。1916 年受父命与王家驹结婚。1918 年生下一女——福保后,身染恶疾,于 1919 年 2 月16 日去世。

赵 楫

1795
|
1854

字子舟,祖籍镇江大港镇。优贡生,顺天举人,大挑一等,分发贵州知县,道光十六年进士,会魁,钦点翰林院庶吉士散馆一等,授职编修,掌山东道监察御司。京察一等,武英殿纂修,奏办院事本衙门,撰文庶常馆提调。钦命大通桥抽查漕粮,巡视东城。贵州乡试副考官。教习庶吉士。会试同考官,四川乡试副考官。直隶天津河间兵备道。诰授中宪大夫。告老返乡后,修撰了自子褫公十三世孙赵越迁至丹徒城内后的"丹徒赵氏支谱",此谱现存美国哥伦比亚大学图书馆。他为同僚曾国藩写的对联"此生不觉出飞鸟,垂手还堪钓巨鳌",现仍刻在镇江北固山的凌云亭石柱上。

赵 霖

1798
|
1854

字笠农,号雨林,祖籍镇江大港镇。道光十六年进士赵楫的胞弟。道光元年举人,道光十二年进士。先后钦点主事,签分户部贵州司兼广东司行走。贵州司正主稿,补授福建司主事,升授江西司员外郎,山东司部中京察一等。钦差山东帮办,盛京工程处监督,户部则例馆提调。福建兴泉永兵备道署理按察使。诰授中宪大夫。后又晋授通议大夫。

赵文湘

1 8 8 2
|
1 9 2 3

字雪帆,镇江大路镇圌山赵家村当铺里人。自幼聪慧过人。少年时代师从大港赵蓉曾就读,与其长子赵声(伯先)及李竟成等皆同窗好友,且志向一致。

年稍长,赵声参加同盟会,培植革命力量,开展反清活动,赵文湘等六人追随赵声参加革命军,任文牍,参与起义准备,目标是"驱除鞑虏,建立共和"。赵声率军辗转南北,军中七位同窗好友被人称为"七君子"。赵文湘等人出谋划策,为赵声得力助手。

赵声治军极严,同窗中有人严重违反军纪,文湘为之说情。赵声不徇私情,执法如山,处以极刑,对赵文湘刺激颇深,尔后神经错乱,被迫返乡治疗。

清宣统元年(1909),赵声回乡省亲,特地探望文湘,嘱咐他"病情好转,即回队共事,共图大业"。文湘病愈前,赵声因起义失败,在香港抑郁悲愤去世。赵文湘在故里开办私塾,教育青少年。42岁时病逝。

赵臣翼

1860
|

字燕孙,清咸丰十年(1860)生,祖籍镇江大港镇。后客籍顺天大兴(今北京市大兴区)。清光绪九年(1883)考中进士,光绪十三年(1887)任奉天金州厅海防同知(五品),光绪二十二年(1896)二月出任奉天海龙厅(今吉林省海龙县)抚民通判(海龙厅副职),两年后的1898年出任宁远州知州。上任后适逢戊戌变法,赵臣翼也响应变法新政,于是年五月二十二日改宁远州柳城书院为集宁学堂。"集宁"是十六国前燕时期在兴城设置过的一个县名。柳城书院改为集宁学堂后,赵臣翼效仿道光年间的知州强上林,亲笔题写了"集宁学堂"四字,并刻匾悬挂在学堂门额上。赵臣翼思想开明,他聘请闵次元为英文教习,宁远州学正(教育局局长)李崇瑞为汉语教习,招收学生20余人,在兴城历史上第一次开设外语课程。

1900年农历闰八月,沙俄军队侵入宁远州,义和团奋勇抗击外国侵略。闰八月初八日,沙俄军队强行进驻宁远州,并在火车站搭建了临时兵营。此时,宁远州居民惊恐万状。在危难面前,他拒绝了部属提出的离城暂避的请求,誓与宁远城共存亡,还亲自上街劝说百姓保持镇静。为了全城百姓的安危,赵臣翼不惧俄军的淫威,挺身而出,冒险前往宁远州火车站的俄军兵营进行谈判,声言俄军不能进城伤害无辜民众。赵臣翼正气凛然,眼见局势难以扭转,他趁俄军军官不注意,解下身上的佩刀向自己脖子划去,表明以死殉城的决心,顿时鲜血四溅。沙俄军队将赵臣翼暂扣在宁远州火车站内。赵臣翼被扣留在火车站期间,有感于守土有责,写下一首绝命诗:"揩柱孤城力太微,保民诚是保身非;浮名岂慕羊头烂,壮志原希马革归。败局难期成胜算,死灰仍拼觉生机;唯余一点丹心在,洒向长空碧血飞。"经多方营救,赵臣翼被释放。赵臣翼被释放后,及时采取措施消除了与外国教会的矛盾,这也体现了其开明与远见。为嘉彰赵臣翼在强敌面前凛然不屈和被释后及时消除与外国传教士间的隔阂,1900年冬,清廷赏赐赵臣翼顶戴花翎,这在宁远州自清康熙三年(1664)设置以来还是第一次。

清光绪二十七年(1901),赵臣翼经过考察,认为宁远州六股河以西有必要单独设县。他上书称"因宁远州地方辽阔,鞭长莫及",要求增县设治。1902年六月,绥中正式建县。

赵臣翼于光绪二十九年(1903)五月调任铁岭县知县。

1908年左右,赵臣翼被擢升为奉天度支局佥事(即省官办银行副行长)。清宣统元年(1909)八月,赵臣翼出任兴凤道尹。

1912年,赵臣翼随原任东三省边务大臣的直隶都督张锡銮调往直隶,在直隶都督衙门担任内政厅厅长,同年十一月又随张锡銮回奉天任职,是张锡銮的主要幕僚。后来担任过一段时间的本溪煤铁公司总办,约在20年代病卒于沈阳。

2001年冬,铁岭市文物部门在龙首山慈清寺西北侧,发现了一块高3米、宽0.8米的汉白玉石碑。此碑正面刻有清末铁岭县知县赵臣翼的生平事迹和祖茔地的变迁情况,背面刻有赵家祖茔地方位及茔地四至图。赵臣翼用这种特殊的方式表明自己不忘祖先的心迹。

赵成采

1898
|
1923

字受白,镇江大港镇岱向桥人。生性耿直。1919 年只身赴粤,就学于韶州讲武学堂,后以优等成绩毕业。毕业后,任方振武部下中尉排长,继任驻桂赣军二官团教官,转任粤军上尉队长。1922 年随北伐军攻打江西,任上尉副官。由是之赣、之湘、之闽,凡有讨伐,无不参与。名虽日振,但忌者亦多。未几,陈炯明在粤发难,赵成采随许崇智转战入闽。途中将士多散亡,赵成采维持所部,重组东路讨贼军,军威复振。许崇智对其甚为信赖,旋晋升少校参谋。1923 年 4 月,会师惠州,部次潮汕,以监军身份催促张毅急速参与反陈(炯明)斗争。不料张毅早与陈炯明私通,方谋反抗,因惧赵成采,未敢猝发。赵成采虽有所觉察,但抱着临难无苟免之意,仍促张反陈,被张毅杀害。

赵庆福

原名溶,祖籍镇江大港镇。清代官吏。候选知县。曾负笈京师,从学族祖赵霖,研究经世之学。清咸丰十年(1860)回乡办团练,同年四月八日与太平军发生战斗,被清王朝论功交章保以知县升用。战乱后民气大伤,东乡有双粮重赋田,民不堪负担,他吁清官府得恩减,另外还注重兴建水利等。82 岁卒。戴恒为之立传。

赵启騄

1894
|
1964

字次骅,镇江大港镇人。13 岁被赵蓉曾先生纳为弟子,师生情同父子。16 岁考入南京陆师学堂,是年参加同盟会,继入武汉第二陆军预备学校及保定军官学校深造,与叶挺友善。毕业后不愿在北洋军队工作,去广州寻找叶挺,经介绍任大元帅府参谋,后调黄埔某师任参谋长,与吴玉章、周恩来、叶剑英等来往甚密。熊克武任四川讨贼军总司令时,在刘伯承部任参谋长。熊克武失败后,随刘伯承至上海赋闲。刘伯承离沪时,曾电约赵启騄同行,赵启騄因事误时,从此与刘伯承失去联系。1926 年,顾祝同任粤军第三师师长,委赵启騄(赵与顾是陆师学堂同学,又是儿女亲家)为师参谋长,参加北伐。1931 年 12 月,顾祝同任江苏省政府主席,任赵启騄为民政厅长。

"一·二八"事变后,曾与黄炎培等倡组江苏省各县救国自卫委员会,遭蒋介石嫉恨。后赵启騄在镇江开办酱园、药店;在上海设协成、协记商号,经营证券交易;在大港办崇曾小学,兼任校长。西安事变后,顾祝同任西北行营主任,聘赵启騄任参谋长。在此期间,与中共驻西安机构接触较多,因与刘伯承有旧,对中共方面多有协助,为蒋介石发觉,革其职而终未再用。抗战初闲居西安,因生活困难去四川与友人在垫江创办农场。抗战胜利后回上海,读书自遣。

淮海战役时,与李明扬计划迎接刘伯承渡江未遂。1948 年冬,借口去西安为母安葬未回。西安解放前夕,拒绝赵文龙等人邀他同往台湾的劝说。

中华人民共和国成立后,刘伯承邀其去京或入川,又因病未能如约。1963 年,将其在镇江的房地产(原为英国领事馆)、碑帖、图书全部赠送给镇江市博物馆,历任全国政协第二、第三届委员。1964 年 6 月 17 日病逝于北京,安葬于八宝山公墓。《人民日报》为之发讣告,刘伯承为治丧委员会委员。

赵念伯

1 8 8 7
|
1 9 1 9

字驭六,镇江大港镇人。赵声的大弟。幼随父读,后考入南京陆师学堂。在校期间参加同盟会,毕业时部试一等。

毕业后初任排长,旋升队官,暗中参与赵声领导的反清活动。不久,赵声受端方迫害,离开新军三十三标后,赵念伯负责赵声与三十三标中革命志士之联络工作。黄花岗之役前潜入广州,密报消息于广州、香港之间,同时,为黄花岗起义积极运送枪支弹药。

清宣统三年(1911)十月十日武昌起义后,与二弟赵光(翊三)、妹赵芬在沪组成进行队(任司令),舍命攻占江南制造局。此后留沪都督府任职,并参与光复南京之战役。

1912年3月,沪军进行队改编为三十二旅,赵念伯任旅长,移驻镇江。讨伐袁世凯期间,与黄兴、李竟成等联名通电反对袁世凯称帝,同时命令部下炮击镇江宝盖山敌军,后因力不支,走亡日本。1916年,黎元洪继任总统后,归隐乡里。不久,粤省宣布自主,应陈炯明电召,任粤军总司令部参议。

1919年2月,粤军司令赵光(翊三)与闽军南靖国军司令宋渊源意见不投,陈炯明令其往安溪调停。事方寝,而忽染喉疾,越二日,即病逝于翊三行营,时年33岁。1928年,被江苏省国民政府追认为烈士。

赵俊欣

1913
|
1986

　　1913 年 3 月生，镇江市大港镇东街人。中国民主同盟成员。教授。同盟会成员反清志士赵念伯之子，以革命烈士后代身份免费读完高中，1931 年入中央大学读书。1935 年中央大学法学院毕业。1935 年夏至 1937 年秋，在法国巴黎大学法学院攻读国际法并获得博士学位。1938 年转入德国柏林威廉大帝国际法研究院继续研究国际法。1939 年至 1950 年曾先后在前国民政府检察院、外交部、中央银行、中国驻法大使馆任职。先后担任重庆大学教授、中国驻联合国巴尔干委员会代表团副代表及中国驻德国同盟军管制委员会军事代表团代团长等职务。

　　1951 年 7 月应周恩来总理之邀，毅然起义，携带夫人、子女，排除干扰，从巴黎返回祖国，执教于上海外国语学院。1952 年院系调整，调至南京大学，任南京大学外国语言文学系法国语言文学教授、南京大学法律系国际法教授。1986 年 8 月病逝。

　　发表有《法国启蒙运动》《狄德罗的唯物主义哲学》《常用法语》等论文。曾任全国法语教学研究会理事、第一届全国高等学校外语专业教材编审委员会副主任兼法语编审组组长、《法国研究》顾问。

赵彦修

1812
|

字念皋,号季梅,祖籍镇江大港镇。赵子褫公第二十二世孙,赵越公的第九世孙。增监生,道光挑取誊录。顺天举人,内阁中书。先后任江苏吴江县教谕,直隶通州学正,江宁府学教授。诗词家。他的诗词都与画家有关,他不遗余力地搜罗并拜访江浙画家,把各人写入诗词,辑著有《画中九友歌》《画友诗》《松林画友》《三砚斋诗剩》等。如《续九友歌》中述潦倒画家弟荣为"阿弟生计无田畴,迂疏隐僻动见尤,抚印作画驱穷愁,浮家江上闲于鸥,放头烂醉万虑休"。赞画家秋言则是"秋言大笔如戈矛,苍松巨壑师马牛,酒人八九来深楼,传觞作画心悠悠"。

赵彦俞

1803
|

字次梅,号小鹤,祖籍镇江大港镇。清道光十六年进士赵楫的胞弟,廪贡生,道光挑取誊录。先后任江苏兴化县训导,署泰州学正和江宁教谕。他还是著名的诗词家,著有《瘦鹤轩词》,将三百八十余首删存一百〇六首于1873年出版。清代杜文澜著的词论《憩园词话》中有"赵次梅广文词"一节,称其词讲律极精,笔亦秀挺,清机徐引,意旨缠绵,并引用其词若干首。《瘦鹤轩词》同治版本至2013年仍有拍卖。赵彦俞还参与编撰了咸丰二年(1852)出版的《重修兴化县志》十卷。

赵桐庆

1894
|
1966

字汉生,镇江大港镇人,赵宋庆胞兄。

青年时期就读于南京高等商业学校,毕业后,先在津浦铁路局及中国银行工作,后受上海商业储蓄银行之聘,出任该行储蓄部经理。不久,因江苏南通分行经理年老告退,乃受命前往。未几,上海商业储蓄银行在南通声誉日隆,业务迅速扩大。1929年,被调回上海任总行业务处经理。在头绪纷繁之中,他提纲挈领,对银行工作进行适当和必要的调整,选择精干人员,充实银行机构,使上海总行初步走上科学管理之路。上海商业储蓄银行在全国各地有分、支行119处之多,每天的业务情况,都要当天邮寄总行。业务处分别予以检查,集中统计,并进行适当的纠正、平衡和指导。他总理其事,有条不紊。1931年,汉口发大水,汉口分行承做的大量食盐被淹没,损失甚巨。消息刚传开,在上海迅速掀起向总行提取存款风潮,来势凶猛,但他以惊人的才智,应付自如。不数日,提存风平息,银行信用益坚,存款很快得以恢复。"八一三"事变发生后,他担当内地各分、支行的管理重任。随着战争转移,上海商业储蓄银行先后在汉口、重庆成立总经理办事处,均由其任主任。各事纷繁,一切决策集于一身,仍镇静处之。

1950年,上海商业储蓄银行接受人民政府管理,赵桐庆任董事,寓居北京。1966年9月,在长女家中去世。桐庆有三子:长子无极;次子无违,毕业于上海同济大学,以优异成绩免考直升美国麻省理工学院攻读博士学位,后受美国杜邦公司之聘任高级工程师;幼子(名不详)响应国家号召,参加中国人民志愿军赴朝作战。

赵曾望

1 8 4 7
|
1 9 1 3

字绍庭、芍亭，号姜汀，祖籍镇江大港镇。清同治九年（1870）优贡生。后任内阁中书舍人。

在京数年，对朝廷的礼仪制度，各部院的官风吏习，颇为熟悉。因不得意而去官南归，以闭户读书著作为乐事，过着一家四口，"薄田数亩，老屋数幢，田赋厘征，量入为出，差可温饱"的生活。

不久，应苏北盐商邀请，去如皋掘港镇经理盐务。清宣统三年（1911）夏，镇江海门吟社成立，被推为社长。1913 年病逝于掘港。

生前勤奋好学，注释经史讲究训诂，记载赅博，时有卓见，并工书法、篆刻。著有《十三经独断》《字学隅举》《古史新编》《二十一史类聚》《菑播巢论文》《耐稣简说》《心声稿草》《楹联丛语》《节足室题画》《养拙斋印谱》《廉秋馆杂著》《宛言》等，其中尤以《宛言》二卷为人所称道。其子宗抃，清末举人，也工书法金石，曾任镇江府中学堂监学，为海门吟社社员，父子同社，一时传为佳话。

赵蓉曾

1852
|
1924

字镜芙,镇江大港人。博学强记,精通古文,数次乡试未中,遂无意功名,家居教书。先后有学生500余人,成名立业者众多。他教的内容虽为四书五经,但注重德育,教授方法则多鼓励学生思考,领会内容实质,常以"临危不惧""有杀身以成仁,无求生以害仁""富贵不能淫"等教育学生;从不要求死记硬背,并注意劳逸结合。学生中曾组织"清音队",每日下午4时许,管弦之声不辍,在他门下学习的无不感到身心舒畅。他家境并不富裕,但乐善好施,常资助贫困农户,生活困难的学生则减收或不收学费,有的甚至免费供给食宿。为了家用,以致其夫人陪嫁的簪钗首饰典当殆尽。夫人逝世时几乎买不起棺材。有乡绅赵玉汝送来五十金,赵蓉曾拒不接受。其道德文章,早闻于乡里,对学生也影响很深。

清光绪二十六年(1900),夫人葛氏逝世,时次子念伯、三子光和小女赵芬皆年幼。中年丧妻,父兼母职而终未续娶。长子伯先投身推翻清政府的革命斗争后,念伯、光及小女赵芬、儿媳严承志也相继参加反清活动,赵蓉曾无不积极支持。

清宣统元年(1909),端方下令追捕赵伯先,赵蓉曾一家受捕役密探骚扰两月。此后家产累被查抄,生活几难维持。次年末,赵伯先在香港筹划广州起义,为解除后顾之忧,接全家去香港,直至武昌起义后,赵蓉曾始得返家。1924年11月1日病逝。

[链接]

我的曾祖父赵蓉曾

我的曾祖父讳蓉曾,字镜芙,为大港赵氏始祖志南公之二十三世后裔,乃心如公(赵廷靖)之孙,赵述祖次子。他自幼好学,博览群书,学识精深。中秀才、补廪生后,无意功名,在大港设馆授徒。老宅天香阁数十年弦歌不息,受业弟子不下五百人,其中佼佼者如李竟成、王家驹、解朝东、赵启騄、夏伯安、王秀芝、仲彦洲及其子赵声、赵念伯、赵光等。

镜芙公传道授业有别于一般旧式私塾。他反对灌输式教学,不用戒尺,不要求死背课文,也从不苛责弟子,而是循循善诱,因材施教,启发引导他们在学业上循序渐进,为每个人的个性和才能留下广阔的发展空间。他总是把道德放在第一位,教育弟子以"当仁不让""临难不苟""有杀身以成仁,无求生以害仁""富贵不能淫,贫贱不能移,威武不能屈"作为立身处世的准则;除课堂讲学、研读古籍外,他还带领学生登圌山、联诗文,并组织清音队,吹拉弹唱,其乐融融。蓉曾先生的学馆如同是一个大家庭,师生情同父子,贫者免束脩,道远者可寄宿,和先生家人一同饮食起居,如是一家人。我曾听先祖母(赵声夫人严承志)讲过不少学生们的趣闻轶事。数十年后,学生们还在怀念天香阁的难忘岁月。赵启騄先生不忘师恩,出资创办了崇曾小学,以此来褒扬师德,造福桑梓。

镜芙公娶本乡北角里葛氏为妻。葛夫人出自读书人家庭,温和贤淑,勤俭持家,与镜芙公伉俪情笃,相敬如宾,互以"先生""师娘"相称,乡里传为美谈。葛夫人四十一岁(虚岁)难产辞世,镜芙公悲痛万分,终生未再续弦。他在悼妻挽联中写道:

上寿本无庸,纵教百岁夫妻,终成死别;

中年胡可去,试看两行儿女,难以为情。

镜芙公与葛夫人共育三子三女。三子分别为赵声(娶严承志)、赵念伯(先后娶殷汉晖、曹坤杰、蒋坤豪)、赵光(先后娶张志兰、夏传义);三女分别为赵吟仙(嫁卢德纯)、赵吟香(即赵芬,嫁王家驹)、赵吟云(即赵芳,十七岁病故)。长子赵声作为辛亥革命的著名军事领袖,两次广州起义的总指挥,为革命贡献了毕生精力直至生命。其他子女(除长女吟仙早逝外)及长媳严承志,也追随赵声投身武装斗争的行列,连未成年的小女儿也不例外。家谱有如下记载:"三女吟香……辛亥光复时年甫十五岁,作男装运军火,由沪至宁者数次。"赵声受清廷通缉,累及老父,四处避难,饱受颠沛之苦。第二次广州起义(史称黄花岗之役)前,革命同志保护镜芙公及全家去香港躲避,直至武昌起义胜利后,始返乡。对于子女们的所作所为,镜芙公从不阻拦,也毫无怨言。在他主持编修的《大港赵氏文翁分宗谱》中对赵声有这样的记述:"时满清政治益紊,有志者均具革命思想,两次在广州起义,群英附之,惜未见成功而殁。烈配严夫人饮药殉夫,遇救获免后,遂改原名吟凤为承志,江南光复之初,充北伐女军总司令官,此千古所罕见者也。"从字里行间可以看出,他对辛亥革命的赞同及对子女行为的嘉许。

镜芙公家境并不富裕,除束脩外别无其他收入(我曾听先祖母严承志说过,家中本无田产,后来的几亩薄地,还是在镜芙公过世后,卖掉在镇江的住房,回乡购置,作为孤儿寡母们今后的生活保障)。葛夫人为维持家庭开支,把她的嫁妆和衣裙簪钗典质殆尽,她死后,在她的箱中发现许多当票。镜芙公毕生自奉甚薄,但乐善好施,每逢岁末年关,他总要到一些本乡贫户家送钱包。有一次,当他敲一户家门,户主误认为是顽童捣乱,恶语相加,他不以为忤,依然用手杖将钱包由门缝塞入,回家后还作为一件趣事,笑谈给夫人听。

1912年,赵声被追授为上将军,倍受景仰。家庭得到政府抚恤,赵念伯、赵光就任重要军职,经济状况有所改善。镜芙公年事已高,本该享受清福,但他从不夸耀子女的功绩,也未改他一贯的俭朴习惯,仍然孜孜不倦,开馆授徒,以教为乐,以教为荣。他在一首题为"老儒"的诗中写道:

绛帐高悬意自如,林深白发老师居。

儿孙世守青箱业,一盏秋灯夜读书。

这首诗正是他一生的写照,也是对儿孙后代的殷切期望。可以告慰他老人家的是,在他的直系后裔中,先后有二十余人从事教育工作,他的期望没有落空。

镜芙公善于诗文,工于书法,一生笔耕不辍,可惜文稿大多未能留存。目前可以收集到的有诗作一百五十余首、遗文十一篇,手迹(复印件)两件。通过文字透视他的精神世界,我们不仅看到他对家乡、祖国和大自然的深情热爱和对古往忠烈、先贤的敬仰崇拜,也可从中看出他高洁的思想追求和志趣情怀。

镜芙公生于清咸丰二年正月廿三日(1852年3月13日),殁于1924年11月1日,享年七十三岁。出殡当日,送葬者绵延数里。他的道德学问深受乡里几代人称道,时人把他与著名的镇江籍耆宿马相伯并列,赞为:

龙头咄咄马相伯,麟角峥峥赵镜芙。

(赵彭生 撰)

赵徵禾

1845
|
1905

　　字聘山,祖籍镇江大港镇。赵子禭公第二十三世孙,赵越公第十世孙。清光绪十四年(1888)举人,著有《思位轩四则》等。他时刻关注民间疾苦和需求。如光绪十八年大旱,贫民无力买草养牛而大量宰杀,对以后再生产不利,他与其他绅董纷纷筹款垫放,并禀知府,建议为贫苦者按牛发牛票,给以喂养费。执行中的车马费全部自理,不动赈灾款分文,传为佳话。他还对道光年间大港圌山报恩塔修缮做出了贡献,《修圌山报恩塔记》中也有记载。

柳　昕

1839
|
1913

　　字少云,镇江人。国学生。清代慈善家。例叙布政司理问。晚年举孝廉方正,坚辞不受。平生笃志为善。清同治初年(1861),与陈茂才在大港等地创设保婴局,设8个分局,经营40年,活婴逾万。光绪年间本邑多次灾荒,他协助太守王仁堪赈济灾民,与弟柳恂倡助巨款,养活耕牛7000多头,不误春耕。在他的带动下,绅董响应,使善举成为风气。又助地方兴修水利,垦荒种树,创高地种芋法,使山民赖以获利。1900年在西城外新河街建同善堂,作为各义举的总汇之所,置办恒产,为永久之计。另外还在城乡各地办义塾十余所,创立善化堂书局。与其弟柳恂一起,将赈灾义举推向晋、鲁、豫、陕等省,前后捐资逾千万金。辛亥革命后,以耆耄之年,还参与救济旗民的工作。

姚锡光

1 8 5 7
|
1 9 2 1

字石泉,号石荃,镇江姚桥镇人。少时聪明好学,清光绪十四年(1888)举人。先后任内阁中书,安徽石埭、怀宁等县知县,莱州、直隶州知州。

常与北洋将领考察天津、大沽等地海防。甲午战争时,为山东巡抚李秉衡幕僚,得亲见当时的公文军令,亲听被日军占领城市绅民的口述,后来将这些资料整理写成十余万言的《东方兵事纪略》,书中在分析甲午战争失败时写道:"乃封疆之吏,将帅之臣,内无整军经武之谋,外无致命遂志之节。"说明他写此书的目的,是要人们"明可耻之事,求雪耻之道,昭示国人生爱国之心"。《马关条约》签订以后,自莱州戎幕愤然辞归故里。

清光绪二十一年(1895)八月,去南京拜访两江总督张之洞,任督府幕僚,两次被派偕德国军事专家,自吴淞,历崇明、江阴,抵镇江,巡视沿江炮台,对丹徒沿江防务尤为重视,亲自主持绘制了《吴淞与白茅沙截段图》《江阴口截段图》《镇江圌山关截段图》,并对炮台的坚脆、炮位的优劣、弹药库的建置,均作扼要说明。考察以后,两次呈折向张报告视察情况,并指出其中有的外国专家来华并非诚心帮助,而是怂恿中国多买炮火,从中取利;有的甚至别有用心,应加以警惕。他在同时期写的《长江炮台刍议》中认为:"现有圌山炮台等如不加以改革,势必形同虚设,无一可恃。"后又多次提出一系列加强沿江防务的措施,得到张之洞的重视。

清光绪二十三年(1897),任天津练兵处军政使副使。清光绪二十七年,任陆军部左丞、右侍郎,后又历任弼德院顾问大臣、校阅五、六两镇兵队大臣、管辖兵队大臣、验看月官大臣等中枢要职。1920年,历任蒙藏局副总裁、北口(张家口)宣抚使、查抚津保(天津、保定)被灾商民专使。次年因病告老还乡,住焦山定慧寺休养,病笃时移居家中病故。

夏启泰

1870
|
1943

字伯安,生于镇江大港镇,故居马墅村。幼年志在读书,但因家境贫困,少年时就去油条店学徒,后几经辗转,其父竭尽全力使其入学。先后从师于任六先生与赵蓉曾先生,19 岁考中秀才。清光绪二十九年(1903),乡试未中,便回大港以教馆为生。

光绪三十一年(1905),曾随同窗好友赵伯先远去广西,几年后返回故里,在大港西街安港司衙门筹建大港小学,拆旧屋建造新校舍。校园内建有八角亭一座,飞檐翘首,俊雅雄伟。踏石阶而上,亭中矗立着一块石碑,亭顶正面悬有一方匾额,上书"表忠亭"。

北伐战争前,历任镇江县款产处主任,镇江县教育局督学,十八市乡总董事。1929 年秋,国民党镇江县土地局长殷士杰来大港,在夏伯安及其子夏佩六、夏畏三的配合下,进行"丈量"田亩,强算面积,激起当地农民的强烈不满。同年 11 月 27 日下午 5 时许,大港(马墅村、北角村)、姚桥、埤城、华山一带农民数千人,每人手持一股香、一把草,像火龙一般浩浩荡荡地涌进大港镇,高呼"一人一股香,火烧夏伯安"等口号,农民们捣毁了第六公安分局和预查组办事处,砸掉拘留所,烧毁夏伯安前后五进房屋及衣物家具。

1937 年日军入侵,大港沦陷,当时附逆的新贵中有曾想以夏伯安的声望要他出任伪职,但终不为所动。晚年曾举办平价米市,救济贫苦民众。天寒岁暮,发放赈济粮,炎夏季节,施放"十滴水""人丹"等急救药品。1943 年,病逝于大港镇。

徐宝善

—————

　　字心谷。丹徒庠生。清代慈善家。咸丰年间避居泰州姜堰镇,创办京江公所、同乡恤嫠会。光绪六年(1880)主办大港三江营义渡,后又主办荷花池义渡,皆成效显著,继任义渡总局事,清理扩充,不辞劳苦。亦曾协助赈济河南灾民。

解朝东

1879
|
1949

　　字震皋，晚年号止戈居士。原籍镇江丁岗镇葛村，1930年后移往大港镇。幼年随父启蒙，稍长，就读于大港"天香阁"，受赵蓉曾先生的熏陶，与赵伯先同窗共读，情同手足。清光绪二十七年（1901），随伯先去南京，考入江南陆师学堂。两年后因成绩优异被选往德国学习骑兵，五年后学成回国。

　　1912年任江苏都督府军务司副长，被授予少将军衔。袁世凯阴谋称帝时，与黄兴、柏文蔚、钮永建、马贡芳、李竟成、赵驭六联名通电反对，时人称为"七将军"。1916年10月，大总统黎元洪令，授予解朝东二等大绶嘉禾章。在此前后，曾任武汉陆军第二预备学校校长。

　　北伐战争胜利后，国民政府定都南京，此时解朝东赋闲已久，生计困难，经学生顾祝同、同学赵启骥的推举，任溧阳县县长。1929年12月23日，溧阳大刀会进攻县城，解朝东未与之争锋，挂印弃官而走。上司责以弃城之失，为此，隐居上海年余。1930年以后退隐大港，鬻书维生。抗日战争期间，在大港镇建造了一幢寓所。这期间，曾掩护和协助共产党、新四军的抗日活动。与新四军挺进纵队支队参谋长张震东交往密切。解朝东对革命工作颇多协助，多次利用在国民党军政人员中的影响，尽力保释受迫害的革命志士及其家属。当时附逆的新贵不少是他的门生故旧，曾想以高官厚禄引诱其下水。然而他安贫居乡，终不为所动。1945年，抗日根据地准备召开解放区人民代表会议，山北县抗日民主政府推选其为苏中解放区人民代表会议代表，并首途赴苏北，后因病折回大港。解放战争时期，国民党政府逮捕共产党留守人员，迫害革命干部家属，他都以其在国民党军政人员中的影响，尽力保救。

　　他一生酷爱书法艺术，几十年如一日，临池不断，书艺出于苏、米、黄、蔡之间，豪放遒劲，赏心悦目，得者宝之。新中国成立前夕，病逝于大港寓所。

缪朝选

1 7 7 0
|
1 8 5 3

　　字国英,镇江人。清代慈善家。治家严谨有方,每晚集子孙于身边,命述所做事,视情况给予奖惩,数十年为常。教育子孙读书知礼,并说"立善难,作恶易",要其引以为戒。任本邑留养所董事,二十年如一日,公正无私。清道光二十一年(1841)捐款修郡城,二十二年(1842)英军入侵后与邑人收埋枯骨,二十九年(1849)本邑水灾,捐济资粮甚多。咸丰三年(1853)卒于东乡。

科 技 人 文

王正明

1964年11月生,镇江姚桥镇人。硕士生导师。现任江苏大学财经学院经贸研究所所长,江苏省数量经济学会、外国经济学会、应用统计学会理事,西方经济学课程负责人,能源经济专业带头人。研究领域为国际资源(能源)贸易、能源与环境经济。

已出版著作有:《风电产业系统有序发展研究——基于熵理论的视角》(科学出版社出版)、《中国风电产业的演化与发展》(江苏大学出版社出版,经济法律出版社出版)。

《加快江苏金融改革与发展对策研究》获2009年江苏省发改委优秀成果一等奖。《风电成本构成与运行价值的技术经济分析》获2010年镇江市优秀科技论文二等奖。《中国风电产业的演化与发展》获2011年镇江市优秀科技论文一等奖。

2000年参加沪、苏、皖现场统计研究会。2011年参加国家自然科学基金委能源资源开发利用战略研讨会。

王礼恒

————

1 9 3 8

|

————

1938 年 12 月 26 日生,镇江市大港镇赵村人。中国工程院院士,导弹动力技术和航天工程管理专家。1962 年毕业于上海交通大学。曾任航空航天部总工程师、副部长,中国航天科技集团公司总经理。现任中国航天科技集团公司科技委主任、研究员,国际宇航科学院院士,中国工程院工程管理学部副主任。

他长期从事导弹动力研究和航天工程管理。主持我国第一个海防导弹固体发动机的研制,成功用于反舰导弹,取得重大技术跨越。1990 年任航空航天部"五星工作组"组长,实现了首次一年成功发射 5 颗卫星。1999 年至 2002 年任我国载人航天工程副总指挥,领导和组织试验飞船、运载火箭的研制与试验,完成了神舟一号、二号的发射和回收。同时任中国航天科技集团公司武器装备研制第一责任人,实现了国防重点武器装备首飞及试验连续成功,五种新型卫星首次发射也均获成功,完成了新型号立项及重要阶段研制任务。其领导和组织完成的多项重大航天工程的立项与实施,积极推进了航天工程管理创新,为我国航天事业的持续发展做出了重大贡献。获国家科技进步特等奖两项。

2003 年当选为中国工程院院士。

[链接]

镇江面临新一轮创新发展历史机遇
—— 专访镇江籍院士、航天专家王礼恒

"把 R&D(研发投入)占 GDP 比定为 3%,显示了家乡人的雄心壮志!"说这句话时,满头银发的王礼恒语气很自豪。在市区及丹阳等地奔波了一天,耳闻目睹故乡经济社会发展的巨大成就,王礼恒感慨良多。他认为,定下这样的目标,需要加倍努力,说明镇江市委、市政府勇于担纲历史重任;"而事实上,在历史重任的另一面,是镇江面临的新一轮创新发展的历史机遇……"

对于创新发展这样的大命题,王礼恒的论述深入浅出。他认为,创新理念固然重要,但建设创新型城市的关键在于如何实施。"除了政府主导、全力推动外,企业必须充当创新的主体。换言之:要想真正实现产、学、研、用有机结合,将创新成果产业化,关键是要成功切入相对应产业链!"因此,镇江产业界需要掌握新能源、新材料、电子信息、航空设备、海洋工程制造等领域的最新信息,选择适当时机和方式切入产业链,而这正是创新发展的实质步骤之一。"从国家当前的创新政策和经济形势看,镇江企业的机遇非常多。"

结合自己的专攻领域,王礼恒具体介绍了镇江在航空航天领域的大量发展机遇。他举例说,镇江目前多家企业参与"C919"大飞机项目,而事实上,该项目能带动镇江许多中小企业研发新产品,"切入大飞机项目产业链中的某一部分"。他表示,这方面镇江已有部分企业走在前面,目前最重要的是提升产品竞争力并迅速与国家或国际标准接轨,与相关产业主体配套结合,谋求跨越式发展。

王礼恒特别提到了国家正在推进的"北斗"卫星应用业务。他介绍说,卫星运营服务和终端接收使用设备生产销售,占到卫星业务88%的市场份额。在较短时间内,"北斗"导航卫星系统将具备与美国的GPS、欧洲的"伽利略"、俄罗斯的"格罗纳斯"卫星导航系统相同的功能,今后相关的接收终端能同时接收上述四种系统的信号,运营也将实现兼容化。"因此,这方面可谓商机无限。"他希望,在家乡科技部门的引领下,有更多中小企业积极参与到该领域中来,开拓广阔市场,实现自身的高速发展。

(钱华明撰,原载 2011 年 7 月 20 日《镇江日报》)

王建华

1 9 6 1

1961年6月出生于镇江大港镇大港村。美籍华人。现任美国卡内基研究院地磁研究所高级研究员、纳米离子探针研究室主任。1978年毕业于江苏省大港中学,1982年本科毕业于南京大学地质系,后赴美国留学,于1995年获美国芝加哥大学理学博士学位。1995—1996年曾在美国加州大学洛杉矶分校工作,自1996年起进入美国卡内基研究院地磁研究所工作至今。长期从事地球和太阳系起源及演化方面的研究,在《自然》《科学》《地质》等世界一流学术杂志发表论文40余篇。

自20世纪90年代起,王建华就与国内多家高校及科学研究院所开展学术交流及合作,多次受邀在南京大学、中国地质大学(北京)、中国科学院地质与地球物理研究所做学术报告,与科研工作者及学生共同探讨和分享最新的学术成果。在王建华的支持下,美国卡内基研究院地磁研究所多年来接收多位国内访问学者和博士研究生赴美进行学术研究和交流,为中国地球科学领域科技人才的培养做出了贡献。

在工作之余,王建华长期担任美国华盛顿亚齐人文艺术中心执行董事、华盛顿地区江苏同乡会会长、大华府地区南京大学校友会会长等职务,是美国华盛顿地区的知名侨领。多年来,王建华在弘扬中华文化、团结海外华人团体、推动中美民间科学和文化交流等方面发挥了积极作用。

卞祖和

1940
|

1940 年 1 月出生于镇江姚桥镇爵家村。中共党员。教授。中国科学技术大学原副校长,享受国务院政府特殊津贴。

1958 年高中毕业于镇江市第一中学,1964 年毕业于中国科技大学近代物理系,后留校任教。历任教研室党支部书记、科研处处长、副校长等职,为中国科技大学的发展做出了卓越的贡献。

卞祖和长期从事教学与科研,主持讲授原子物理学、原子核物理学、粒子探测技术、近代物理专题等课程。编译了《亚原子物理学》《放射性测量——原理与实践》《核与粒子物理实验方法》等教材和教学参考书籍。

先后研制成功同位素扫描仪、多功能测定仪等医用同位素仪器,为推进我国的医疗、医学科技进步,做出了不懈的努力和重要贡献。

1982 年至 1985 年以访问学者身份在美国斯坦福大学、康乃尔大学和 SLAC 加速器中心,从事沟通辐射、穿越辐射和高能物理研究工作。访问回国后,相继完成国家自然科学基金项目"γ 相干散射与非相干散射的研究与应用""用 γ 散射法研究物质的电子动量分布""原子分子团簇的形成机理及其特性"等研究。在全国各级各类报刊发表科学论文 30 余篇。

朱兆敏

1953
|

　　镇江姚桥镇兴隆村人。上海市法学会常务理事,中国国际私法学会常务理事,中国国际经济法学会理事,中国国际经济贸易仲裁委员会仲裁员,上海市仲裁委员会仲裁员。先后就读于黑龙江大学和武汉大学,分别获得哲学学士学位和法学硕士学位。1986年至2003年在上海对外贸易学院任讲师、副教授、教授,曾担任法学院院长。2004年至2006年担任上海外国语大学法学院教授、院长、博士生导师。

　　主要科研成果如下:出版专著《服务贸易法概论》《经济法与电子商务法》,发表30多篇论文,主持"两岸经济贸易合作机制研究"项目和"政府采购立法研究"项目。在对外贸易法、服务贸易法、国际商法的理论与实践方面,有较为深入的研究,向国家有关部门提供了有价值的咨询意见和报告。

朱纪宏

　　镇江姚桥镇迎北村人。清华大学教授,博士生导师,长江学者特聘教授,教育部创新团队学术带头人,"973"首席科学家。现为自动化学会理事,自动化学会机器人竞赛工作委员会主任,教育部科技委学部委员会副会长,航空电子分院综合技术国防科技重点实验室及机载、弹载计算机航空科技重点实验室学术委员会委员。

　　作为第一完成人获国家技术发明二等奖1项,教育部技术发明一等奖1项,军队科技进步一等奖2项,获发明专利授权47项。曾获清华大学优秀教师奖等荣誉。

朱连生

----

1 9 3 6

|

1936 年 2 月生,镇江姚桥镇儒里村人。上海交通大学机械系焊接专业毕业,自 1962 年起在上海交通大学焊接教研室执教,主讲"焊接方法及设备""弧焊电源"等课程。

从事弧焊质量与过程自动控制及新型弧焊电源等方面课题的研究。在全国学术会议和刊物上发表《小功率 GTAW 电弧稳定性研究》《超薄不锈钢弧焊技术研究与发展》《焊接与能源》《类方波弧焊电源的研究》等论文 20 余篇。参加编写并出版《焊接方法及设备》《电弧焊与电渣焊》《焊接工艺人员手册》等著作。1980 年《深水半自动水喷射电弧切割方法》获国家发明三等奖,1988 年《气流亚压缩隐式电弧不锈钢自动焊接机》获国家教委科技进步二等奖。

朱俊泉

1 9 3 4
|

　　1934 年 9 月生,镇江姚桥镇石桥村人。中共党员。高级工程师。1955 年起服役于海军。1958 年进入哈尔滨军事工程学院学习导弹控制工程。1964 年起在航空部试飞研究所从事飞机自动驾驶仪的试飞研究工作,曾参加国产第一套飞机自动驾驶的试飞鉴定工作。1970 年调入水上飞机研究所,参加了国产第一代空对舰导弹的战术论证工作。曾主持过三种大型飞机模拟设备的研制,并完成其中自动控制系统的设计工作。

　　1983 年调镇江市塑料五厂工作。1984 年成功地完成了与老式发泡机配套的泡沫割断机的设计。1984 年至 1985 年曾在引进挪威麦克斯茅姆平顶发泡机及其配套的西德设备中任主要技术负责人和组织者之一。多次为引进先进技术和设备编写可行性研究论证报告。在对外谈判中多次任主谈。1985 年初曾领队赴荷兰、西德培训考察。1989 年完成对西德全自动泡沫水平切片机 W – 22 的电脑控制系统的剖析,并在全国行业协会内部刊物上发表相关论文。

仲孝骏

1941
|

1941年1月出生于镇江姚桥镇仲家村。1954年仲家小学毕业后就读于建东中学（儒里中学），1957年考入江苏省镇江中学。1965年毕业于北京邮电学院有线系，在上海市电话局从事教学和技术工作多年，积累了丰富的实践经验和理论知识。1983年调洛阳电话设备厂后，一直从事技术开发和技术组织领导工作，成为工厂技术权威和国家颇有造诣的交换技术专家。他先后参与组织开发出我国第一部HJZ8 I型长市（农）纵横制交换机，填补了我国纵横制交换机发展史上的空白。在成功开发HJZ8 II型机过程中，他是该机总体方案决策人。这两款机型荣获邮电部科技进步奖和河南省优秀新产品奖。

1986年仲孝骏首先提出了开发程控交换机的设想，经过努力，在不到一年的时间里就研制出我国第一台HJD03型时分程控交换机，并于1987年8月通过邮电部鉴定后投入批量生产。接着又研制成功HJD15型市农程控交换机。他是工厂项目负责人，总体技术要求、总体方案论证、可行性分析等重要文件都出自他手。该机于1990年2月通过部级鉴定并荣获邮电部、河南省科技进步奖。

1989年中国邮电工业总公司与解放军信息工程学院联合研制开发大型程控交换机，仲孝骏被任命为该项目的技术负责人之一，同时是工厂项目技术总负责人。经过两年多奋战，最终研制出具有世界先进水平的HJD04型大中容量数字程控交换机，实现了我国电话交换技术的重大突破，填补了这一领域的空白。为此，仲孝骏被誉为"程控交换大厦奠基人"。

仲孝骏在厂工作期间历任厂设计科工程师、厂研究所副所长兼试制车间主任、副总工程师、技术副厂长兼总工程师及技术中心主任等职。同时他又兼任中国通信学会高级会员、河南省电话交换委员会主任委员、中国通信学会通信设备制造委员会委员。

由于在通信事业上做出了巨大贡献,仲孝骏于1992年10月开始享受国务院政府特殊津贴,1994年获河南省劳动模范称号,1994年和1995年获国家科学技术委员会科学技术进步奖一等奖,1996年获河南省火炬计划特等奖。

[链接]

程控交换大厦奠基人
——记洛阳电话设备厂技术厂长仲孝骏

1992年初,《人民日报》《解放军报》《光明日报》《科技日报》等十几家报纸相继报道了国产第一部HJD04型大容量数字程控交换机在洛阳电话设备厂研制开发成功的消息,在国内外引起极大的反响,该项目的总体设计者声名鹊起,远播海内外,然而一位为该项目研制开发默默无闻工作,做出突出贡献的奠基人却鲜为外界知晓,他就是洛阳电话设备厂技术副厂长兼总工程师仲孝骏同志。

1965年,仲孝骏毕业于北京邮电学院有线系,在上海市电话局多年从事教学和技术工作,积累了丰富的实践经验和理论知识,1983年调洛阳电话设备厂后从事技术开发和技术领导工作。对通信事业的执着,对新技术新知识的渴求,使他成为工厂技术权威和国家颇有造诣的交换技术专家。他先后参与和组织开发出我国第一部HJZ8Ⅰ型交换机,填补了我国纵横制交换机发展史上的空白。继而又开发成功了HJZ8Ⅱ型机,他是该机总体方案决策人。该机顺利通过部级鉴定,投放市场后,倍受用户青睐,产品供不应求,成为工厂拳头产品,连续三年产值占工厂总产值三分之一以上,经济效益显著。HJZ8Ⅰ型机与HJZ8Ⅱ型机荣获邮电部科技进步奖和河南省优秀新产品奖。当代科学技术发展日新月异,通信技术的发展更是一马当先。随着国外程控交换机的引进,仲孝骏敏锐观察到程控机技术性能的优越性,广泛的适用性是纵横制交换机所无法比拟的,纵横制交换机必将被程控交换机所取代,研制开发程控交换机就成了他孜孜以求的目标,他坚信洋人能办到的,我们中国人也一定能办到。他广泛收集、研究各方面的信息,于1986年首先提出了开发程控交换机的设想,详细做了开发的可行性分析,寻找合作开发的模式和捷径,得到了厂领导的赞同和认可。经过深入调查论证，洛阳厂于1986年12月与解放军信息工程学院签订了联合开发协议，由此迈上了研制开发国产程控交换机的道路。

俗话说，万事开头难。如果说解放军信息工程学院的优势是计算机技术，工厂的强项是交换网络技术，那么互相学习，取长补短，强强结合，融为一体就成为研制开发程控交换机的关键，仲孝骏及其他几位交换机专家毫无保留地向参研技术人员交流交换技术和知识，并在研制过程中随时解答疑难问题，共同研讨解决一些技术问题，因而在不到一年的时间里就研制出我国第一部HJD03型时分程控交换机。该机于1987年8月通过了邮电部鉴定并投入批量生产。接着又研制成功HJD15型市农程控交换机，仲孝骏是工厂项目负责人，总体技术要求、总体方案论证、可行性分析等重要文件都出自他手。该机于1990年2月通过部级鉴定并荣获邮电部、河南省科技进步奖。HJD03、HJD15两型程控交换机的研制成功、批量生产并投放市场，使工厂在纵横交换机市场需求急骤下降的形势下避免了遭遇厄运的危险，同时也为更高层次的研制开发积蓄了力量和经验，培养了一批程控开发技术人才。在此基础上，1989年中国邮电工业总公司与解放军信息工程学院联合研制开发大型数字程控交换机。仲孝骏被总公司任命为该项目技术负责人之一，同时又是工厂项目技术总负责人。他是总体技术要求主要起草人之一。在产品企业标准与工程设计规范、科学技术成果及生产定型鉴定文件资料等方面均是主要参与人，同时做技术协调和组织工作。经过2年零2个月的奋战，终于成功研制出了具有20世纪80年代末期世界先进水平的HJD04型大中容量数字程控交换机，实现了我国电话交换技术上的重大突破，填补了这一领域的空白。如果说HJD04机的诞生标志着国产程控交换机大厦的崛起，仲孝骏堪称大厦的奠基人之一是当之无愧的。

灿烂的科技之花，必将结出丰硕的经济之果，为使HJD机这一重大科研成果尽快转化为生产力，仲孝骏作为生产技术准备的主要指挥者之一，积极组织各项准备工作，HJD04机科研成果在1992年第4季度率先在洛阳电话设备厂投入批量生产。截至1995年底，已累计生产HJD04机160万线，在网上运行600多个局140万线，实现产值12.8亿元，利税总额1亿多元，企业取得了显著的经济效益和社会效益，HJD04机先后被评为国家级新产品、国家科技进步一等奖、河南省高新技术产品金奖，工厂被评为国家火炬计划先进高新技术企业，河南省明星高新企业，连续三年迈入中国电子行业百强行列。

在研制开发生产国产程控交换机的过程中，仲孝骏以中国知识分子那种吃苦耐劳、顽强拼搏、无私奉献的精神，为振兴民族交换产业忘我地工作。多少个日日夜夜,多少个节假日,他始终坚守在工作岗位上,夜以继日,连续奋战,每天三分之二时间都用在工作上。女儿准备高考,盼望父亲给予辅导,他无暇顾及;94岁的老母亲三次摔成骨折住院,他也难挤出更多时间去护理,家庭琐事都一股脑儿抛给了妻子。为了工作,为了事业,他只能把对亲人深深的愧疚埋藏在心底。有付出就有收获,付出的越多收获越大。党和国家给予仲孝骏一系列的荣誉:连续四次被评为厂优秀党员及先进工作者;1988年、1989年两次被评为河南省优秀新产品开发工作者;1991年分别获邮电部和洛阳市科学技术进步奖;1992年开始享受国务院政府特殊津贴;1994年获邮电部科技进步一等奖和河南省人民政府劳动模范称号;1995年获国家科技进步一等奖。在成绩和荣誉面前,仲孝骏没有因此而骄傲和满足,他认为,成绩毕竟意味着过去,面对时代的严峻挑战,重要的是把握时机,在电信事业上再打胜仗。

目前,仲孝骏正在为开发研制具有20世纪90年代国际先进水平的新的大型数字程控交换机而忙碌着,相信他会为程控交换大厦增添新的光彩。

（记者 王书堂）

仲跻国

1 9 3 6
|

1936年出生于镇江姚桥镇仲家村。高级工程师。小学毕业后，虽家境艰难，但他本人一再坚持读书，经父亲同意后，通过当时私立建东中学教导主任仲辅友的介绍，于1951年插班就读。1954年初中毕业，以优异的成绩考入镇江二中，高中期间仅靠每月7元的助学金维持生活。1957年考入复旦大学化学系，1960年转入原子能系（物理二系）。1962年毕业，分配到成都铁路局工作。

后转调西南技术物理所工作。在物理所工作期间，他不分昼夜，埋头苦干，积累了20多万字的相关资料。这些资料为后来的科研工作发挥了很好的指导作用，也为他后来研究的稀土提纯分离技术在短时间内达到国内先进水平奠定了基础。他在稀土元素分离、提纯实验中耗费了极大心血，发挥了主导作用，从而掌握了离子交换法分离提纯单一稀土的整套方法和理论，使分离稀土化合物的纯度达到99.99%左右的国内最高水平。

20世纪70年代末，仲跻国参与生长"掺镁铌酸锂"晶体的科研项目，通过查找大量资料，不断探索、试验，终于生长出了光损伤阈值有相当提高的"掺镁铌酸锂"晶体，确定了损伤阈值和掺镁浓度的关系，找出了掺镁浓度的上限，为此于1984年和1987年荣获国家科学发明奖。

在《物理学报》《硅酸盐学报》《激光杂志》等刊物上发表多篇论文，晋升高级工程师。1980年被聘为技术物理所学术评审委员会委员，同年6月受邀参加在美国召开的第十一届国际量子电子学术会议。1987年调镇江市环保局工作。1996年4月退休。

严辰松

1 9 5 2
|

1952 年 1 月生,镇江姚桥镇迎北村人。中山大学博士。少将。

1979 年 6 月毕业于中国人民解放军外国语学院英语师资班。1982 年获中山大学英语语言文学硕士学位。1988 年再赴中山大学,师从著名语言学家王宗炎先生攻读语言学,1991 年 12 月获英语语言文学博士学位。1996 年 4 月至 1997 年 1 月在美国加利福尼亚大学圣巴巴拉分校语言学系做高级访问学者,研究功能主义语言学。1996 年在美国加利福尼亚大学做高级访问学者。曾任解放军新闻大学首席教授、博士生导师、中国英汉语研究会副会长,对比语言学学校委员会召集人,获得全军优秀教师、军队育才银奖、全军院校军队级教学成果一等奖等荣誉。中国外语类核心期刊《解放军外国语学院学报》主编,中国英汉语比较研究会常务理事。

杨宝成

1939
|
2014

1939 年 9 月 1 日生,镇江大港镇赵庄村人。1958 年 8 月,从上海考入北京大学历史系,入学后选择考古专业,从此考古工作成为他的终身职业。1963 年 7 月毕业后被分配到中国科学院考古研究所工作,1986 年 10 月调入武汉大学历史学院考古学系,1990 年至 1998 年担任历史学院考古学系主任。为考古学系教授、博士生导师。2014 年 11 月 7 日下午三时逝世,享年 76 岁。

杨宝成一生非常热爱考古事业。他回忆自己在北京大学考古专业学习的五年间,主要有两大收获:一是系统而全面地学习了中国考古学的专业知识,得到宿白、邹衡、吕遵谔、杨建芳、张忠培、严文明、俞伟超等先生的教诲;二是受到了严格的田野考古技能与方法的训练,先后在陕西华县泉护村南台地遗址及元君庙墓地、北京昌平县雪山遗址、郑州洛达庙遗址参加实习,每次实习四到五个月,得到了苏秉琦、邹衡、高明、俞伟超等先生的现场指导。

在中国社会科学院考古研究所工作期间,杨宝成始终扎根在田野考古一线,主要从事殷墟发掘与研究工作,与郑振香、陈志达、杨锡璋等著名学者一道,分别主持了殷王陵区、殷墟西区墓地、侯家庄南地遗址、后冈遗址等重大发掘项目。

20 世纪 60 年代末至 70 年代,杨宝成与杨锡璋先生对殷墟西区墓地进行了多次发掘,对殷墟墓葬的分期进行了细化,将殷墟文化进一步分为四期七段,且通过对西区墓地的研究,提出了族墓地问题。

20 世纪 70 年代,杨宝成用三个冬季,对西北岗王陵区进行了全面钻探,基本搞清了王陵区的范围和布局,同时还发掘了王陵区的部分祭祀坑,对商代人殉、人祭问题进行了研究。

20 世纪 90 年代,杨宝成离开了安阳,到武汉大学考古学系工作。

到武汉大学后,杨宝成把自己一贯重视田野考古的思想,贯彻落实到考古专业的教学管理工作之中,把田野训练放在首位。他不辞辛劳,多次带领学生进行田野考古实习。2001 年 10 月,他主持中法合作项目南阳龚营遗址的发掘工作。虽然已经 62 岁了,但是他不顾自己满头银丝和不再年轻的身体,坚持每天上工地,严格检查各探方的发掘质量。除了发掘之外,他还要协调工地上千头万绪的管理工作和各种异常复杂的社会关系,从而保证各项工作有条不紊地开展,发掘、整理工作结束后能很快完成中方发掘区的考古发掘报告。由于重视田野考古训练,保证了考古专业学生的质量,学生们毕业以后,很快能够独当一面,成为全国许多考古所、博物馆和高等院校等单位的业务骨干。

杨宝成不仅重视田野工作,而且善于从田野考古实践中提出问题并解决问题,其独著或合著的主要学术著作有《殷墟文化研究》《殷墟青铜器》《殷墟考古发现与研究》《湖北考古发现与研究》等,发表学术论文数十篇,这些成果都以观点新颖、思想深邃、逻辑严密著称,他也成为在国内外颇有影响的考古学家。

杨宝成一直钟情于殷墟文化的研究,一边发掘,一边思考,撰写了多篇很有影响的考古报告和学术论文,在殷墟文化、商周青铜器研究等学术领域卓有建树。

《从商代祭祀坑看商代奴隶社会的人牲》一文对人牲问题进行了系统研究,确定武官村北地殷王陵区是商王室祭祀其历代祖先的场所,面积达数万平方米。辨明了人殉和人祭的区别,指出了"人牲"的身份性质,揭示了商代使用"人牲"逐渐减少的事实,说明了这是奴隶社会进入繁盛阶段的象征。《从殷墟小型墓葬看殷代社会的平民》一文认为殷墟小墓墓主人生前有一定的生产资料,从事生产劳动,一些男子还是士卒。这类小墓的主人与甲骨卜辞中的"众"和"众人"身份相吻合,因此古文献和甲骨文中的"众人"并非奴隶,而是有一定政治权力的平民,"众人"的基层组织是以血缘关系为纽带的家族。

《殷代青铜礼器的分期与组合》一文认为陶器与铜器的演化规律绝不相同,于是按照殷墟青铜器的自身演变规律和铜器群的组合变化,将殷墟青铜器划分为三期,其中第二期又分早、中、晚三段。这一观点成为殷墟青铜器分期中的主流观点之一。

到武汉大学任教以后,杨宝成一方面继续从事殷墟文化的研究。他撰写了《试论殷墟文化的年代分期》《商代马车及其相关问题研究》《商周方鼎初论》《试论遗民文化》《商文化渊源探索》等关于殷墟文化的重要论文;2002 年,又出版了考古研究专著《殷墟文化研究》一书,该书是他研究殷墟文化的结晶。另一方面,他又从事中国南方地区的商周考古学文化研究,发表了《关于当前楚文化研究中的几个问题》《试论西周时期汉东地区的柱足鬲》《鄂器与鄂国》《试论随枣地区的两周铜器》《试论曾国铜器的分期》《试论新干大墓》《关于湖熟文化研究中的两个问题》《略论西周时期吴国青铜器》等文章,涉及长江中下游楚、曾、鄂、吴等国的重大历史问题,其学术视野、学术思想均达到了相当的高度。

杨宝成把后半生奉献给了中国的考古教育事业。自 1986 年秋调到武汉大学考古学系以后,长期承担本科生、研究生的教学任务,始终奋战在教学第一线,为武汉大学考古学系的发展做出了重要贡献。

杨宝成还是一个懂政策、政治敏锐性强的考古学家,他多次被湖北省文物局、湖北省考古所及各地区、县市等单位聘为专家组成员,为三峡工程、南水北调工程等文化遗产的发掘、保护与维修献计献策,敢讲真话,勇于担当,为湖北省的文化事业做出了重大贡献。

杨宝成把前半生献给了安阳殷墟,把后半生献给了武汉大学考古学系。他的整个一生,全部献给了中国的考古事业。

吴定福

1 9 4 0

|

1940 年 11 月生,镇江姚桥镇石桥西墙门村人。中共党员。航天工业总公司二院第二总体设计部高级工程师。

1959 年 7 月毕业于丹徒县大港中学,1965 年毕业于北京工业学院(现在的北京理工大学)无线电系,分配到航天部二院二部工作。主要从事雷达总体、通信及毫米波技术、射频目标仿真等专业研究。

吴定福同志为国家的航天航空事业做出了不懈的努力。在国家重点实验室建设工程"北京仿真中心"建设中,担任射频仿真总工艺师、副主任设计师等职,为该工程建设做出了重要贡献。先后出访美国、瑞士、意大利等国进行技术交流,对西方发达国家目标仿真专业技术有了更加深刻的了解。独立撰写的《一种毫米波高隔离测试系统的研制》《微波暗室反射特性的分析与研究》等多篇论文在业内获得高度重视和好评。多年来,潜心研究科学技术,刻苦攻克科技难关,专业研究成就硕果累累。屡获航天部科技进步一、二、三奖。屡获单位先进工作者、优秀共产党员等荣誉。

何金海

1 9 4 1
|

　　1941 年 11 月生,镇江姚桥镇漕红村人。教授,博士生导师。享受国务院政府特殊津贴。1965 年毕业于南京气象学院气象学系,1968 年中国气象科学研究院研究生毕业。1975 年到南京气象学院工作至今,先后任气象系教研室副主任、主任,气象系副主任、主任。曾任中国气象学会理事及多个专业委员会委员。

　　在国内外学术刊物上发表论文 300 余篇(SCI 收录 49 篇),合作撰写专著 6 部。先后主持或承担过国家自然科学基金面上重点项目、"973"项目、国际合作项目和国家攀登项目等。获国家自然科学奖二等奖 1 次,获教育部推荐的国家自然科学奖(即教育部科技成果奖)一等奖 1 次,获中国气象局气象科技进步奖二等奖 2 次,获江苏省科技成果三等奖 2 次,获南京信息工程大学科学技术进步奖二等奖 1 次,还获得江苏省普通高校优秀学科带头人、江苏省第三届先进科技工作者、江苏省首届师德模范、江苏省优秀教育工作者、南京信息工程大学 2005 年度科研工作先进个人等荣誉。1992 年起享受国务院政府特殊津贴。

沈 迟

1962
|

1970 年至 1975 年随父母生活在大港镇,就读于大港中学(期间小学、初中和高中九年一贯制)。现任中国城市和小城镇改革发展中心副主任,总规划师,兼规划院院长。教授级高级规划师,注册城市规划师。江西省"十三五"规划专家咨询委员会专家。中共十七大代表,全国先进工作者。

从事城乡规划 30 余年,主持过包括《宁夏回族自治区空间规划》《天津市城市总体规划》《新西安战略》《新疆伊宁南市区改造与更新规划》等在内的几十项重大规划,获全国优秀规划设计一等奖、二等奖各 5 次,三等奖多次。著有《城市发展研究与城乡规划实践探索》,在《规师划》《小城镇建设》《环境保护》等杂志上发表过多篇论文。

主持和参与了青海玉树、四川芦山、云南鲁甸等地震灾后重建总体规划,以及《小城镇规划及相关技术标准综合研究》《城市规划知识读本》《建设事业技术政策纲要》等国家、省部级课题。近年来,在新型城镇化、空间规划(多规合一)、特色小镇、智慧城市等前沿领域多有研究。

青海省西宁市、广东省高州市、江苏省丹阳市等地方人民政府顾问。2017 年 5 月,受邀参加"江苏发展大会",并参加"镇江行"合作恳谈会。

张之恒

1 9 3 8

|

2 0 1 0

1938 年 12 月 23 日出生于镇江姚桥镇庄基(新华)村。1959 年7 月考入南京大学历史学系,1964 年毕业并留校任教。1974 年 9 月加入中国共产党。曾担任历史学系考古教研室负责人、古代史专业党支部书记。毕生致力于中国新石器时代考古的教学和研究工作,在史前考古领域享有很高的声望。2010 年,因病医治无效亡故,享年 72 岁。

张之恒是国内著名的考古学家,毕生致力于中国新石器时代的教学和研究,对工作极端负责,治学严谨,出版著作 7 部,发表论文近百篇,他编著的多种考古学教材成为国内考古和文博专业的通用教材,特别是《中国考古学通论》,先后多次印刷,成为本科生和研究生喜爱的考古教材。镇江新区省级文保单位断山墩是由其带领学生考古挖掘的。张之恒去世前一周,躺在病床上,还托付家人缴纳了全年的党费。

张之恒已出版的主要著作有:(1)《中国考古学通论》,南京大学出版社,1991 年。(2)《长江下游新石器时代文化》(长江文化研究文库),湖北教育出版社,2004 年。(3)《中国新石器时代考古》,南京大学出版社,2004 年。

曾获华东地区优秀著作二等奖、南京大学优秀教材二等奖。

曾主持"长江下游新石器时代文化"项目。

张松彪

1 9 6 3
|

1963 年出生于镇江大港镇车碾口村。博士后,医疗器械专家。

1983 年于南京大学获分析化学专业学士学位。1983 年至 1990 年在南京农业大学任助教、讲师。主讲定量分析、分析化学实验等课程,指导农学类研究生,承担南京工业大学高温超导材料研究课题陶瓷超导材料化学组成的分析工作。参与完成"六五"计划国家重点科技攻关项目"国家九省市主要经济自然区农业土壤及主要粮食作物中污染元素环境背景值的研究"和太湖流域农业经济自然区域的科研工作,获农牧渔业部科技进步二等奖、国家级科学技术进步三等奖。他所开展的基于统计数据分析的土壤、根、茎、叶和植物籽粒中污染元素的相关性研究,建立了谷类生产周期中污染物的迁移模型。主导创建了南京农业大学青年化学化工学会并出任秘书长,为农村社办企业提供相关咨询服务。

1991 年至 1996 年赴美国新墨西哥大学任研究助理,并广泛深入学习化学计量学、实验设计、运算软件编程等学科,开发用于 BPSG 和 PSG 薄膜沉积过程的无损检测技术。

1996 年在美国新墨西哥大学获分析化学专业博士学位。1996 年至 1999 年在美国马萨诸塞大学做心胸外科博士后、博士后研究员。

1999 年至 2004 年在美国犹他州凯斯维尔 HEMA 度量公司任血液服务部主任。领导开发无创监测血液透析患者皮下通路血流量的研究,领导透析过程中血液尿素连续监控器的研发并获得 FDA510K 批准。为研发团队解决紧急问题提供特殊技术支持,为所有产品提供日常认证和故障排除。管理医疗设备研发实验室及质量控制实验室,负责项目的概念验证研究和产品质量保证。负责建立和实施标准作业程序(SOP),服务于产品委员会。为各种研究项目和临床试验提供数据分析和统计支持,建立产品准确度和精度的规范。在血液透析门诊中心进行临床研究和适用性研究。

2004年至2005年在美国犹他州盐湖城ACIONT公司任分析化学部主任。领导分析化学部门利用高效液相色谱法和放射性物质的动物模型,研究眼底的无损药物递送的器械和方法。

2005年5月至2014年9月在美国加利福尼亚州阿拉米达雅培糖尿病护理公司任高级系统工程师。确立动态血糖监测系统的用户要求和系统设计技术需求,进行风险评估,主持用户界面评估和多功能评审会议。维护硬件和嵌入式软件的文档控制和可追溯性。制定并执行系统的技术要求,确认和验证协议并完成验证报告,建立历史文档。建立多种测试平台和测试方法,并对系统的性能、功能和可靠性进行系统评估。研究使用导电聚合物材料的新型传感器的设计、结构和功能,并对其性能进行表征和评估。从事算法开发、优化和实施。获得多项授权专利。

2014年9月至2015年3月在美国伊利诺伊州莱克福里斯特辉瑞公司-Hosplra任高级系统工程师(顾问)。完善和健全已上市的药物和注射装置组合产品的器械设计档案,使其符合FDA和国际规范。执行器械的风险评估,创建用户需求、设计架构,以及系统和子系统的设计技术要求。创建和维护设计的可追溯性矩阵,并主持多功能团队进行文件审批。参与设备故障原因分析和FDA器械专一识别(UDI)系统的建立。

2015年3月至2016年12月在美国加利福尼亚州康科德费森尤斯医疗保健(北美)任高级设计质量工程师(顾问)。重新建立质量体系,完善和健全已上市的血液透析和腹膜透析机及其配件的器械设计档案,使其符合FDA和国际规范。创建用户需求、系统、子系统的设计技术要求,健全系统确认和验证文件及其他设计档案文件。担任项目经理,维护设计可追溯性矩阵并执行内部审计。

经过20年的不断努力,掌握了医疗器械研发和管理的一系列专业知识和实践经验,在血糖监测和透析领域有特殊专长。在原型机的研发、技术要求的确立、风险管理、系统统筹集成、设计确认、验证和统计分析诸方面积累了大量的应用技能,对FDA、IEC和ISO质量体系法规(21CFR820,ISO13485,ISO14971,IEC60601-1,IEC62304,IEC62366等)在医疗器械产品开发过程和设计控制上的各项严格规范有深入全面的了解。具有独立工作和多学科团队相互协作相互沟通,全方位掌握多种分析技术和方法及专业从事医疗器械研发、设计控制、质量保证和合规性监管的能力。

张梓华

1 9 3 7
|

　　1937 年 9 月 2 日出生于镇江姚桥镇仲家村,祖籍镇江大路镇宗张巷。1952 年至 1955 年就读于镇江中学高中部,1955 年考入北京大学物理系,1960 年毕业。1960 年 10 月至 1962 年 12 月在北京市科委任技术员。1970 年 1 月至 1979 年 12 月在中国计量科学研究院光学室任助理研究员。1980 年 1 月至 1993 年 5 月在中科院安徽光机所激光光谱室工作,任副研究员、研究员,期间在美国特拉华大学等单位访问进修。1993 年 5 月调北京邮电大学工作,任教授(研究员)。2001 年退休。

　　1958 年,张梓华在北京大学就读期间即开始参与光学教研室科研工作,是年应中国地质科学研究院的要求,研制成我国首片 2 mm 阶梯减光板。

　　大学毕业后,张梓华于 1962 年和 1964 年分别参与和负责中国光度基准和超温标准建立工作。他在分析了钨的发射率变化规律后,提出可以将钨丝灯看作"准灰体",从而提出了简单的色温过渡法,解决了过渡精度问题,保证了光度计准的建立。他和同事一起努力,解决了光强标定时对 CC – 10 玻璃厚度严格要求的难题,保证玻璃加工达到厚度要求。

　　1965 年,张梓华负责 0.25 ~ 2.5 微米光谱发射标准的建立工作。他首建了 3100K 高温黑体标准辐射源,设计了整套测量装置,并将其推广到应用大区和军工计量部门。他还从实际出发,首次提出"狭缝函数"的概念,为"651"(人造卫星)工程、"珠峰考察"和国防及工业生产解决了大量光学和光谱测量问题。

　　张梓华在中国计量科学研究院四川分院工作期间,担任光谱辐射和红外辐射组组长,理论上分析了光拦面积选择对辐射测量的影响,第一次提出了黑体炉参数选择和设计的准则。1975 年年底,光谱辐射标准通过国家鉴定,1978 年获四川省重大科技成果奖,张梓华因此成为中国光谱辐射度学的奠基人。

1980年,张梓华调任中科院安徽光机所工作后,参与领导高分辨率激光光谱装置建立工作,完成 CWCO$_2$ 单模激光器研制工作,第一次提出粒子穿过高斯光束的镀越增宽与光束宽度无关,而只取决于激光束束腰大小的观点。

1983年至1986年在美国特拉华大学进修访问期间,在撰写的论文中首次提出光学 Doppler 测速仪的主要噪音是测不准原理的光学噪音,而不是通常所认为的散粒噪音,该论文获安徽省科协三等奖。

1987年至1993年,张梓华解决了受激拉曼散射增益异常这一世界性物理难题。

1988年应邀成为中科院自动化研究所客座教授,是年设计出一套三维信息采集器,供机器人视觉研究用。

1993年,张梓华调北京邮电学院从事光纤通信教学与科学研究,他提出的"时空类比理论"获华中地区技术推广二等奖。

2001年退休后,应邀到江苏大学计算机和通信工程学院讲授"光纤通信系统""波分复用"等课程。其后组成家庭研究组,从事"超光速现象和超光速通信"研究,自费参加国内外学术会议,发表文章,首次解决了超光速运动与狭义相对论矛盾的难题。他提出:狭义相对论并非绝对真理和狭义相对论的实质;双光速干涉表面光速不变性原理是错误的;光速与观察者的状态有关,爱因斯坦的极限速度结论是错误的。他第一次从理论上证明了 WKD 实验是正确的。他提出超光速是自然现象的观点,被中国大百科全书采纳。

陆九皋

1919
|
2005

　　化名骆初人、白本,笔名绿柳,1919 年 11 月生,镇江大路镇小港陆家村人。少时在上海、海门求学。高中毕业后于 1943 年冬回乡,次年起在孔巷、葛巷小学任教。新四军北撤后,奉命易地坚持,1946 年初到小港小学任校长。不久加入中国共产党。中共丹北工委指示学校广泛团结教师,成立党领导的"乡村教师联谊会",次年建立党支部,颜诚兼任支部书记。1948 年 10 月,丹北工委副书记赵文豹指派陆九皋进镇江城,任镇江城工委会主任和党支部副书记,为解放镇江做准备,骆初人即此时化名。

　　中华人民共和国成立后,分配到丹徒县人民政府文教科工作,接管全县学校,后任代理科长,曾一度任县政府秘书。1958 年丹徒县、镇江市合并,调市文管会工作,参加筹建镇江博物馆。1978 年任镇江博物馆馆长。1990 年离休仍为名誉馆长。

　　三十多年来,在文物保护、考古发掘、文物征集、陈列展览等方面做了大量工作,同时对地方的古代史、近现代史及馆藏文物进行多方面研究,先后在《考古》《文物》《考古学报》《美术研究》等刊物上发表 80 多篇文章,编著出版了《古城镇江》《唐代金银器图录》,在台湾出版了四本明清文人书法研究的著作。1998 年刊印《陆九皋文博论著选》。1989 年 4 月,参加文化部在美国举办的"中国古代艺术展"的学术代表团,任副团长,并在俄亥俄州立大学举办的学术会上发表演讲。陆九皋任江苏省社科联第三和第四届理事、中国博物馆学会理事、江苏省博物馆学会副理事长、江苏省吴文化学会理事长等职。1987 年评为研究馆员。1990 年获文化部和江苏省文化厅科技进步三等奖。1992 年评为有特殊贡献的专家学者,享受国务院政府特殊津贴。兼任中国博物馆志编委、中国历史文化名城辞典编委等职。

陈庆年

1862
|
1929

　　字善馀，号石城乡人，晚年又号横山乡人，今镇江丁卯横山人。清末民初史学家。清光绪十四年（1868）优贡生。自幼勤奋好学，博闻强记。肄业于江阴南菁书院，被学使王益吾、院长甬东经学大师黄元同赞为"吾门得一汪容甫矣"。

　　他厌弃科举，悉心于治学和讲学。张之洞任两湖总督时，他应聘到湖北两湖书院授《兵法史略学》，受到"素不誉人"的张之洞赞赏后，又为张之洞编纂《洋务辑要》等书，张之洞特保奏他为经济特科。1905 年端方调任湘鄂，聘他为湖南省学务提调，兼办长沙图书馆，我国第一个图书馆即由他创建成立。不久辞湘东返，在焦山之松寥阁为端方编《列国政要》。1907 年，他与缪荃荪在南京同主江楚编译局和江南图书馆。辛亥革命后，黄兴聘他担任南京图书局局长，他以年老体衰而辞之。后被选为江苏省参议会议员。

　　他一生著述宏富，主要著作有：《兵法史略学》《春秋兵史》《吴越战史》《洋务辑要》《五代史略》《明史详节》《列国政要》《陶隐居年谱》《沈梦溪年谱》《杨文襄公年谱》《吴勤惠公年谱》《西石城乡土志》《润故述》《两淮盐法志》《横山乡人类稿》等。时人冯萃亭评论其兵史著作时写道："叙兵事绘状历历，虎虎有生气，读其兵史撰述，仿佛置身战场。"无锡吴稚晖称他为"冠民国儒林之军"。他又是一位极其爱国的知识分子，1907 年，杭州丁氏藏书数十万卷，有被日本人抢购去的危险，他亲赴杭州，将这一批书购入江南图书馆收藏；日商西泽欲强占我东沙群岛，他遍索历代海道之书，终于在雍正年间陈伦炯《海国闻见录沿海形势图》中找到了此岛属于中国的证据，被海内外传为美谈。晚年在家中建藏书楼一座，取名"传经楼"，又名"横山草堂"，收藏典籍达数十万册，惜毁不存。1929年 6 月因心肌梗死去世。唐文治为其撰墓志铭，柳诒徵亲笔书写碑版。

陈国良

1942
|

1942 年出生于镇江姚桥镇石桥村永八桥村。1961 年从大港中学高中毕业，以优异的成绩考入北京工业学院（北京理工大学前身）学习。1966 年从飞行器总体设计专业毕业后分配到七机部第八设计院（中国航天科技集团中国空间技术研究院第 508 所前身）工作。

中共党员，研究员，博士生导师，南京航空航天大学兼职教授。历任飞行器回收技术研究室副主任、主任、院科技委委员。退休后受聘于 508 所，现担任科技委顾问、探月"再入返回"专家组成员、火星降落伞攻关组组长。

陈国良从事飞行器回收技术研究 50 多年，是国家不可多得的高精尖科技人才。先后参加和负责 10 多种型号的回收着陆系统研制工作，其中有以我国首次飞向南太平洋远程火箭为代表的战略武器数据舱弹射回收装置的研制，以"鹰击"为代表的部分海防和空防战术武器的整体回收系统研制，以第一颗返回式遥感卫星为代表的多种返回式卫星回收系统的研制，以及以"神舟"为代表的多种飞船回收着陆系统的研制。

曾担任过主管设计师、副主任设计师、主任设计师及项目负责人。参加和负责"七五""八五""九五"航天器回收技术发展纲要的编写，并由航天工业部收集出版。个人曾获国家科技进步特等奖和国防科学技术三等奖各一次，航天部科技进步奖二等奖三次、三等奖一次；荣立一等功两次、二等功一次。1992 年被授予中央国家机关优秀共产党员和航天部优秀共产党员称号，同年享受国务院政府特殊津贴。多次受到党和国家主要领导人的亲切接见和慰问。

赵天鹏

1 9 4 5
|

1945 年 6 月出生于镇江大港镇赵家庄。毕业于中国科学技术大学。任中国科技大学正研级高级工程师,中国科技大学半导体系副主任。退休前任博士生导师。享受国务院政府特殊津贴。其研究领域为微电子和光电子,较强专业是集成电路设计和应用。已经取得数项科研成果,其中:获省部级科研奖 6 项;完成 3 项国家国防新品的设计,它们都是卫星专用集成电路;发表论文 6 篇。他正在设计 530MHz 锁相倍频卫星专用集成电路和进行空间伪码测距终端技术及激光多波长锁定技术的研究。

赵见高

1 9 4 1
|

　　1941 年生，祖籍镇江大港镇。研究员。1964 年从南京大学物理系毕业后，到中国科学院物理研究所工作。先后研究过磁性薄膜存储器，非晶态、准晶态和亚稳态的磁性，稀土化合物磁性，高分子磁性和生物磁性等等，发表研究论文百余篇，培养博士生等二十余人。任磁学国家重点实验室常务副主任、国际磁性薄膜会议顾问委员、稀土学会理事等。主编了《二十世纪中国的磁学和磁性材料》《施汝为院士纪念文集》，参与编写了唐孝威院士主编的《脑功能成像》、吴全德院士主编的《几种新型薄膜材料》，主持译著《磁性玻璃》《磁性液体》《金属与陶瓷的电子及磁学性质》等。主持过和美国、日本、意大利、罗马尼亚的科研合作项目。退休后参与编写 120 万字的《中国科学院物理研究所志(1924—2010)》，翻译了《富兰克林格言精选》，参与修改审定了出版物《自然》百年经典丛书、《英汉双解大辞典》及历年《科学发展报告》。将流失至美国的《丹徒赵氏支谱》的照相版整理后复印多册，分送国家图书馆和各有关图书馆、研究所、单位和个人，以利研究和查阅。还编写了自传性的《我的左脑和右脑》。

赵长生

1947

1947 年 2 月出生于镇江大港镇南街。中共党员。本科学历，教授级高级工程师。1965 年 7 月于丹徒县大港中学高中毕业，1965 年至 1973 年在空军航空兵某部服役，荣立三等功一次，获嘉奖一次。1973 年至 1977 年在上海交通大学机械系机械专业读书。1977 年在镇江船舶学院（今江苏科技大学）任教，至退休。历任教研室主任、基础学科系党总支副书记、系副主任、学校党委宣传部和统战部副部长等职。

发表论文如下：《以大开放大改革促进大发展——谈海南经济发展思路》一文刊载于 2000 年《经济体制改革》核心刊物，获人文科学一等奖；《西部大开发首先开发什么——从东部典型地区开发所想到的》一文收录于 2003 年《中国新时期人文科学优秀成果精选》，获人文科学一等奖；《从高校合并看中国高等教育的发展》一文刊载于 2002 年《现代教育理论研究》（核心刊物），获人文科学一等奖。

赵水福

1933

原名赵荣麟,1933 年 2 月生,镇江大港镇人。中共党员。高级编辑。1953 年考入复旦大学新闻系,1954 年转北京俄语学院。1955 年进苏联莫斯科大学新闻系学习。1960 年毕业后到中国国际广播电台工作,历任编辑、记者、苏联东欧部副主任、俄语部副主任、国内新闻部主任。1985 年起从事广播电视电影的研究和立法工作。

曾任广播电影电视部政策法规司副司长、中国广播电视学会秘书长、《广播电视决策参考》主编、《中国广播电视学刊》副主编、《中国广播电视年鉴》副主编。对国际广播有系统的理论研究,积累了丰富的实践经验。

1982 年编写的新闻《第五届全国人民代表大会第五次会议在北京隆重开幕》被评为"全国优秀广播电视节目一等奖"。1986 年出版的《列宁与新闻事业》(合著)是我国第一本系统深入研究列宁新闻学的专著。1987 年出版的《国际广播探析》是我国关于国际广播最早的一部著作。1989 年主编《广播电视决策研究文集》,是我国广播电视战线第一本集中反映软科学研究成果的著作。1990 年参加主编并撰稿的《中国广播电视学》,是这门新兴学科的奠基之作。俄文译著(合译)有《列宁共青团》《报纸体裁》《新闻学概论》《广播新闻学基础》和《马列主义新闻理论基础》。经常应邀到高等院校授课,曾应聘评审博士论文。曾去苏联、南斯拉夫、罗马尼亚、英国、德国、日本、澳大利亚、马来西亚等地与新闻界同行切磋业务。

赵永新

1 9 3 9
|

1939 年出生于镇江大港旌德里。北京语言大学教授。1963 年南京大学中文系毕业,由高等教育部选为出国师资,派到北京外国语学院(现北京外国语大学)英语系学习英语,1969 年至 1973 年赴巴基斯坦任教四年,先在白沙瓦大学,后在伊斯兰堡大学国家现代语言学院任教。

1973 年 6 月回国后,一直在北京语言学院(现为北京语言大学)任职、任教。其间,先后于 1973 年 12 月至 1974 年 4 月赴加拿大渥太华大学、蒙特利尔麦吉尔大学、魁北克大学、温哥华哥伦比亚大学等短期讲学。1980 年至 1982 年赴联邦德国西柏林自由大学东亚研究所任教两年,1986 年至 1988 年赴澳大利亚堪培拉高等教育学院(现为堪培拉大学)任教两年。1992 年赴新西兰考察。1995 年获富布赖特基金赴美国南卡罗来纳州立大学任教、研究。1998 年至 2004 年在澳门理工学院任教、任职。

2004 年 8 月回到北京语言大学。曾先后任副系主任、出版社常务副社长、院办(现校办)副主任、文化学院(现人文学院)副院长,在澳门曾担任澳门理工学院普通话培训测试中心主任、语言暨翻译高等学校校长。

著有《现代汉语语法概要》《艺文神韵》《语言对比研究与对外汉语教学》《小溪集》,主编《汉外语言文化对比与对外汉语教学》,译著《黑珍珠》,合著汉语教材《汉语交际》《汉语 400 句》等,发表汉英语言文化对比研究、汉语研究论文数十篇。

赵宇培

1 9 8 1
|

1981 年 10 月出生于镇江大港镇车碾口村。博士,研究生导师。1999 年 7 月于丹徒县大港中学高中毕业,2003 年在南京工业大学获化学工程与工艺学士学位,2006 年获南京工业大学催化专业硕士学位,2014 年于南京大学获化学博士学位。2014 年年底赴常州大学任教,从事教学和科研、指导研究生等工作,涉及化学、化工和环保等内容,主持和参与国家、省、市等科技项目多项,已发表文章数十篇及申请专利多项,于 2016 年入选江苏省"双创计划"。主持江苏省自然科学基金一项,江苏省重点实验室基金两项。

主要发表论文和专利有:

(1) 赵宇培、朱玉俊、卢运祥:《两种 g-C3N4 的异质结的第一性原理计算》,《功能材料》,2017,48(9):100 - 104。

(2) 赵宇培、史康东、王辉等:《聚甲醛二甲醚的研究进展》,《天然气化工》(C1 化学与化工),2017,42(3):117 - 123。

(3) Yupei Zhao, Zheng Xu, Hui Chen, et al. Journal of Energy Chemistry. ,2014,23(2):156 - 163。

(4) Yupei Zhao , Zheng Xu, Hui Zhu, et al. Journal of Energy Chemistry. ,2013,22(6):833 - 836。

(5) Hui Wang, Yupei Zhao, Yujun Zhu, et al. Journal of Vacuum Science & Technology,2016,128:198 - 204。

(6)《一种以多聚甲醛二甲基醚为原料制备双酚 F 的方法》(专利号 CN105152866B)。

(7)《一种塑料包装膜》(专利号 CN206218488U)。

赵丽华

1 9 4 3
|

女,1943 年 10 月 18 日出生于镇江大港赵家庄。研究员(教授级)。南京工学院(东南大学)毕业。中国电子科技集团公司第十三研究所专业部主任(正处级)。

其主要研究成果与获奖有:国家科技进步二等奖 1 项,部级科技进步一等奖 3 项,部级科技进步二等奖 4 项,部级科技进步三等奖 2 项。光华基金三等奖。个人多次在重点工程中受国防科工委和信息产业部表彰,荣立三等功 3 次。

1984 年我国第一颗同步通信卫星发射成功后,她代表十三所参加在人民大会堂举办的庆功大会。在全国性学术会议和技术期刊上共发表学术论文 28 篇。主编《半导体芯片制造职业技能鉴定指南》,参编《微电子技术——信息化武器装备的精灵》。被评为特殊贡献专家(享受国务院政府特殊津贴)。

赵宋庆

1903
|
1965

镇江大港镇人。早年就读于南通商业学校。1925年考入复旦大学攻读文史专业,三年后毕业。先后到广西梧州师范学院、新加坡华侨中学、新加坡麻坡中华学校任教,后因鼓励学生追求自由,被解聘。

抗日战争期间,不甘受日本帝国主义奴役,于1940年毅然从上海孤岛几经辗转来到抗日后方。先在贵州平越交通大学分校读书,1942年赴重庆北碚复旦大学中文系任教。抗日战争胜利后,随复旦大学返回上海。

1945年对昆明"一二·一"事件深表支持,并为被国民党军警镇压致伤的学生慷慨解囊,积极相助。1947年,国民党军警包围复旦大学进行大逮捕时,他不顾个人安危,在自己宿舍里掩护中共地下党员。解放战争期间,对反对国民党的重大政治斗争,都表示支持,对发起反对国民党倒行逆施的签名运动,总是坚定地签上自己的名字。

赵宋庆学识渊博,治学严谨,有多方面的爱好和兴趣,讲课不拘形式,往往即兴发挥,启发学生思考更多的问题,经常劝导学生多读课外书籍。他认为读书不仅要读人文科学书籍,还要读自然科学书籍,文理相通,不应相隔。生前著有介绍通俗文学的《秋之星》,散文《闵行行》《第二次闵行行》等,译著有《屠格涅夫小说集》。曾用赵宋、颂馨、丛辛、辜怀等笔名为国内外报纸写稿。在上海参加过大众语论战,在《东方杂志》上发表过有关《易经》六十四卦和三百六十四爻数学推理的论文。此外,还写过大量旧体诗词。可惜,几乎散失殆尽。他的诗颇有李义山、杜牧的风格。为人处世,洁身自好,自奉清约,生活简朴,刚正不阿,视名利如粪土。以教书为荣,兢兢业业,唯恐贻误青年。衣着极为随便,认为人生有更多有意义的事要我们去关心,无须在衣着方面多予注意。1960年因病离职回老家疗养时,带走的行李仅是一只旧皮箱,两条破棉被,真是两袖清风,囊空如洗。1965年因病逝世。

赵建中

1 9 5 5

1955 年生,镇江大港镇人。历史学博士,经济学教授,博士生导师。现任江苏省人民政府参事室特聘研究员,东南大学、南京航空航天大学兼职教授,南京航空航天大学历史文化研究中心主任。

恢复高考后第一届大学生,1993 年于南京大学博士毕业,曾长期在东南大学任教授、研究所所长。有海外名校访问学者和省委下派挂职任副区长等经历。2000 年后历任南京国家高新技术产业开发区管委会主任助理、南京市地方志办公室副主任、南京市人民政府参事室副主任、副巡视员等。长期涉猎于文史、经济和行政管理等专业领域学科前沿,多有建树,科研成果丰硕,学术论著 300 多篇(部),曾获中宣部"五个一"工程奖和江苏省政府哲学社会科学一等奖等各类奖项 30 多个。在多个全国性及省市有关学会担任领导职务,两届南京市政协委员等,也是《南京市志》的总审校。在南京大学、东南大学等多所国内外高校及南京等市"市民学堂"、省市电视台、电台、图书馆等处开设学术讲座,具有广泛社会影响。

赵彭生

1934
|
2016

1934年9月10日出生于镇江大港。中共党员。辛亥先烈赵声之孙。1953年毕业于镇江中学,1958年毕业于清华大学机械系。太原理工大学(1997年由太原工业大学和山西矿业学院合并组成)教授,博士生导师,为学校首批学科带头人之一,享受国务院政府特殊津贴。曾为美国南卡罗来纳州大学及俄亥俄州立大学访问学者,田纳西大学客座教授。

1984年任山西太原工业大学焊接专业教研室主任、校外事办公室主任,主管对外学术交流、外籍专家及教师管理、出国留学人员选派。1984年至1995年,主管外语培训及对外汉语教学。2002年,任材料学科与工程学院顾问。1981年至1983年,为美国南卡罗来纳州大学及俄亥俄州立大学访问学者。1992年至1993年,又以访问教授身份赴美国田纳西大学做客座教授,并进行合作研究。多次短期出国参加学术会议或进行学术访问。

几十年来,赵彭生担任或兼任许多社会职务:山西省教育国际交流协会理事、山西省归国留学人员协会理事。学术兼职有:太原理工大学学术委员会委员、中国焊接学会理事、焊接物理委员会委员、山西省焊接学会副理事长、山西省机械工程学会顾问、美国金属学会会员。除教学工作外,多次负责承担国家自然科学基金、山西省自然科学基金、归国留学人员科研资助及企业横向协作科研项目,并多次获得省部级科研奖励。主要研究方向先后为:焊接电弧建模与诊断、新型弧焊电源、磁控等离子弧的物理特性及工艺应用、辉光放电离子轰击钎焊、结构陶瓷和功能陶瓷的表面改性及钎焊。其专业技术被广泛应用于航空航天、国防军事、造船、精密工业等高科技领域。

赵彭生主要学术成果有:撰写了专著《CO_2保护自动堆焊》及教材《弧焊电源》《焊接方法与设备》;发表学术论文100余篇。多篇相关论文得到国际科技学术部门的认可。先后获得国家发明专利 3 项、加拿大发明专利 1 项。1994 年,被载入英国剑桥大学国际传记中心《世界名人录》(1994 年版)。1996 年,被美国传记研究所选入《国际名人辞典》(1996 年版)。

赵彭生与徐重、王耀文、韩廷华合作的《辉光放电离子轰击钎焊的阴极净化作用》,研究了辉光放电离子轰击钎焊时,阴极溅射现象对工件表面的净化作用。采用 SEM(扫描电子显微镜)和 EDX(X 射线能量色散光谱仪),对净化前后 4J36 和 LF21 工件进行表面分析(4J36 是一种具有超低膨胀系数的特殊的低膨胀铁镍合金,LF21 是含铝、锰、铬的防锈铝合金——编者注),表明阴极净化作用可有效地清除氧化膜并改善钎料的铺展条件。文中还介绍了影响阴极净化作用的因素和增强净化效果的措施。正是离子轰击的产热特点和阴极净化作用,使得辉光放电离子轰击钎焊比一般真空钎焊具有明显的技术和经济上的优越性。将工件置于辉光放电的阴极,利用离子轰击的产热作用进行钎焊,与一般真空钎焊相比,具有热效率高、升温快的特点,每炉时间仅为一般真空钎焊的 1/10 左右。

赵彭生与王文先研究的《陶瓷加弧辉光渗钛及渗钛陶瓷/金属辉光钎焊》,介绍了一种陶瓷钎焊的新方法,即以陶瓷加弧辉光渗钛为先导工序,然后在辉光炉中实现陶瓷/金属无钎剂钎焊。试验结果表明,只要渗钛层厚度足够,钎焊工艺参数选配适当,即可获得满意的钎焊接头。此方法具有生产率高、成本低,对材料系统具有广泛适应性,无须专用活性钎料,并可以在较低的真空度下进行钎焊等优点。

1992 年 11 月 20 日—23 日,在太原工业大学召开了第二届全国焊接物理及工艺理论学术会议。会议共 57 位与会代表,收到论文 50 余篇,在四天的会议中就我国焊接物理及工艺理论发展的现状、水平及发展趋势,分别举行了大会专题报告、小组学术报告和专题,进行了热烈的讨论。全体与会代表饶有兴趣地听取了赵彭生教授代表太原工业大学做的《焊接过程自动控制的概况与发展趋势》学术报告。

赵醉侯

1 8 6 9
|
1 9 4 5

　　原名赵玉森,字瑞侯,因嗜酒豪饮,改号为醉侯。原籍镇江大港镇,出生在丹阳埤城。

　　自幼好学,曾随其二哥寄居于镇江甘露寺,因而受佛教影响较深。少年时中秀才,25岁求学于南菁书院,学成后从事教育工作。先后在上海南洋公学、南京方言学堂和上海复旦大学任教。45岁受上海商务印书馆王云五之聘,参与编辑《中国历史》大学教材。两年后,去北京清华学堂(清华大学前身)教文学和历史学达9年之久,57岁告退。年近古稀之时,寓居镇江城里月华山下的月华楼,为镇江"梦溪吟社"社员,后又是"奎社"中坚。1945年9月病逝,终年77岁。

　　赵醉侯平生有三好:一喝酒,二赋诗,三花木。

　　饮酒是他最大的嗜好,除了儿时和晚年家境困窘时期外,足足连续饮酒50年。据他的学生浦薛凤回忆说:"因嗜酒豪饮,每天喝2斤半酒,坐讲堂前排者均得沾闻赵老师之醇酒气味。"即使在晚年生活困窘时,亦以"神仙汤"(用酱油、麻油冲开水)代酒,还冠以美名"神仙酒"。为此,他书写了题为《神仙酒》的诗篇:"今我特作神仙酒,群龙喋血,举世困阳九,即此飞觞,苟亦润我口。""神仙酒,神仙酒,衡泌栖迟,淡泊聊自守,倘作千年佳话,永播诗人口。"由此可见,他并没有因嗜酒豪饮而沦落为世俗酒徒。

　　他一生写有约万首诗,查其诗稿存目,1936年前有《清华草》《寄奴草》《北门草》《西泠草》《京江草》,抗战初期有《冥飞草》《重光草》等,可惜这些诗稿都未能保存下来。现在收藏于镇江博物馆的是1938年以后的《月华草》共6000余首。1985年1月,其侨居美国的子孙回镇江,在其现存6000余首诗篇中选了382首,分为五集,合为一册,定名为《醉侯诗集》(实为选集),在美国出版。他的诗有三大特点:第一,不讲究诗的韵格。他认为不能因韵害意,诗词是天籁,不该受韵的拘束,主张口语化和朗读性。第二,诗应是有感而发,有观点,有定见。在日军侵华期间,他的诗作中隐藏着一个老知识分子忧国忧民的爱国激情。第三,题材广泛,热情奔放。

赵醉侯爱花木,整天沉醉在书天花海之中。在咏花木的诗篇中,除梅、兰、菊、竹、茶外,如豌豆花、蚕豆花,甚至马齿苋也在吟咏之列。在《醉侯诗集》中,第三集为花木篇,选诗96首,占诗集总篇数的十分之三。

赵醉侯一生无欲无求,乐天豁达,严谨认真,洁身自好。即使处在困境之中,也无任何怨尤,浦薛风在《醉侯诗集》代序中说:"吾师赵醉侯先生,品格高超,学识渊博,虽处思潮递嬗之际,内忧外患之中,而能卓然不拔,讲学南北,知交众多,游览广阔,既享多采多姿之生活,复垂立身处世之风范。"

姚　钢

1 9 7 7
|

镇江姚桥镇姚镇村人。上海交通大学电子信息与电气工程学院副研究员。1996 年 9 月至 2000 年 7 月,就读于中国矿业大学电力系统及其自动化专业,获学士学位。2000 年 9 月至 2006 年 3 月在上海交通大学攻读电力系统及其自动化专业博士。2006 年 3 月获上海交通大学电气工程专业博士学位。主要从事教学、学术研究和科研等工作。

工作以来,一直从事电力电子技术在电力系统中应用的研究。特别是在柔性交流输电技术(FACTS.)、电能质量研究及治理技术、可再生能源发电及其并网等技术领域形成了一定的技术专长。到目前为止,先后 3 次获得省部级科技进步奖,作为项目主要负责人共计承接了 14 项相关科研项目,项目总额达到 1000 余万元;发表了 32 篇相关学术论文,其中有 15 篇论文被 SCI 或 EI 检索和收录;申报了 3 项发明专利,登记了 1 项计算机软件著作权。

研究成果如下:

1. 专利:

(1)《动态无功与谐波治理综合补偿装置控制软件》(专利编号 2007SR20380)

(2)《基于解耦多坐标系统锁相环的电压控制方法》(专利编号 CN101604172)

2. 主要在研科研项目:

(1)中、低压电能质量优化系列装置的研究

(2)分布式电源实验室风力发电研究实验系统

(3)无线输电技术的研究

(4)上海大众电能质量改善项目

3. 获得奖项:

(1)"低压配电网的电能质量改善与节能措施的研究和应用",

获中国机械工业科学技术二等奖,2010 年(排名第一)

（2）"灵活交流输电装置与电力系统专用软件平台",获教育部二等奖,2005 年(排名第八)

（3）"新型高效节能低压有源滤波装置研究与开发",获上海市科学技术三等奖,2008 年(排名第四)

4. 发表论文:

（1）State-feedback Control of a Current Source Inverter-based STATCOM, ELEKTRONIKA IR ELEKTROTECHNIKA, No. 3(99), 17 – 22, 2010.

（2）《基于变压器辅助换流的新型 ZVS-ZCS 逆变器》,《中国电机工程学报》,2006,26(6):61 – 67.

5. 出版专著:

《TMS 320 F28X 源码解读》(合编),电子工业出版社,2010 年。

姚小红

1 9 6 9

|

1969 年 4 月生,镇江姚桥镇伏漕村人。博士,教授,博士生导师。1987 年 7 月大港中学高中毕业考入北京大学物理系,1991 年进入中国科学院大气物理研究所,获得硕士和博士学位,之后在清华大学、香港科技大学、加拿大多伦多大学从事博士后和 RESCAY-CHASSOCIATE 研究,2009 年 9 月起全职担任青岛中国海洋大学"筑峰人才工程"第三层次特聘教授,加盟环境科学工程学院,主要从事城市和区域大气污染化学、海洋大气化学研究,发表论文 60 余篇。2008 年发表了有关中国超大城市空气污染的论文,是地球科学领域引用排名前万分之一论文。

姚小红是我国较早从事 PM2.5 研究的学者之一,关于北京、上海 PM2.5 研究的论文,迄今每篇论文 SCI 引用次数超过 200 次,已成为研究我国 PM2.5 污染演变历史的重要参考文献。近五年来,主要从事大气中新颗粒的增长及其气候效应研究与 N 循环对空气污染的影响研究,首次发现了大气纳米颗粒爆发事件中存在可道、不可道增长两种类型,带动了全球对该领域的研究。通过对全球多地大气中新颗粒爆发、增长历史观测数据分析,提出 NH_4NO_3 是决定大气中新颗粒能否增长为云凝结核,从而影响气候的关键化合物这一科学猜想,对这一猜想的深入研究,将提升我们对大气新颗粒如何影响区域乃至全球气候的理解。在城市大气 NH_3 的来源研究方面,系统分析不同时间和空间尺度 NH_3 的历史观测数据,并通过模拟研究证实,城市 NH_3 主要来源于城市绿地,引领城市大气 NH_3 的研究走出误区,回归正确的研究轨道。他提出 NH_3 在大气中远距离传输的两种新机制,即通过土壤/大气双向交换实现远距离传输的蛙跳机制和通过 NH_4NO_3 的气/粒转化实现远距离传输的机制。发现大气 NH_3 的浓度水平是云雾过程加重空气污染或清除空气污染的决定性因子,这为理解我国雾霾的成因提供了新视角。

贾卫东

1 9 7 1

镇江姚桥镇迎北村人。1991年毕业于江苏工学院机械制造系,现任江苏大学农业工程研究院研究员。1989年8月至1991年7月为江苏工学院机械制造系专科生。1991年8月至2001年8月历任镇江金河纸业有限公司技术员、分厂副厂长。2001年9月至2004年6月为江苏大学能源与动力工程学院硕士研究生。2003年9月至2006年6月为江苏大学能源与动力工程学院博士研究生。2006年至2009年3月为江苏大学农业工程博士后流动站博士后。2009年4月至2015年6月江苏大学农业工程研究院副研究员。2015年7月江苏大学农业装备工程学院研究员。

曾获得如下奖项:(1)《系列输卤泵和防结盐阀门的研制及产业化》,获中国石油和化学工业科学技术进步二等奖;(2)《700LSY-7型输卤泵研制》,获中国机械工业科学技术进步三等奖;(3)《混流泵内部三维不可压湍流场的数值模拟及实验研究》,获江苏省优秀硕士学位论文;(4)《防结盐管路材质选用研究及防结盐阀门的研制》,获镇江市科技进步三等奖;(5)《盐析流动理论与防结盐技术研究及装备研发》,获教育部科学技术成果鉴定;(6)《防结盐管路材质选用研究及防结盐阀门的研制》,获江苏省科学技术成果鉴定;(7)《叶轮机械内部伴有盐析的液固两相流动的研究》,获国家自然科学基金项目;(8)《叶轮机械内部结盐机理与流动的研究》,获国家自然科学基金项目;(9)《药雾沉降及喷雾效果的图像解析和空气中农药的密度分布》,获国家自然科学基金项目;(10)《精准农业配套机械装备部分关键工作部件的仿真研究》,获国家863计划项目子项;(11)《荷电雾滴撞击植株靶标界面的动力学机制》,中国博士后科学基金资助项目。

夏建中

1952
|

　　1952 年出生于镇江姚桥镇爵家村。教授，博士生导师。担任北京市社区建设与社区服务工作专家顾问、北京市社会学会理事、北京市青年研究会理事及国际社会学会会员，主要从事城市社会学与社区研究和比较社会政策及文化理论的研究。

　　1979 年考入中国人民大学国际政治系，1983 年获法学学士学位后留校工作，1989 年在该校获法学硕士学位。曾先后在日本庆应大学、关西学院大学、筑波大学、早稻田大学、立命馆大学，英国伦敦经济学院，美国斯坦福大学、芝加哥大学、休斯敦大学，德国波恩大学和欧盟委员会（比利时）等大学和机构进行学术研究、讲学、会议交流；为美国富布赖特访问研究学者和美中学术交流委员会高级访问学者。担任北京市社区建设与社区服务工作专家顾问、北京市青年研究会理事、《国际社会学》杂志编委等社会兼职。

　　曾经主持的项目有：国家教委人文社科基金项目"当代社会人类学关于中国社会的理论"；中欧高等教育合作项目"欧盟有关就业的社会政策"；中欧高等教育合作项目"欧盟社会政策"；中欧高等教育合作项目"欧盟弱势群体和反贫困研究"；国家社会科学基金项目"当代中国城市社区的权力结构研究"；北京市哲学社会科学"十五"规划项目"北京市新社区管理体制及其运行机制和组织构架的研究"；福特基金会资助项目"中国城市社区业主委员会研究"；国家社会科学基金重点项目"城市社区建设中的治理结构研究"；北京市民政局委托项目"北京市城乡社会救助制度调查与评估"；民政部委托项目"规范城市低保程序研究"；北京哲学社会科学"十一五"规划重点项目"北京市建设和谐社区中业主委员会、物业管理公司、居委会之间关系的研究"；民政部委托项目"中国社区社会组织发展模式研究"；教育部人文社会科学重点研究基地重大项目"社区理论与我国和谐社区建设研究"。

代表性著作有：

（1）《文化人类学理论学派》,中国人民大学出版社,1997 年。

（2）《现代 CI 系统的应用》,复旦大学出版社,1997 年。

（3）《家族文化与传统文化:中日比较研究》(合著),天津人民出版社,2000 年。

（4）《社区建设理论与实践》(合著),北京出版社,2001 年。

（5）《毒品、社会与人的行为》,中国人民大学出版社,2001 年。

（6）《社会人类学方法》,华夏出版社,2002 年。

徐荣生

1 9 3 9
|

1939 年 9 月生,镇江大港镇人。中共党员。1959 年参加中国人民解放军,入哈尔滨军事工程学院炮兵工程系学习,后因院系调整,转入炮兵工程学院、后勤工程学院,1965 年毕业。

曾在中国人民解放军总后勤部系统科研部门工作,多次参加国家重要科学试验,立功受奖。1978 年复员,到上海科学技术出版社工作,历任编辑、编辑室主任、编辑部主任。负责编辑过《复合材料力学》《实用五金手册》《包装机械原理与设计》等多种工具书和专业书籍。

殷 新

1962
|

　　1962 年 5 月生，镇江丁岗镇西庵前村人。中国国民党革命委员会党员。教授级高级工程师，建筑学建筑设计评委、委员，苏州科技大学设计研究院院长。1982 年 9 月至 1986 年 7 月就读于哈尔滨建筑工程学院（现哈尔滨工业大学）建筑系建筑学专业。1986年 7 月至 2013 年 9 月任教于苏州科技学院建筑系，后任建筑设计教研室副主任、主任，学校设计院兼职建筑师。2013 年 9 月任苏州科技大学设计研究院院长，兼任苏州市政协常委、中国民革苏州科技大学基层委员会主委、中国民革苏州市常委、苏州市勘察设计协会常务理事、副理事长、江苏省土木建筑学会建筑师委员会委员、江苏省企业院士叶可明院士苏州科技大学工作站项目负责人、国家住建部建筑设计标准化技术委员会委员、江苏省高级职称评审委员会委员、哈尔滨工业大学苏州校友会会长。

　　在《建筑学报》《华中建筑》《建筑技艺》《江苏建筑》《新建筑》等学术杂志上发表科研论文《苏州拙政东园园林别墅区设计探索》《国家检察官培训学院江苏分院规划建筑设计研究》《人居环境下的社会营造——苏州工业园区胜浦镇滨江苑设计研究》《建筑、自然环境和谐共生——吉林省长春市净月潭国际滑雪俱乐部设计》《"九年一贯制"实验学校设计研究》《从环境中来　到环境中去——南京旅游管理干部学院规划建筑设计研究》《新旧之间——吉林省南湖宾馆扩建工程设计研究》等 21 篇。

　　"苏州拙政东园别墅区""江南同里老街""南京金陵旅游管理干部学院""镇江丹徒区实验学校""吉林长春南湖国宾馆"等 17 个项目获省部级优秀设计奖。参与编写住建部国家标准 GB508676 – 2013《养老设施建筑设计规范》。《采用预制地下墙在建筑之间建多层地下车库技术》获 2013 年上海市科技进步二等奖。《南京紫峰大厦超高层关键建筑技术研究》获 2014 年江苏科技进步三等奖。

殷海国

1 9 3 1

|

1931 年 5 月生。中共党员,教授。幼年在丹徒县丁岗留村读私塾,1947 年到上海学徒,后进职工业余中学学习,1963 年毕业于复旦大学,分配到上海市人事局工作。1964 年调上海师范学院中文系教古典文学。1976 年调复旦大学中文系教古典文学,兼教工党支部工作。1984 年调上海第二教育学院任中文系主任,先后开设"中国古代文学作品选""中国古代文学史""中国文论作品选""中文文学批评史"等课程。出版著作《抒情小赋赏析》《谢灵运、谢朓诗选注》《骈体文精华》《中国小说描写辞典》《古代山水诗名篇赏析》《历代名案大观》《大学语文》等。

高雨青

1960
|

女, 1960 年 10 月生,镇江大港东街人。1977 年毕业于镇江一中,1983 年本科毕业于南京邮电学院(现南京邮电大学)通信仪表专业,1986 年获南邮通信工程通信与电子系统专业硕士学位,1989 年获东南大学电子工程信号处理学科方向博士学位。先后在中国科学院国家重点实验室、法国洛里亚国家科学研究中心和实验室、苹果公司和 IBM 公司从事语音识别、自动语音翻译等方面的研究工作,在自动语音翻译研究方面有开创性突破。迄今已发表论文120 多篇,出版专著多部,申请专利近 40 项,获得 IEEE Fellow(院士)IEEE 信号处理学会最佳论文奖、Anita Borg 研究所女性创新奖等多项学术殊荣。2009 年度美国三大女杰之一。曾任 IBM T. J. Watson 研究中心认知科学首席研究员和杰出工程师,现为微软公司合伙人及人工智能工程院知识图部研发主管。在 2017 年 5 月举行的江苏发展大会"镇江行"合作恳谈会上,高雨青作为嘉宾代表发言。

[链接]

高雨青博士出生在江苏最南端的小城高淳,她的父亲是机械工程师,母亲是一名高中老师。小时候的高雨青,生活在没有电、没有自来水的小城里,因为是家里的长女,所以她还承担着每天从自来水集中供应点往家里挑水的任务,那会儿她才十几岁。在那个物质和知识都相当匮乏的年代,收音机成了她获取外界知识的唯一途径。小城里买点小东西都是用旧报纸包着,她常常帮外婆买盐而沉浸在那张小小的包盐的报纸里,还在上小学时她就偷偷阅读了妈妈藏在家里的《红楼梦》《青春之歌》《牛虻》等文学名著,然而收音机里播的关于科学发明对社会和经济的影响深深地震撼着她，她把利用技术创新给社会带来积极的影响，作为自己的奋斗目标。

从收音机里她看见了那非常遥远而令人向往的世界，期待着去探索那个神秘的世界。上中学时，她特别痴迷几何证明题，每天都要老师多留几道难度特大的证明题带回家去做。第二天一大早，到学校跟其他几个有共同爱好的同学一起交流证明结果，成为她中学时最美好的记忆。1976年她随父母举家迁到了镇江，进入了镇江第一中学，镇江也是她父亲的老家。70年代末高雨青考进了南京邮电学院，那时中国的高等教育考试刚刚在"文革"后恢复。高雨青觉得自己是个幸运儿，因为那时只有2%的毕业生能够进入大学，而其中只有10%的女生。那时候性别平等并不是学校关心的事，而电子工程在规划者眼里也不是适合女生学习的。来到大学，这里的宿舍、大教室、有电脑的实验室、图书馆等设施，对于高雨青来说就是天堂。

随后的10年，高雨青获得了南京邮电大学通信工程学士和硕士学位，又在东南大学获得电子工程博士学位。那个10年里，每当过年过节她回到镇江的父母身边时，总有邻居好心地问她："你毕业了没有啊？"她也总是简单地回答一句："还没呢。"邻居们不知就里，也不知道该怎么说了。她的妹妹们常常取笑她说："下次你就告诉别人，我毕不了业了，我蹲班儿呢。"

博士毕业后她去了中国科学院，在那里，她开发了基于隐马尔可夫模型的有限的词汇的实时中文语音识别系统，这是一项重大发明。她也因此获得了国务院的表彰，被国务院和中国科学院评选为有突出成就的青年科学家。总理的表彰似乎让她离奋斗目标又近了一步。

高雨青接受美国媒体采访

1992年她到法国做博士后研究，然后，她加入了美国苹果公司，领导了苹果公司第一代中文听写商业产品的开发。1995年，高雨青加入IBM T. J. Watson研究中心。在2000年末，高雨青的语音翻译研究方案被IBM超前研究计划接收。口语到口语翻译很复杂，由各种元素组成，如语音识别、机器翻译和文字到口语转换。这样的新技术需要根据上下文增加语义，以协助语音识别。实时系统还需要解决由于算法复杂性和实时性而产生的计算强度。2001年初,IBM决定投资实时语音翻译系统的研究,高雨青被任命为研究负责人。她带领她的团队在当时世界最前沿的人工智能领域大展身手,提出了许多可行算法,发表了100多篇文章,获得30多项专利。

他们开发的系统——MASTOR,即多语言的语音翻译器,是为了在有限的物理资源的现场下工作而设计开发的。在2005年,"MIT技术评论"[麻省理工科技评论(MIT Technology Review)]将MASTOR列为将会影响人类生活的十大新兴技术之一。同一年,《时代周刊》将MASTOR列为"五大突破你想象力的技术"之一。2006年IBM选择MASTOR列为其十大创新项目之一,为其提供商业开发资金。

从中国到法国,再到美国,一路走来,高雨青始终牢记自己的两个重要指导原则:专注,风险创新。她常常感慨:如果没有那两个原则,我不可能走到当时的那个地步,将来也不会有机会继续下去。回头望去可以发现,经常会出现这种情况,就是必须在见到光明之前,就要做出决定。然而,没有挑战和克服困难的愿望,就没有创新。多年以后,当她到达法国成为博士后研究者时,"专注"这个词语,有了真正的含义。语言、环境、文化、视频和离开家庭等多种状况都是困扰。能让她继续保持专注的,是把研究作为她的重心。在她的内心,一直有一个坚定的声音对自己说,尽管目前处境困难,尽管你必须加倍地工作,你会渡过难关。高雨青的导师可以见证,她在实验室里阅读论文,推导公式,验证测试结果,日夜工作。这些经验似乎让许多希望成为科学家工程师的朋友,特别是女青年觉得障碍重重,印象中科研的道路非常艰难。但是在高雨青看来,科学研究看似有许多乏味的地方,但是最后你会发现,创新和解谜乐趣非凡。

2000年,在高雨青从事语音识别技术十四年并有一些商业产品和研究成果之后,她发现采用统计学手段开发语音技术已进入了一个成长缓慢期,她认为采用原来的手段继续改进,不会产生突破。于是她提出了一个新的提议,即基于语义的直接翻译算法。最后,她的科研

高雨青接受全美三大女杰颁奖

成果达到了预期的目标,获得了通过,该创新成果就是MASTOR。语言识别和翻译是无底的挑战。在研究中最有趣的部分是口语对口语的翻译,这需要创新

想法，寻找革命性的突破就能让全世界的人都能够容易地互相沟通。有这么多非常高的目标，他们每天都会遇到困难。她经常发现，当她克服了一个技术难题，又会有 10 个新的难题等着被攻克。每天都有新的体验，回报也非常吸引人。MASTOR 应用的巨大潜力，在日益全球化的时代更加明显，比如在人道主义救援过程中，救援人员和当地居民的沟通可以减少延误和损失，以及误解造成的冲突。MASTOR 的成就已经被许多组织认可，在 2007 年，高雨青将之转化成 IBM 的一种专业用产品。而高雨青在这个项目中起的重要作用，对她来说非常特别。她曾经这么刻画自己：听着收音机，看着公共汽车经过，想象着科学技术的发展，渴望着自己成为这个发展过程中的一部分。在那个时候，这个梦想貌似是不可能的。而今天，在众多同事和亲友的支持下，这个梦想已经成真。

高雨青现在微软公司工作，任知识图部门总监，服务于微软 BING 搜索引擎。我们知道，在美国和欧洲搜索市场主要由 Google 搜索和微软 BING 搜索瓜分。在搜索技术方面，一个重要的领域是使用知识图。当你进行搜索时，你不仅是为了查找一些链接和网页，你希望找到答案，加深了解或发现更多。因此知识图技术用于构建一张庞大的数据网络，其中包含现实世界的各种人物和事物及其之间的联系，它可以提供更有意义的搜索结果。如果你现在搜索某个人、地点或事物，就会看到由"知识图"技术提供的新信息，通常它显示在屏幕右边。"知识图"可以解答你未曾想到过的问题，也可能会看到其他人经常问的问题，并帮助你了解更多。知识图技术是充满挑战的人工智能领域，它将人类知识转化为结构化数据，为人类提供更好的服务。

高雨青胸怀远大目标，以严谨的科学态度对待工作的精神又潜移默化地影响着她的孩子。"虎妈"无"犬子"，家里自然就有一个"小老虎"成长起来。儿子看到妈妈夜以继日勤奋工作、攀登科学高峰，也下决心要做一个像妈妈一样的科学家。所以从来不需要父母督促，儿子努力学习，服务社会，关心他人。在高中期间当选为年级学生会主席，高中毕业时为年级成绩第一名，SAT（美国高考）满分，被耶鲁大学、普林斯顿大学和哈佛大学同时录取。进入哈佛大学以后，儿子继续努力又以优秀毕业生（High Honor）成绩毕业于哈佛大学经济学和数学专业。高雨青言传身教，成功地把"别人家的孩子"变成了自己家的孩子。

高雨青非常低调，甚至这多年来她至亲的妹妹们都不清楚她在国外取得的成就，三年前妹妹在一次同学聚会时说到了姐姐的名字，一位海外的同学得知高雨青是她姐姐时，肃然起敬，说："你姐那才是真牛，是真正的大科学家呀。全美三大女杰获奖者可是非同一般哟。"也就是在这个时候，家人才知道原来高雨青已经成长为一个真正的科学家,美国三大女杰之一了。

高雨青的创新动力来自于是她的信念,就是:如果消除语言障碍,使人们能够容易地相互理解沟通,世界将走向和平,这个从收音机里走出来的科学家为实现她利用技术积极改变世界的目标不懈努力着。

(赵丽江 撰)

郭圣铭

1915
|
2006

原名郭庆年,字节述,1915年2月生,镇江大路镇郭村人。华东师范大学历史系教授。祖父郭绍章,为江左名儒,道德文章,名重乡里。

早年就读于本乡张巷小学、省立南京中学。在省立南京中学,每年都是全班第一。1934年高中一年级时,跳级升入国立中央大学历史系。在校期间,曾参加"一二·九"学生爱国运动,是南京地下"学联"成员之一。抗日战争时期曾在南京、镇江参加爱国青年的抗日救亡运动。1938年大学毕业后,当过三年中学教员。1941年通过外交官考试,进入外交部工作。1944年,被教育部录取为"西洋史"公费留学研究生。1945年留学美国,致力于欧美史研究,并担任外交工作。1950年10月,应中华人民共和国之召,毅然回国,历任广西大学史地系教授、湖南师范学院历史系教授。1957年任华东师范大学历史系教授。主讲"西方史学史""史学理论与史学方法"等课程。

著有《世界文明史纲要》《文艺复兴》《西方史学概要》《马歇尔将军使华记》等,译有《美国独立宣言》《震撼世界的十天》《俄国历史地图解说》等。

解洪成

1944
｜

1944 年 3 月出生于镇江市丁岗镇葛村。江苏科技大学研究员。长期从事军工科研和产品开发,舰船武器指挥控制和装备综合保障领域资深专家。

1967 年毕业于国防科委所属太原机械学院(现中北大学)特种自动控制专业。曾在中国舰船研究院第 716 研究所工作 17 年,从事舰船各类武器的指挥控制系统研制,任产品研制负责人。产品列装于国内海军各型舰船,成果获中国船舶工业科技进步一、二、三等奖(部级)及国家科技进步二等奖。

1986 年调入镇江船舶学院(今江苏科技大学),先后任科技处处长、硕士研究生培养点负责人和《江苏科技大学学报》(国内核心期刊)主编,并从事舰船装备自动化、可靠性、人机系统研究。1998 年以来重点转向装备综合保障工程领域,以深入研究国外同类系统和客户需求为基础,担任总设计师主持研制了国内首例舰船综合保障系统,并成功应用于出口某国海军的多艘水面舰船,获得用户高度赞赏;指导了 10 届 11 名硕士研究生;研究项目获省、部级科技进步一、二、三等奖。著作有《舰船产品可靠性工程基础与管理》《数据融合技术及其应用》《装备保障性分析和数据管理》。1992 年入选《镇江人物辞典》。受聘兼任第一、第二届中国船舶工业国防科技预研专业组专家,中国船舶工业集团公司军工科研专家组专家。

2007 年以来受聘于北京某研究所综合保障事业部任技术顾问,指导综合保障工程产品开发和技术服务,范围涵盖航空、航天、电子、船舶、兵器、核工业等行业和各军兵种有关机构,并直接为国产舰船、军/民用大飞机、航天产品等综合保障提供技术指导和业务培训。

戴敬秋

1 9 4 9

|

1949年9月生,镇江大路镇西戴村人。研究员级高级工程师。1965年大路镇中学毕业,1968年儒里中学毕业,曾任工作队员、大路镇公社农技站技术员。1973年9月至1977年1月在华东水利学院(现河海大学)军港建筑专业学习。毕业后先后在江苏省治淮指挥部、江苏省水利勘测设计院、江苏省水建总公司、江苏省苏北供水局工作,于江苏省水利工程质量监督中心站退休。

戴敬秋工作经历颇为传奇,涵盖了工程建设领域设计、施工、监理、建设管理、质量监督全部单(岗)位。工作业绩成果斐然:1985年10月至1987年5月作为中国水利专家组成员赴孟加拉国参加援外工程建设,1986年3月受到赴孟加拉国访问的国家主席李先念接见。1988年5月至1996年4月担任江苏省水利勘测设计院院长助理期间,参与组织、主持了江苏省通榆河和治理淮河、太湖及南水北调等大型工程设计。1993年12月至1996年4月任江苏水利大厦(省防汛调度中心)工程总监理工程师,该工程获得1996年国家优质工程——鲁班奖(全国建筑行业工程质量的最高荣誉奖)。1996年至2003年任江苏省水建总公司副总经理,主管生产和安全,期间担任项目经理的泰州引江河高港枢纽(1996年12月至1999年9月)获2001年江苏省优质工程——扬子杯奖(江苏省建筑行业工程质量最高荣誉奖);担任淮河入海水道滨海枢纽立交地涵工程项目经理(2000年10月至2003年4月),入海水道工程获得2006年国家优质工程——鲁班奖。2003年底任江苏省苏北供水局总工程师。2004年至2013年先后任南水北调东线解台站工程建设处、泗阳站工程建设处常务副主任兼总工程师,解台站工程获2016年中国水利优质工程——大禹奖(全国水利工程质量最高荣誉奖)。

撰写的《南水北调东线解台泵站基坑降水研究》《水工混凝土

施工期常见裂缝成因与综合控裂措施》《水利工程安全文明施工现状剖析及对策探讨》等9篇论文先后在《建筑科学》《水利水电科技进展》《南水北调与水利科技》《江苏水利》等国家级核心期刊或省级期刊上发表。作为主要完成人之一的科研项目"江苏省水工混凝土温控防裂技术研究"项目获2009年江苏省水利科技优秀成果一等奖;"淮河入海水道近期工程关键技术研究与实践"项目获2013年度水利部淮河水利委员会科学技术一等奖。

个人获得的主要荣誉有:1999年江苏省建筑业质量管理先进个人;江苏省人事厅、水利厅1999年泰州引江河建设先进工作者(享受市级劳模待遇);2000年江苏省水利行业科技教育工作先进工作者;2001年江苏省水利厅系统优秀党员;2002年江苏省建筑业安全生产先进个人;中国水利电力质量管理协会2002年水利系统部级质量管理小组活动优秀领导者;江苏省总工会2006年重点工程劳动竞赛功臣个人;中国水利工程协会2007年淮河入海水道工程建设主要参与人员荣誉证书;江苏省南水北调办公室2009年度、2010年度南水北调工程建设管理先进工作者;国务院南水北调办公室2011年度南水北调工程建设安全生产管理优秀个人;中国水利工程协会2016年南水北调解台站中国水利优质工程奖主要贡献人荣誉证书。

2012年受聘担任江苏省重点水利工程建设项目稽查特派员。2015年龟山闸工程和2016年大港泵站工程建设期间,先后带领省水利厅稽查组专家稽查并指导镇江新区水利工程建设。工作经历和事迹先后被以下媒体报道:2008年江苏省水利厅精神文明建设办公室编辑出版的《水利人风采录》;徐良文、张国擎、周伟著的《南水北调东线工程建设纪实:三千里路人和水》(江苏文艺出版社2013年版);水利部精神文明建设指导委员会办公室编辑的《中国水利人(1)》(中国水利水电出版社2016年版)。

魏长发

1 9 3 3

|

1933 年 7 月生,镇江姚桥镇人。1955 年南京师范学院(今南京师范大学)地理系毕业后留校,曾任地理系主任。主讲"中国自然地理学""土壤地理学"和"地理学引论"等课程。

20 世纪五六十年代曾参加江苏省土壤普查、洪泽湖水产资源调查、中国科学院内蒙古宁夏队综合考察和江苏省农业区划等科学考察和研究工作,其中江苏省农业区划工作获全国科学大会奖。20 世纪 70 年代以来,参加了江苏省农业地理、江苏省黄河故道综合考察、江苏省国土资源、江苏省黄淮海平原土地利用规划和长江三峡地区水利枢纽兴建后土壤环境的变化及其预测研究等科学考察工作。其中第一、二项分别获中国科学院科技进步一等奖和江苏省政府科技进步三等奖。发表的论文主要有《江苏省海滩的围垦和利用》《试论九江——庐山区冈地的土被》《三峡地区的土地利用》等。任江苏省地理学会副理事长,江苏省地理教育专业委员会主任,江苏省中小学教材审查委员会委员。

文学艺术

王桂宏

1955

　　1955 年 4 月生，江苏姜堰人。中共党员。1977 年 1 月至 1987 年 5 月在部队服役，先后任陆军第 60 军干部处、第一集团军干部处正连职干事。1987 年 5 月至 1988 年 12 月任中共镇江市委宣传部干事。1988 年 12 月任中共镇江市委研究室主任。1996 年 8 月至 1999 年 12 月任镇江市供销社纪委书记。1999 年 12 月至 2016 年先后任镇江新区纪工委书记、党工委副书记兼任新区人大工委副主任、主任。2016 年退休。

　　1977 年在第 60 军 178 师炮兵团荣立二等功一次。1978 年在部队研制成功以汽车发动机或 2.5 千瓦交流电动机为动力的电动擦炮机，南京军区授予其科技成果奖，《解放军画报》1981 年第 3 期刊登新闻照片。转业地方后，1999 年 1 月，王桂宏被中共江苏省委、省政府授予"优秀纪检监察干部"称号；2001 年 6 月，中共江苏省委授予其"优秀党务工作者"称号；2011 年 6 月，中纪委、监察部给予王桂宏通令嘉奖。

　　王桂宏从小热爱文艺创作，现为中国作家协会会员，中国散文家协会会员，江苏省作家协会会员，笔名路石。2009 年上海文艺出版社出版其中、短篇小说集《野桂花》；2011 年作家出版社出版其中篇小说集《野梅花》；2015 年江苏文艺出版社出版其报告文学《新城记》；2014 年至 2016 年先后由天津百花文艺出版社、江苏凤凰文艺出版社、上海文艺出版社出版其《乡愁》系列散文集三部。长篇小说《浮茶》于 2018 年由江苏人民出版社出版发行。先后创作出版近 200 万字的文艺作品。2013 年 12 月，中国小说学会对中篇小说《无墓坟》颁发"中国当代小说奖"。2018 年 6 月，作品《乡愁·镇江卷》荣获第八届冰心散文奖优秀奖。

王震坤

1 9 5 5
|

镇江大港镇唐村人。平面视觉设计家、插图画家、漫画家。早年从事纺织品图案设计、连环画创作。20 世纪 80 年代起任《金岛》《上海文坛》《社会》等数家杂志美术编辑,1999 年任文汇新民联合报业集团《新民周刊》美术总监,现任上海市作家协会《上海作家》《上海诗人》美术编辑。

主要出版作品:漫画专辑《食色绘》(上海书店出版社,2012 年)。

孙绍芹

1882
|
1942

外号"空空道人",镇江大路镇新港杏花村人。其父为晚清进士。

孙绍芹青年时代目睹清廷腐败,即投笔从戎,追随大港赵光(赵声胞弟,后为革命军粤军司令)参加辛亥革命。1912年,孙绍芹进镇江教育家杨邦彦创办的师范讲习所学习,学成后回乡办学。此后,因擅长金石书画,应镇江烟酒专卖局之聘,从事文牍工作。数年后自立门户,专事翰墨生涯,求书画者络绎不绝。镇江市区诸多商号市招,东乡堂匾寿额,多为孙绍芹之手笔。其金石亦颇具声望,无论水晶、象牙、玉石,或隶篆或正草,均各具风格。因金石书画俱佳,曾赴汉口办过个人书画展。孙绍芹在东乡所留墨迹已不多见、唯小港小学内尚存匾额一块,上书"里被和风"四个大字保存尚好。该匾是小港赵氏族人为纪念赵念祺六十寿辰所制。赵念祺热心公益,兴学校,修宗谱,倡导善举,为村民称颂。

孙绍芹亦具爱国爱民之心,曾作诗颂扬秋瑾、徐锡麟等革命党人。日寇侵犯国土,中国守军牺牲巨大,孙绍芹多次赋诗痛悼阵亡将士。大路镇地区数度遭水灾,孙绍芹赴镇江义卖书画,购面粉、干粮赈济饥民。

沙清泉

1 9 1 6
|
1 9 9 8

原籍镇江大港镇,出生于上海。木刻家。

幼年曾学医道,后在上海进钱庄当学徒,就读于中华职业夜校。加入读书会及职业家救亡协会,从事抗日宣传工作。在上海曾与木刻工作者马达创办木刻研究班。1938 年 6 月中华全国木刻界抗敌协会成立,沙清泉被选为理事,并连任两届。曾受聘为陕区木刻指导员。出版拓印木刻《刀痕》一、二集及选集。抗战期间创作《保卫祖国的巨人》等多幅作品被选送英、印、美、苏展出。创作《天灾? 人祸!》选入《八年抗战木刻选》;《松鼠与狼》1981 年被选送至香港参加鲁迅先生百年诞辰展,部分作品在美《华侨日报》《北美日报》等处发表,亦有作品为中国美术馆及河南省文史馆等处收藏。

曾为河南省版画学会副会长,郑州市版画研究会名誉会长,郑州市漫画研究会艺术顾问,河南省文史馆馆员,中国美术家协会会员。

[链接]

早在 20 世纪 30 年代,沙清泉即投身于鲁迅先生所创导的新兴木刻版画运动,参加"抗战七君子"之一李公朴创办的木刻研究班和邹韬奋先生倡导的上海职业界抗日救亡工作。以刀为笔,以刀带枪,创作了大量宣传抗日救亡、呼吁团结抗战的木刻版画作品,是中华全国木刻界抗敌协会(后更名为中国木刻研究会)的创始人之一。沙清泉先后在河南新郑、禹县、鲁山、叶县、洛阳,陕西兴平、西安、汉中、韩城,河北石家庄等地举办抗战救亡版画展。1944 年,其抗战代表作《天灾? 人祸!》《逃亡》《保卫祖国的巨人》等参加世界反法西斯巡回展,曾在美、英、苏、印等国巡回展出。沙清泉早期抗日救亡、反法西斯的作品可以说是中国版画界抗日救亡的一面旗帜。

中华人民共和国成立后，沙清泉自河北调至河南省文联从事美术编辑和创作工作。期间创作了大批反映新中国改天换地、人民当家做主的优秀作品，受到广泛好评。1956年遭受错误路线的冲击，被停止工作，下放劳动。然而他在长期遭受非正常待遇的同时，仍然对生活充满希望，对人民充满着无限的热爱，从未放下他视为生命，为社会带来光明、希望、快乐和幸福的刻刀，他刀耕不辍，大量优秀的作品就是在这种环境中诞生的，正如我们看到的《小菊》《女焊工》《假日》《晚归》《师徒》《粮仓》《春燕》《探春》《铜墙铁壁》《晨曦》等作品。沙清泉热爱生活、宁静淡泊、玉洁冰清、铁骨柔肠之个性若在眼前。20世纪70年代末，艺术与我们伟大的民族一起迎来了自己的春天。沙清泉更是焕发了艺术青春，以手中的刻刀奏响着歌唱祖国、歌唱改革开放的华美乐章。《烟雨昆明湖》所表现的静谧祥和，《山乡晨曲》所表现的春江水暖的欢快，《少林寺山门》《嵩岳北魏砖塔》《苍岩古刹》所表现的盎然生机、古刹新貌使人神往；《鸡公山报晓峰》《初冬新绿》《春绿太行》《千年虬龙》《闹春》《昂首阔步》《黄河春潮》《太行牧歌》，无不向人们诉说着祖国天翻地覆的变化，给人愉悦，催人奋进。这是一个老艺术家对艺术、对民族、对国家的真挚情怀。1991年，中国美术家协会授予沙清泉"三四十年代有贡献的老版画家"奖章。

沙清泉去世后，其家属将其毕生创作的艺术作品和创作原版计200多幅捐赠给了他的家乡——江苏镇江博物馆。2010年前后，他的六名子女又将他们手中珍藏的部分作品计170多幅捐赠给了河南省美术馆，填补了河南美术史的一项空白。

青年时代的沙清泉在上海用一把修脚刀当木刻刀开始了他的刀刻人生。淞沪战役后，他跟部队撤往后方，途中失散，只身一人随难民潮颠沛流离到了河南。一路上打短工、要饭维持生计，就这样，他仍未忘记自己是个战士，栖身在马棚、羊圈里时，也常常拿出从不离身的刻刀，捡一块木片或砖头刻画出一幅幅激励人民鼓舞抗争的作品。1938年中国木刻界抗敌协会成立，他当选为理事，嗣后两届均为理事，并为陕西木刻指导员。曾出版拓印木刻《刀痕》一、二集及选集。抗战时，多幅创作选送英、印、美、苏展出。木刻《天灾？人祸！》选入《抗战八年木刻选集》；1944年，他的作品被世界反法西斯联盟选出，代表中国到苏、美、英、印等多个国家巡展，为中国抗日军民赢得了世界人民的尊重、理解和支持。

中华人民共和国成立后，有关方面邀请他到北京，在中国最高艺术殿堂任职,他再次选择留在河南。1950 年,河南省文联在开封成立,沙清泉调入省文联任美术创作员和美术编辑,成为河南省文联第一代文艺工作者。

20 世纪 90 年代,版画因费时费力且效益不佳而日渐衰微,年过七旬的沙清泉经常骑着自行车四处奔波,采风创作,用他的话说,"要是早些年能这样该多好"。他把自己刻印出的版画作品,像当年抗战时流亡途中那样,用细细的线绳挂在中学、大学校园里的树间展览并亲自当解说员。

《松鼠与狼》1981 年参加香港举办的鲁迅先生百年诞辰展。部分作品在美《华侨日报》《北美日报》发表。20 世纪八九十年代,沙清泉被邀到全国大、中小城市展出 20 次。1994 年在南京出版画集《刀痕》。中国美术馆、河南省文史馆等处收藏他的多幅作品。沙清泉荣获中国新兴版画奖,曾任河南省版画学会副会长、郑州市版画研究会名誉会长、河南省中山书画院副院长、河南省文史馆馆员等职。

张君秋

1 9 2 0

│

1 9 9 7

　　原名滕家鸣,字玉隐,祖籍镇江姚桥镇三七分赵村。1920年生于北京。京剧表演艺术家,四小名旦之一,旦角张派创始人。他自幼家贫,随母张秀琴在各地客串演出,后经李多奎介绍,14岁拜李凌枫为师,专攻青衣。1935年,与雷喜福合作在北京吉祥戏院首次登台,以优越的嗓音条件和娴熟的演唱技巧赢得了观众的好评,以一出《女起解》唱红。

　　1936年,北京《立言报》举行公开投票选举,推选"四大童伶",张君秋与李世芳、毛世来、宋德珠被选中(后世称"四小名旦")。报界评价其"扮相,如窈窕淑女,似梅;唱功,有一条好喉咙,似尚;腔调,婉转多音,似程;做工,稳重大方,似荀"。他的嗓音"娇、媚、脆、水",甜润清新,高低随意,舒展自如,梅派的华丽、尚派的刚劲、程派的轻柔、荀派的婉约都被他很好地融合在自己的表演艺术风格之中。后拜王瑶卿为师,并得梅兰芳、程砚秋、尚小云、荀慧生、阎岚秋、朱桂芳等指导。

张君秋

早期演出剧目主要是《祭江》《雷峰塔》《玉堂春》《春秋配》等青衣唱功戏。

　　1942年自组谦和社挑班。张君秋常与合作的演员有孟小冬、王又宸、谭富英、马连良。1947年起与马连良、俞振飞在香港演出数年。1951年返京,与马连良、谭富英、裘盛戎组成北京京剧团,曾合作演出了《龙凤呈祥》《秦香莲》《赵氏孤儿》《状元媒》《望江亭》《西厢记》等。1956年张君秋的北京市京剧三团和马连良京剧团及谭富英、裘盛戎的北京京剧二团合并,组成了阵容强大的北京京剧团。

"文革"后复出,他把主要精力放在京剧教学方面,广收海内外弟子。1986年,应天津市政府领导之邀主持天津市青年京剧团百日集训。后接受全国政协主席李瑞环委托,担任《中国京剧音配像精粹》的艺术总顾问,到他逝世为止,共完成京剧音配像120部,为京剧艺术的流传做出了巨大贡献。

1997年5月27日,京剧大师张君秋逝世。

[链接]

[职务荣誉]

张君秋历任中国人民政治协商会议全国委员会委员、中国文学艺术界联合会副主席、中国戏曲学院副院长、中国戏剧家协会副主席等职。1990年被美国林肯艺术中心和纽约美华艺术协会授予终身艺术成就奖和林肯大学人文学荣誉博士学位。

[代表剧目]

《四郎探母》《龙凤呈祥》《红鬃烈马》《打渔杀家》《审头刺汤》《四进士》《三娘教子》《苏武牧羊》《春秋配》《诗文会》《状元媒》《金山寺·断桥·雷峰塔》《刘兰芝》《望江亭》《西厢记》《秦香莲》《赵氏孤儿》《楚宫恨》《彩楼记》《怜香伴》《珍妃》《秋瑾》《芦荡火种》等。有《张君秋戏剧散论》行世。

[社会评价]

张君秋丽质天成,扮戏有雍容华贵之气,嗓音清脆嘹亮,饱满圆润。在演唱上吸取了梅兰芳的"甜",程砚秋的"婉",尚小云的"坚",荀慧生的"绵",合四大家之长而一,形成了张君秋所独具的刚健委婉、俏丽清新的演唱风格。其歌喉之佳,名列"四小名旦"之冠。他在演唱上的特点,主要在两方面:一是唱法上灵活多变;一是创制新腔。在演唱上,他注重以调节气息的方法控制声音的变化,高、低、轻、重,各类声音他都唱得完美自如,寓华丽于端庄,在典雅中见深沉,即所谓涵腔唱法。无论在唱法、创新腔上,他都遵循着从人物出发,为抒发角色感情的需要这一原则。如《望江亭》中的[南梆子]唱段:"我只说杨衙内又来搅乱,却原来竟是个翩翩的少年。"他在声音的控制和旋律的变化上,都是紧紧地围绕表达谭记儿此时此刻心情——惊喜交加及对白中的爱慕之情这一内容的。因此,张君秋的演唱又具以声传情、声情并茂的特点。张君秋是"四小名旦"中艺术生涯最长、成就最显著者。

他的演唱吸收了其他行当及曲艺、歌曲的菁华,在梅派的基础上,创造出大量新腔,形成了"张派"。

[亲传弟子]

张君秋的学生遍及全国各地,有近百名之多,主要有:

王蓉蓉——北京京剧院,国家一级演员,首届京剧优秀青年演员研究生班学员,是张君秋先生的亲传弟子,梅花奖得主。

赵秀君——天津青年京剧团,国家一级演员,梅花奖得主。

张　萍——北京军区政治部战友京剧团,国家一级演员。

董翠娜——烟台市京剧团团长,国家一级演员,第十六届中国戏剧梅花奖得主。

蔡英莲——中国戏曲学院表演系教授,国家级传承人。

张学敏——天津京剧院,国家一级演员。

薛亚萍——山东省京剧院,国家一级演员,享受国务院政府特殊津贴,第八届中国戏剧梅花得主,名列当代"中国京剧八大名旦"之一。

杨春霞——北京京剧院,国家一级演员,第六届中国戏剧梅花奖得主。

杨淑蕊——北京京剧院,国家一级演员,第二届中国戏剧梅花奖得主。

雷　英——天津青年京剧团,国家一级演员。第68位弟子。

王婉华——武汉京剧团演员。

关静兰——北京京剧院,国家一级演员,第十届中国戏剧梅花奖得主。

孙淑珍——上海。

刘明珠——天津京剧院演员。

张晓虹——贵阳市京剧团,国家一级演员。

彭泽林——湖北省京剧院,国家一级演员。

[张派传人]

张派传人遍及全国,其中有吴吟秋、温如华、李炳淑、杨春霞、薛亚萍、董翠娜、杨淑蕊、王婉华、雷英、王蓉蓉、张萍、赵秀君、彭泽林等。

陈识金

1 9 4 2
丨

1942 年 10 月生,镇江大路镇人。军队作家。高中毕业后,
1963 年加入中国人民解放军,历任战士、宣传干事、科长、中国人民
解放军南京政治学院宣传处长。1988 年被授予上校军衔。

1965 年至今,曾在国内多种报刊上发表小说、诗歌、散文等各
类文章共 1000 多篇,其中 1983 年创作的《血战河西走廊》由徐向
前元帅题写书名,解放军出版社出版。近几年又陆续出版了《征途
回忆》《三闯狮子院》《风雨五十年》等 7 部著作。先后获一等奖 1
次,二等奖 3 次,优秀论文奖 3 次。被评立为南京军区新闻战线上
的标兵,《解放军报》《人民前线报》都曾予以表彰。他还是中国作
家协会江苏省分会会员,中国散文诗学会会员,《解放军报》特约通
讯员。

陈金雀

————

1 8 0 0

|

1 8 7 7

　　原名姚大荣,号煦堂,祖籍镇江姚桥镇,出生于金匮(今无锡市)。昆剧演员。清嘉庆年间,由苏州进京,随母改姓陈。入南府拜孙茂林为师,习小生。首演《乔醋》,因演唱出色获嘉庆皇帝赏识,赐名"金雀"。常在清廷宫内供奉演唱。道光七年(1827),南府改升平署,戏班中除太监外,民籍艺人全部裁退,并勒令返回南方。唯他因故留京,得以搭四喜班,续演30余年。咸丰十年(1860),为咸丰皇帝准备祝寿演出,挑选宫外艺人20名,他位列名首。是年五月,咸丰皇帝下谕挑选梨园教习,他入选,教小生,仍不时露演。同治二年(1863),清宫再次裁退民籍艺人,他居家养老,并教儿孙习艺。生有三子一女,长子寿山、次子寿彭、季子寿峰、孙嘉梁(寿峰长子)皆从艺。女嫁名伶"同光十三绝"之一梅巧玲(梅兰芳祖父)。光绪三年(1877)十二月初三日,逝于北京寓所。

宗家顺

1 9 5 5

|

字迦舜,号逸山,1955 年出生于镇江大路镇。1962 年 9 月至 1972 年 12 月就读于宗张小学、宗张中学。北京师范大学研究生学历。师从赵朴初、刘炳森、王任诸先生。现为中国书法家协会理事,中国书法研究院副院长,中国民族书画院副院长,北京市西城区文联顾问,北京市西城区书协顾问。中国佛教协会原副秘书长。1972 年 12 月高中毕业。1972 年 12 月至 1974 年 12 月在大路镇公社宗张八队务农。1974 年 12 月至 1975 年 12 月在中国人民解放军总参谋部第一测绘大队工作。1975 年 12 月至 1985 年 12 月在总参谋部政治部宣传部、文化部工作,历任战士、放映员、放映组长。1985 年 12 月至 1986 年 6 月转业至中国佛教协会办公室工作。1986 年 6 月至 1992 年 8 月在全国政协副主席、中国佛教协会会长赵朴初办公室任秘书。1986 年至 1992 年底,在赵朴初先生身旁做秘书工作,长时间向赵朴初先生学习儒学、佛学、书法和诗词。

1992 年 8 月至 2010 年 2 月在中国佛教协会教务部工作,历任主任科员、副主任(主持工作)、主任。2010 年 2 月至 2015 年 5 月任中国佛教协会副秘书长。2015 年 6 月退休。

宗家顺自幼喜爱书法,1977 年至 2005 年拜著名书画家刘炳森先生为师学习书法;1982 年后,又向著名书画家王任先生学习书法、绘画和篆刻。

宗家顺是著名的书法艺术家,他擅长行书和隶书,兼作楷、草,其书法风格的显著特点是静穆儒雅,禅意和书卷气极浓。行书宗法"二王",博采众家,形成了自家简静平和、凝重文雅的面貌;隶书沉稳厚重、俊逸洒脱。

宗家顺除经常参加国内重大展览并获大奖外,亦在日本、澳大利亚等地多次举办个人书法篆刻展。因此,他的书法艺术,为国内外书法界和收藏界人士熟悉和称道,享有很高的声誉。

宗家顺为许多佛教寺院题写过匾额及抱柱楹联;其作品多被艺术博物馆、美术馆、收藏家、中外学者等收藏。

赵无极

———————

1 9 2 1

|

2 0 1 3

　　1921 年 2 月 13 日生,镇江大港镇人。华裔法国画家。童年在江苏南通读书,并学习绘画。1935 年入杭州艺术专科学校,师从林风眠。1948 年赴法国留学,并定居法国。在绘画创作上,以西方现代绘画的形式和油画的色彩技巧,参与中国传统文化艺术的意蕴,创造了色彩变幻、笔触有力、富有韵律感和光感的新的绘画空间,被称为"西方现代抒情抽象派的代表"。曾为法兰西画廊终身画家、巴黎国立装饰艺术高等学校教授,获法国骑士勋章。曾在世界各地举办 160 余次个人画展。2013 年 4 月 9 日,因病医治无效在瑞士沃州逝世。

[链接]

赵无极与祖父之间的文化传承

　　赵无极,享誉世界的绘画大师。赵无极的祖父讳鸿纬,字绍甫,大港乡绅。

　　《大港赵氏分谱——桐煜分》是赵绍甫主持续修的家谱,其中记载:镇江大港赵氏始祖赵子褫为宋太祖六世孙,建炎三年(1129年)迁居镇江大港。

　　赵无极在自传中说:祖父"任性怪癖,抗拒一切清规戒律"。

　　赵绍甫有了长孙,却不按谱牒所定的字序取名,而用道家的"无"字给孙辈排行,为他心爱的长孙取名"无极"。对此,戏称他为"绍甫疯子"的大港宗亲也不见怪。

　　其实修谱的绍甫公深知,家谱在明代就以《希真子传》一文倡导由道家开启的人文精神。绍甫公为长孙取名"无极",不是要孙子去做道士，而是期望孙子追求文化，弘扬大道。

1921年，无极之父赵汉生调南通任银行经理，出生半年的赵无极随父母迁居南通。赵绍甫爱孙心切，就不顾车船颠簸来往于大港与南通之间，后来干脆在南通住下，直到无极到杭州上学才回到大港。赵无极在自传里深情回忆说：父亲在外忙于公务，祖父在家负责教我读书，"为了教我认字和写字，祖父不停地在一些物体上写上标明这些物体名称的正楷字"，"我认识的第一个词是'西瓜'。在炎热的暑天，馋嘴的儿童是喜欢趴着桌子啃西瓜的，祖父在这西瓜上，四面八方画了许多棕色和绿色的弯弯曲曲的线条。我对这些乱涂乱画具有深刻的印象。这些线条并不意味什么，但却必须具备非凡的灵活和功力"。

绍甫公对无极的教育不仅是启蒙，更重要的是给无极打下了坚实的国学功底。赵绍甫出道于大港天香阁私塾。天香阁把书法当作必修的基本功，强调在书法用笔的起承转合、无往不复、相反相成的过程中体会中国文化的哲学精神；在书法凝神运气、澄怀味象的把握中陶冶人的性情；在对书法道理的透悟理解中旁通各门文化。在《大港赵氏分谱——桐煜分》中，有绍甫公用小楷抄录的一篇序言，从他书写的精美小楷里可见其深厚的道行涵养。绍甫公继承天香阁的传统，通过书法启蒙智慧，培养触类旁通的悟性。在爷爷的悉心调教下，无极6岁时练就了书法童子功，打下了与西方画家不同的基础。

无极说："慈爱而古怪的祖父，对书法美的要求，从不马虎，尽管对这个学书法的学徒要求十分严格，但在他的监护下，并不真的苛求，反而成为他快乐的泉源。""这种严格而又溺爱的教育，一直延续到我考入'国立艺专'，并培养了我继续钻研的兴趣。今天，我仍有时会在一幅未完成的图画前，待上几个小时，就像我童年时代俯着身子，刻苦钻研那些要等好久以后才能领会那些一窍不通的诗句的意义一样。当我努力去完成作品的时候，也像我当年学写字时一样，领略到一种无穷的乐趣。"

祖父培育无极的国学素质与根基,正如祖父给他起的"无极"之名,无极而太极,其道至大而无不包,其用至神而无不存。赵无极走向世界,用中国文化的意象精神与用笔之道驾驭油画工具,创造出虚实变幻、五彩缤纷、富有韵律感和光感的新空间,作品以抽象的形式传达天地之道与人性之美。世人称无极为"西方现代抒情抽象派的代表",其实他用天人合一的东方心性,阐释五彩缤纷的绘画,抽象以超逸玄妙的形上意义,是一个开拓中国文人画新天地的中国文化使者。

无极在西方把祖父寄予他的无限希望化生为一方绚丽多彩的世界,在祖父留下的家谱上用画笔续上了一颗耀眼世界的"无极"之星。

(赵金柏撰,刊于 2013 年 4 月 21 日《京江晚报》)

赵文元

1946
|

1946 年生,镇江丁岗镇人。国家一级美术师。1964 年入伍,
1969 年至 1987 年先后入浙江美术学院(今中国美术学院)国画系、
解放军艺术学院美术系、中央美术学院国画系深造。历任江苏省
美术家协会副主席,江苏省徐悲鸿研究会副会长,江苏省年、连、
宣、漫艺委会主任,中国工笔画协会理事,江苏炎黄画院院长,中国
美术家协会会员,中国美协江苏创作中心副主任,江苏省文联书画
研究中心副主任,中国画写意艺术研究会副会长,南京军区政治部
文艺创作室副主任。

　　1967 年至 1968 年参加了蔡永祥烈士事迹陈列馆、蔡永祥纪念
馆的美术创作工作。

　　1972 年《亲切的关怀》等三幅作品入选第一届全军美展,《胡
千里行》《千金》入选第七届全国画展,《新婚别》《虢国夫人游春图
(续)》入选第八届全国画展,《雪顿节》《义勇忠魂》《岳飞传》入选
第九届全国美展。《女兵》《丫丫》《雪顿节》等 20 多幅作品在全国、
全军、省美展中获奖。有 40 多本(套、幅)作品出版,1998 年底在

江苏省美术馆举办了第五次个人画展,2001 年又在广东汕头举办了个人的第六次大型画展。出版有《赵文元画选》《当代江苏画派名家赵文元》《当代江苏画派名家作品集》(合集)。多年来创作过油画、宣传画、连环画、年画、插图和国画中的工笔写意、山水、花鸟、人物、动物等大量作品。近年来赵文元又认真地寻找艺术突破口,对画马做了更深入的研究和探索,最近由甘肃人民美术出版社出版的《文元画马——赵文元画马专辑》就比较集中地体现了他对画马的研究和探索。

赵丽江

1 9 6 5

　　女,1965 年 4 月生,镇江大港镇人。江苏省首届十大名记者。目前为镇江市广播电视台高级记者,《法治进行时》栏目制片人。1984 年 7 月毕业于江苏省丹阳师范学校(现镇江高专丹阳师范学院)。1984 年 7 月至 1991 年 11 月任职于镇江市京口区教育局、教研室。1991 年 11 月至 1994 年 7 月任职于中共镇江市京口区委统战部。1994 年 7 月至 1996 年 5 月就职于江苏镇江广播电台,为记者。1996 年 5 月至今在镇江市广播电视台工作。镇江市"169"学术技术带头人,全国电视艺术家协会会员,江苏省电视艺术家协会会员,全国女导演俱乐部理事,江苏省新闻专业人员高级专业技术资格评审委员会成员,江苏省金凤凰奖评委。现任镇江市广播电视台民生频道制片人。自 1994 年参加广播电视工作以来,在新闻理论研究和实践中,坚持学以致用,理论成果和优秀作品不断,有数十篇作品分获全国、全省一等奖,并有数十篇论文在全国核心期刊发表。

　　获奖作品如下:

　　(1)国际奖项:《追梦》2009 年入围第六届半岛国际电影电视节;纪录片《观音手》2008 年入选第四届半岛国际电影电视节;纪录片《飘舞的黄丝带》入选 2009 年德国女性电影节和第五届半岛国际电影电视节。纪录片《观音手》2007 年被文化部选中译成十国语言和文字送往 130 个国家展映;纪录片《飘舞的黄丝带》2008 年被文化部选中译成十国语言和文字送往 130 个国家展映。

　　(2)国家级奖项:纪录片《人生当歌》2008 年获全国第三届女性风采电视大赛一等奖;《"老字号"的新困惑》获 2013 年 9 月中国广播电视协会一等奖(国家级);《亚夫追梦》获 2013 年 12 月中共

中央组织部一等奖(国家级);《六一特别节目——少儿法庭》获 2014 年 10 月中国广播电视协会一等奖(国家级);纪录片《追梦》2009 年获全国第三届女性风采电视大赛二等奖;纪录片《观音手》获中国纪录片委员会 2006 年度国际选片会二等奖;纪录片《人生当歌》获中国纪录片委员会 2007 年度国际选片会二等奖;纪录片《飘舞的黄丝带》获中国纪录片委员会 2008 年度国际选片会二等奖;《推拿师虐妻案追踪》获中国广播电视协会 2011 年法制节目二等奖;2011 年、2012 年、2013 年《法治进行时》连续三年获中国广播电视协会十佳栏目提名,国家级二等奖;《"猴"奶奶》获 2004 年中国广播电视学会纪录片银奖;《江苏最大走私固体废物案开审》获中国广播电视协会 2014—2015 年法制节目二等奖;专题《"楼多多"事件》获中国广播电视协会 2011 年法制节目三等奖;《退休民工:我的工伤谁担责》获 2012 年 8 月中国电视艺术家协会好作品奖(国家级);《我想有个家》获 2012 年 9 月中国广播电视协会三等奖(国家级);《我们在一起》获 2014 年 10 月中国广播电视协会三等奖(国家级);《法治进行时》获 2011 年度全国法制好新闻电视专栏三等奖;通讯《有阳光,就有我的梦》获中国广播电影电视报刊协会二等奖(第一作者)。

（3）省级奖项:2009 年电影《小城大爱》获江苏省第七届"五个一工程"奖(赵丽江担任副导演,剧本系根据她主创的纪录片《飘舞的黄丝带》改编);2002年度新闻专题《因为有爱》获江苏省电视新闻节目一等奖;2005 年度纪录片《观音手》获江苏省电视社教节目奖一等奖;2006 年纪录片《观音手》获江苏省第 22届金凤凰奖一等奖;纪录片《人生当歌》获 2006 年度江苏省电视社教节目一等奖;纪录片《岁月如歌》获 2007 年度江苏省第 23 届金凤凰奖一等奖;纪录片《飘舞的黄丝带》获 2007 年度江苏省电视社教节目一等奖;新闻专题《烈火中永生》获 2008 年度江苏省电视新闻节目一等奖;科教片《稻鸭共作技术》获 2006 年度江苏省科普节目一等奖;科教片《直播稻栽培技术与管理》获 2007 年度江苏省科普节目一等奖;少儿节目《田间寻歌》获 2008 年度江苏省少儿节目一等奖;《"大爱镇江"年度新闻人物颁奖晚会》获 2008 年度江苏省电视文艺晚会类节目一等奖。江苏省优秀社教栏目《法治进行时》2013 年 5 月获江苏省政府奖一等奖;《特殊的工伤》获江苏省第二届(2013、2014 年度)法律援助好新闻一等奖;《共同背起这沉重的爱》获 2001 年江苏省电视新闻二等奖;《当锅盖面遭遇连锁店》2013 年 5 月获江苏省政府奖二等奖;《六一特别节目——少儿法庭》获江苏省少儿节目二等奖;《因为有爱——水漫金山》获 2007 年江苏省政府奖三等奖;《沸井探秘》获 2007 年江苏省政府奖三等奖;《大棚草莓栽培技术》获 2008 年江苏省政府奖三等奖。

学术论文如下：

《纪录片创作中的女性特质》，发表于《中国广播电视学刊》2007 年第 10 期（全国中文核心刊物）；《女编导在女性电视节目中的作用》，发表于《当代电视》2008 年第 4 期（全国中文核心刊物）；《谈纪录片〈飘舞的黄丝带〉的创作》，发表于《当代电视》2009 年第 4 期（全国中文核心刊物）；《奥运报道中的乡土情结》，发表于《民族影视》2009 年第 3 期（国家级刊物）；《人文关怀——新闻工作者的另一种职业道德》，发表于《民族影视》2008 年第 4 期（国家级刊物）；《浅谈电视纪录片的艺术性》，发表于《传媒观察》2004 年第 5 期（新华日报报业集团主办全国新闻传播专业核心期刊）；《串编节目对新闻的再加工》，发表于《视听界》2007 年第 2 期（全国广播影视十佳学术期刊）；《从〈因为有爱〉谈纪录片的艺术性》，发表于《视听界》2004 年第 8 期（全国广播影视十佳学术期刊）；《纪录片原则的界定及其意义》，发表于《视听界》2004 年第 3 期（全国广播影视十佳学术期刊）；《城市台纪录片产业化探析》，发表于《视听界》2008 年第 4 期（全国广播影视十佳学术期刊）；《法制节目：以"地气"赢得"人气"》获第七届全国优秀电视法制论文二等奖，发表于《电视研究》（中央电视台主办，全国核心期刊）2014 年法制节目专刊；《地方台如何实现民生新闻的全面突破》，发表于《电视研究》（中央电视台主办，全国核心期刊）2015 年法制节目专刊；《把"法"植入孩子们的心中——浅谈青少年法治教育在电视法治节目中的体现》获第八届全国优秀电视法制论文二等奖，发表于《电视研究》（中央电视台主办，全国核心期刊）2016 年法制节目专刊；《本质真实——纪录片人的职责》，荣获 2004 年电视社教节目征文三等奖。

赵绍龙

1 9 4 1

字毓辰,笔名老辰、抱璞山人、抱璞老辰、晚风等。1941 年 10 月 25 日出生于安徽怀远。祖籍江苏省镇江市。

1954 年从大港中心小学毕业后,离乡迁居父亲工作所在地溧水县读中学。1958 年 8 月由县文教局推荐保送至南京大学新闻专科学校学习。1964 年 8 月,新专毕业为新华日报社选中,从此步入新闻工作岗位。

1964 年 8 月至 1982 年 3 月,任新华日报编辑,其间于 1966 年 4 月至 12 月赴镇江社教工作团工作。1982 年 3 月至 1984 年 1 月派驻新华日报盐城记者站任站长。1984 年 1 月至 1988 年 11 月,先后任新华日报文艺处、政治处、副刊处副处长和总编办公室副主任。1988 年 11 月至 1989 年 9 月,先后任新华日报副刊处、社会生活处处长。1989 年 9 月至 1992 年 1 月,先后任扬子晚报常务副总编(主持工作)、新华日报副秘书长。1992 年 1 月至 2001 年 11 月,任新华日报副总编辑、中共新华日报社党委委员。2004 年至 2006 年,任第十届全国运动会筹委会、组委会新闻宣传部副部长。1992 年 1 月由中共江苏省委决定任命为副厅干部,2001 年 12 月退休离任。1993 年 1 月经江苏省新闻系列高级职称评审委员会评定,确认高级编辑(高级记者)任职资格。

历任江苏省文化记者协会会长、江苏省新闻系列高级职称评审委员会委员、江苏省书法家协会理事、江苏省作家协会理事、江苏省文联委员、江苏省直书法家协会主席、江苏省新闻美术家协会名誉主席、江苏省作协书画联谊会会长、江苏省美术馆特约研究员、人民日报神州书画院特聘书画家、江苏省漫画协会顾问等。

1995 年开始享受国务院颁发的有突出贡献的专家特殊津贴,1987 年获新华日报社先进工作者称号,1981 年获上海《文汇报》特约记者工作奖。

在从事及分管新华日报文化报道文艺宣传时期，为肃清"四人帮"在新闻界"假大空"、八股式文风之流毒，他以自己的亲身实践，探索通讯写作散文化的形式结构和语言，借鉴散文和报告文学的表现手法，更生动真实地反映时代生活和群众心声，二十年锲而不舍，笔耕不辍，积累了较多的实践经验。在此基础上又深入进行理论思考，形成一套比较系统的理论观点及系列理论文章，为新闻写作形成新的自由活泼的文风做出了突出贡献，得到新闻界文学界普遍好评。时任江苏省作协党组书记、副主席海笑对此给以高度评价。他在分管文艺副刊期间，策划组织了《新潮》副刊的改版，力戒矫情浮躁之风，紧跟时代潮流，关注当代生活；同时实施名家带动战略，提高作品档次和品位。一大批全国知名老作家如林斤澜、汪曾祺、袁鹰、艾煊和中青年实力派作家如李国文、张抗抗、陆星儿、陈祖芬、张海迪、杨守松，以及社会各领域知名学者如季羡林、匡亚明、李洁非等踊跃来稿，形成颇为突出的名家效应，扩大了《新潮》副刊的社会影响。他本人也写出一批有影响的新闻通讯和散文佳作。《战斗英雄孙明芝再度成为热点人物》获1995年度华东九报人物新闻竞赛特等奖和全国党报二等奖，《是谁拨动了我们的心弦》《处处都有灾民的亲和友》先后获江苏省优秀通讯一等奖，通讯《口碑》获1997年度《人民日报》等全国六家党报联合征文二等奖。散文《生天成佛》获江苏省副刊作品一等奖，并收入《江苏文学50年·散文卷》，《生命永恒》获中共江苏省委宣传部主办的报刊优秀文学作品二等奖，并被收入获奖作品选粹《走向辉煌》；《花鼓声中》被收入江苏省作协编辑出版的《扬子江文学总汇·散文选》。

在担任江苏省作协书画联谊会主要负责人期间，于2011年策划并操办了全国作家书画邀请展和名家手札展，全国政协副主席、原文化部部长孙家正为展览题词，中国作协副主席高洪波出席展览开幕式并进行专题讲座，展览作品汇集出版大型画册《文心墨语》。此次活动产生了巨大社会影响。

2014年8月云南鲁甸地震后，策划组织江苏作家书画联谊会联手《扬子晚报》《扬子鉴藏》，发起为灾区义捐义拍书画活动，带动了省内著名书画家的积极参与，共征集作品百余件，义拍捐出善款33万余元，并经南京慈善总会捐助灾区建造一所希望小学。这一活动为作家服务社会进一步拓宽了天地。

书法本是业余爱好，但赵绍龙几十年临池不辍，倾注不少心血，也收获不少乐趣。他厚积薄发，不求闻达，重在提升自我艺术修养。以著名书家林散之、沙曼翁为师，上溯历代经典，结合自身审美特性，碑帖兼通，逐渐形成清逸、简静、拙秀的风格特征。擅行书和隶书。作品多次参加省以上展览并获奖。1985年参加全国银牛奖书法竞赛获佳作奖,1991—1995 年参加日本第 36 - 40 回东洋书艺展并 5 次获胜利者奖章,1993 年参加江苏省纪念毛泽东百年诞辰书画展获优秀奖,1996 年参加江苏省—福冈县书法交流展,1997 年参加全国新闻界书画家邀请展、中国报人书画作品展并获三等奖,同年 2 月参加在江苏省美术馆举办的江苏省作家书画展,1998 年参加江苏省纪念周恩来百年诞辰书画展获优秀奖,1999 年参加江苏省—石川县书画交流展,1999 年书法作品被收入《江苏书法 50 年》,2000 年参加江苏—澳门书法交流展,2002 年参加新加坡—中国江苏书法交流展,2003 年参加江苏—上海书法篆刻交流展,2005 年参加"六朝风"人文书家作品展,同年参加"美在新江苏"采风创作成果展,2006 年参加全国新闻界书法大展并获优秀奖,同年参加中韩书画作品交流展,2008 年参加江苏省纪念改革开放 30 周年美术书法作品大展,2009 年书法作品被收入《江苏省优秀书法篆刻作品集》,2010 年参加中华海峡两岸佛教书画艺术交流展,同年在江苏省美术馆与同龄同窗新闻同行之苏子龙联手举办书法个人展,2011 年参加全国作家书画邀请展和建党 90 年江苏省美术书法作品展,2014 年参加"翰逸神飞"江苏省优秀书法家作品高校校园巡展,同年参加迎青奥中国书画艺术展获最佳书法作品奖,2016 年参加"佛光照星云华盖九秩嵩寿两岸祝寿展",2017 年参加"翰墨出新"江苏省直书协成立 30 年书法作品展。作品为多家博物馆、美术舘收藏,词条列入《中国现代书法家名录大全》《中国当代艺术界名人录》、日本《美术家名鉴》等。

赵绍虎

1 9 4 1

1941 年 10 月生,镇江大港镇人。书画家,斋号野庐。中共党员。江苏大学艺术学院教授,中国美术家协会会员,南京书画院特聘画师。历任镇江报社及江苏人民出版社美术编辑、镇江师专美术系主任、江苏大学美术系主任、镇江市美协副主席。中国书法家协会江苏分会会员、江苏省美学学会会员、日本东洋书道艺术学会外籍会员评议员。

《阿弥陀佛》

1957 年考入南京师范学院(今南京师范大学)美术系,受教于傅抱石、陈子佛、亚明、杨建侯诸大师。1962 年毕业,先后在丹阳县丹剧团、丹阳县人民电影院、镇江地区展览馆、文化馆、江苏人民出版社等单位工作。担任镇江师专美术系领导期间,主讲"中国画""素描"等课程。主要研究中国画,擅长人物画。作品多次参加全国艺术作品展览和出国展出,并为美术馆、纪念馆及国内外收藏家收藏。曾荣获全国年画二等奖、全国首届中国风俗画大奖赛优秀奖和佳作奖。其中国画、年画、连环画等作品在人民美术出版社、上海人民出版社、江苏美术出版社等出版单位出版。在《人民日报》(海外版)、《江苏画刊》、《年画研究》、日本《破体》等刊物上发表美术论文多篇。

《尘虑一时净》

《惠风和畅》

《江山如画》

《看淡沧桑图》

《兴来醉倒图》

赵康琪

1 9 5 3
丨

1953 年 9 月出生于镇江大港镇。曾任江苏省作家协会理事,江苏省文联委员,镇江市文联党组书记、副主席,镇江市作家协会副主席,镇江市政协文史委主任。现为江苏省作家协会名誉理事、镇江市作家协会顾问。

诗作散见于多种报刊,并有诗作在中央台和省台播出。出版诗集《放飞记忆》等。赞颂辛亥革命先烈赵声的作品《你的信寄到了今天》,获中共江苏省委宣传部颁发的全省文学报刊诗歌二等奖。诗作分别入选《江苏百年新诗选》《2016 江苏新诗年选》等多种选本。参与中共镇江市委宣传部创作、编辑的叙事与抒情相融合的诗集《灯火》。

长诗《清泉丹心》由镇江市广播电视台摄制成电视艺术片播出,并展陈于晚清镇江知府王仁堪纪念馆。参与策划"镇江风"历代名篇朗诵会、"爱与美的礼赞"诗颂会等多项大型诗歌艺术展演,并编撰演出台本。为省、市重大社会文化活动创作的朗诵诗及歌词多次获省级奖项,其中,《大港的船笛》(合作)获省委宣传部、省文化厅、省广电厅纪念党的十一届三中全会 20 周年文艺新节目创作演出奖;《我是一名政协委员》入选江苏省庆祝人民政协成立 60 周年"和谐颂"文艺演出,获省政协颁发的优秀创作奖;《我是您的希望》获江苏省教育厅颁发的江苏省第四届中小学艺术展演二等奖。

赵康琪诗作

青山抒情

圌山,位于长江边,山上多岩洞,传说有七十二个半。

沧海与大陆几回换移
留给你一身痛苦的印记
但你终于没有倒下
嶙峋的身躯巍然不屈

春光刚融尽岩上的残雪
你多想捧出一山新绿
难消的累累伤痕
裹不住你蓬勃的生机

你把伤感扔深涧
重岩叠嶂举起欲燃的花枝
你将隐痛埋在心底
山前岭后流着活泼的小溪……

花,在你扭曲的脊梁上绽开
虽不肥硕,却这般明丽
水,从你裂开的胸脯里挤出
虽还纤弱,却这般圣洁……

啊!不屈的青山
正因你遭受过如此浩劫
留下了几多伤口,几多记忆
你的生命,才会这样刚强坚毅

（原载《雨花》1980 年第 9 期）

父亲,在1949

古镇,千年青石桥
以拱形的姿态,第一回
把他的欣喜弹射到
云雀的高度,落下
一地梦的缤纷

读过革命的父亲
没有问石拱桥上走过
几朝几代,只记取
独轮车的辙印
像深深的苦难
勒进脊背

年轻的心因此
赤诚于五颗金星流泻的
灿烂,喜极而泣
再抚昨天挑碎暗夜的锋刃
父亲啊,在锋刃上
曾经有你闪光的人生,从此
紧随着共和国的脚步
在化剑为犁的过程中
劳累一生

(原载《扬子江诗刊》1999年第3期)

古城印象

古城墙的残损处修补好了
上个世纪乃至再上个世纪的
创伤,还在墙缝里说话

古渡头倾斜的石径整理过了

高速渡轮上梭鱼般的游人
早丢失了曾经生死相依的风帆

唐朝的楼站在田田莲叶间
楼上的玉壶冰心
仍躲不过世风的熏染

宋代的亭俯临危崖
亭中那位古人的抚剑慷慨
正陷入四处噪音的包围

好在古典的诗无需修缮
风雨洗亮的韵脚,千百年
仍走在心灵之上

(原载《扬子江诗刊》2009 年第 2 期)

仰望铜像
——纪念赵声逝世百年

百年前生命的温度
多已冷却,而伯先公园的铜像
仍坚守着精神的光芒
灼痛今天深沉的仰望

晨练老者姿态飘逸
青年恋人身影相依
包括遍园闪烁珠露的花丛
都使昨天变得那么遥远
但那确是曾经的中华
先驱者的肩头,与大地一道
承载屈辱和苦难

诗文锦绣的少年秀才
思想的头颅，毅然选择
憧憬新世界的抒情方式
与一个落日般的王朝
作最后决斗，珠江碧波
映证血色比墨色更酣畅，
表达献身共和的激情

最不缺少诗文的国度
森林般的生花妙笔，一代代
至辛亥年，才有革命党人手中
发烫的枪筒敢歌敢哭
代表生命的倾诉，感动天下
你捐躯的无畏和悲怆
是一部刻写在风雨中的
生命华章，已是百年芬芳

比黄花岗的高大碑石
和青山之麓的铜像更加永远
一定是你的青春啊，是你射向
神州长夜的晨曦般的青春

（原载《辛亥革命与镇江》江苏大学出版社 2011 年 9 月版）

鱼化龙

（唐代刻有龙首鱼身"鱼化龙"图案的鎏金银盆系无名氏所作，今人取其意创作大型壁画，成为江中绿洲一景观。）

在大江奔涌的背景中
龙首昂起。一只喙衔曙色的
红嘴鸥飞过，正好为它点睛
鱼身，在我的感觉中轻盈一跃
溅起唐朝的粼粼水声
那是诞生：李白的诗吴道子的画

张旭的狂草和公孙大娘绝妙
舞姿的时代。他当然无愧
尽管是位无名氏，代表他的
鱼化龙，穿过乱世的刀戟
和沧桑的湮没，至今灿烂

他的那只鎏金银盆
放大成江心绿洲的圆润
连盆体的精美纹饰，都化为
环绕鱼化龙的一江波纹
阳光云影和月色渔火
将千年前的寄托，变幻
金的飞天梦、银的静夜思

借着鱼化龙的腾跃姿势
我发现，从这只鎏金银盆
千年无水的境界里
觅到一种大美的泉源

（原载《扬子晚报·诗风版》2016 年 12 月 19 日）

[链接二]

以良心和真情著诗

我和赵康琪有缘，那是一个编辑和一个作者结下的诗之缘。他于二十世纪七十年代开始发表诗作，我第一次见他的时候，他还是个 20 岁出头的小青年，单纯而率真。他爱诗，写诗，我觉得他很有诗的潜质，在当时的《江苏文艺》（《雨花》前身）上发表了他的第一首诗，于是交往频繁起来。他始终是《江苏文艺》《雨花》《扬子江诗刊》的基本作者，我们始终联系密切，结下三十多年的深挚情谊。

更可贵的是，在改革开放经济大潮的冲击下，许多诗人"下海"发达了，他无动于衷，耐得寂寞，爱诗写诗，始终如一，真正称得上诗国"忠臣"。多年的沉淀和打磨才有了他的第一部诗集《放飞记忆》。

康琪崇尚现实主义。他深受艾青、贺敬之、郭小川、闻捷等诗人作品的影响，当然也与他的人生经历和传统审美观分不开。十一届三中全会后，思想解放开阔了他的视野，使他对人生观、价值观更有了深层的思索。他认定，现实主义是以爱国主义和忧国忧民为根基，为人民立德立言为己任，纵然抒写自我也必然打着时代的烙印，诗情、诗意、诗理、诗趣，应该是与诗人对现实生活的感受和感悟密不可分，与那些用肌肤、器官、下半身矫情写诗绞杀诗魂的自娱自乐毫无共同之处。

康琪的诗，均取材社会现实，贴近时代，贴近人民，改革开放30年来的重大事件，诗集里几乎均有反映。也许是出于一种责任感，每次由他组织的重大纪念活动，他都会写一首压轴的主题朗诵诗。诗集里"盛世放歌"一辑中的那些诗，差不多都是这样写出来的，为时而作，有感而发，收到很好的效果，有些诗还被中央台选中，作为节目播出。其中最打动我的一首诗，是康琪与其子合作创作于汶川大地震之际，由儿子和留学生们在华盛顿地区《手牵手心连心》大型赈灾义演时朗诵的《心，飞向祖国，飞向汶川》：泪，洒在北美的大地／心，却与祖国与汶川贴得那样紧，那样紧……大真大爱，读来感人至深。古人云："感人心者，莫先乎情。""情动于中，而形于言。"在他的诗中，最能深切感受到的就是一个情字，只有对生活的真诚和热爱，一朝触发，方能动情而诗。他写的另几首亲情、乡情诗，如《应该是你回乡的季节》《对一个时间概念的叙说》《为一本称为"乡情"的书流泪》《母校》等，尤耐人寻味。

古镇，千年青石桥／以拱形的姿态，第一回／把他的欣喜弹射到／云雀的高度，落下／一地梦的缤纷（《父亲，在1949》）

被乡情震颤出的泪水／哪怕是一滴／也会濡润游子的一生（《为一本称为"乡情"的书流泪》）

没有对这片土地深沉的爱，断难写出如此动情的诗句。曾有人说，现在诗的审美取向呈多元化，不应该再用一个衡量尺度作为标准了。言下之意，无非是说多元即多标准，多标准就是没有标准。于是好诗难以评好，坏诗无人判劣。其实，鉴别好诗、劣诗的标准还是有的，那就是有无真情，人民臧否。他追求，诗应有魂，诗之魂即真实的民心、民意、民情，换言之即诗人的良心。"心被心感动／生活才会姹紫嫣红／情与情交融／人生才会春潮涌动"（《心灵的彩虹》）诗人的思想、感情、言论、行为，不管你自觉不自觉，无不打上时代的烙印。如果诗人对时代毫无激情或无动于衷，发出的是与时代和人民不和谐的梦呓，那就根本不可能被人民承认,更不用说是好诗了。

中国诗歌的健康发展,首要的一条,诗应该而且必须走向人民大众。康琪的诗,不是游戏人生的发泄、个人欲望的排遣,而是情绪的凝聚,主旋律的精神熔铸,自我融入社会、融入人民之中,有着较多文化意蕴和人性光彩的由衷慨叹。

(原载 2009 年 11 月 7 日《文艺报》。作者黄东成系著名诗人,一级作家,江苏省作协《扬子江诗刊》创刊主编、顾问)

赵慈风

1 9 2 3
|
1 9 9 9

1923 年 9 月出生于镇江大港镇。1942 年 10 月从上海赴苏北参加新四军。1944 年 7 月加入中国共产党。先后任中共大港特别支部书记,中共兴化市委常委、青委会书记,苏州市金阊区地下党支部书记;中华人民共和国成立后历任丹徒县委土改队队长、丹徒县人民法院庭长、镇江市博物馆秘书、市曲艺团团长;1979 年至1983 年,任镇江市文联副主席兼秘书长。1989 年离休,享受县处级待遇。中国民间文艺家协会会员、江苏省戏剧家协会会员。

抗日战争期间,他受组织委派,从苏北潜回家乡大港开辟地下工作时,创办了一份特殊的文艺期刊——《新芽》(创刊号),《新芽》(创刊号)现作为革命文物存于镇江博物馆。

解放战争时期,在苏北解放区的报刊上发表了几十篇文章。80年代初,江苏省文联选编的《江苏革命根据地文艺资料汇编》一书中,收录其《兴化的青年剧社》《翻身复仇的欢笑》等文章。

中华人民共和国成立后,50 年代写就《丹北坚持斗争史迹》初稿,共有九本十多万字,其中若干片断以革命故事的形式,陆续发表于《镇江市报》,部分文章由江苏人民出版社结集出版,书名为《打回江南去》。60 年代前期和“文革”以后,搜集整理了大量的民间文学作品,发表于《人民日报》《新华日报》《少年文艺》和《民间文学》等报刊,其中部分作品收入抗英斗争故事集《画圌山》及《金山民间传说》《镇江民间故事》等书中。歌谣《洋鬼子吓得掉进扬子江》,入选高等院校文科教材《中国近代文学作品选》《中国歌谣选》《中国新文艺大系(1949—1966):民间文学集》《中国歌谣集成·江苏卷》,民间故事《法海洞》入选《中国新文艺大系(1976—1982):民间文学集》。

他还从事戏剧、曲艺创作活动，是镇江市扬剧团于1963年推出的大型现代戏《红色家谱》的编剧之一。另留有两部剧本的手稿《治江记》(8场)和《花鱼套》(10场，未写完)，以及一部近20万字的《戏剧艺术结构研究》(又名《戏剧辩证法研究》)初稿。

洋鬼子吓得掉进扬子江

洋鬼子，坐洋船，

拉洋枪，

天天来攻圌山关。

圌山关，

九节十八湾，

个个湾里有机关；

上有铜炮三十六，

下有铁炮盘篮大，

铁炮炮口赛箩环，

小把戏藏在里面还要转个弯。

鬼子拿起千里镜一看，

手发抖，脚发软，

脸上哗哗淌冷汗；

山上大炮一声响，

洋鬼子吓得掉进扬子江。

口述者：田国章

采录者：赵慈风

(原载《中国歌谣集成·江苏卷》，1998年7月)

胡维标

1 9 3 9

|

1939 年 12 月生，镇江大港镇人。中共党员。著名风光摄影家，中国摄影家协会会员。1960 年入中国人民解放军防化工程指挥学院新闻系学习，1962 年 10 月毕业后任总字 621 部队群众观点新闻、文化干事、摄影记者。曾荣立三等功 2 次，并获过科技实用发明奖。1978 年 10 月转北京出版社任摄影编辑兼《旅游杂志》记者，1987 年被评为副编审。摄影艺术作品在国内外报刊、画册、日历、年画装饰画及景展中发表已逾万幅。2000 年退休。

1962 年任总字 621 部队文化干事兼随军摄影记者；1963 年初曾在《解放军画报》培训、实习半年；1964 年、1974 年曾参与全军大比武和东北军事大演习采访；曾荣立三等功两次，多次被评为先进工作者；1978 年转北京出版社任摄影编辑兼《北京旅游杂志》摄影记者；1980 年同时参加北京、中国摄影家协会。1987 年被评为副编审。其摄影作品以旅游风光、古今建筑、文物为主，作品朴实，明快靓丽，美观适用，深受广大旅游者欢迎。1988 年、1991 年参与北京市、昌平区及延庆县空中航拍 9 架次；1990 年参与亚运会采访，编辑《迎接第十一届亚运会》《90'亚运》《亚运在北京》《BEIJING-2000》等画册；建筑摄影作品曾去英、美、日、德、法、阿根廷等十国巡展。作品曾获国际"飞天"金奖、"翰墨中国"金奖；全国建筑摄影作品二等奖、"龙卡杯"摄影比赛二等奖，作品载入纪念抗日战争胜利 55 周年大型画册；编著的《北京风光》画册曾获北京市优秀图书奖；在香港出版的个人画册有《颐和园》《故宫》《长城》《北京风光摄影》等，1992 年 11 至 12 月应邀赴香港及东南亚考察交流；编著出版的畅销专业技术书籍、画册有《135 相机的选购使用与维护》《摄影技术与机巧》《北京风光精选》《北京风光摄影》《长城风光》

《中国古皇宫》《故宫》《北京风光荟萃》《天安门》《北京旅游世界之最》《天安门珍藏书画集》《天安门珍藏书画集续集》《颐和园》《欢迎您,亚洲各地朋友》等数十种。1997 年入选《世界优秀专家人才名典》。

天安门(摄于 1996 年)

"胡维标"这一词条已被辑入《中国摄影家辞典》《中国摄影家大辞典》《中国当代艺术界名人录》《镇江名人辞典》《中国文艺家传集》《中国出版人名辞典》《中国当代高能科技人员辞典》《中国当代文化艺术家辞典》《世界艺术界名人录》《中华人物辞海》《世界摄影家名人录》等。

洪斯文

1930
|

字世文,1930 年 12 月生,祖籍镇江大路镇薛港永安村。擅长连环画、中国画。1948 年在上海投师学画。1951 年后一直从事编辑出版工作。历任广东人民出版社、岭南美术出版社编辑室主任、副总编辑、副编审,《周末画报》主编,中国美术家协会会员,中国连环画研究会副会长,中国出版工作者协会艺委会(连环画)荣誉委员,广东省连环画研究会会长,广东省美术家协会理事,广东省出版工作者协会理事等职。

经手编辑出版大量连环画册,创作出版长、短篇连环画册 80 余部(篇),达数千幅。代表作有《洪宣娇》《海瑞》《金田起义》《岳飞》等,在读者中产生广泛影响。其作品构图严谨、疏密有致,线条洗练极富功力,自成一体。近年专攻中国画人物,所作《三国演义》系列中国画数十幅,深得各界好评。此外还撰写读画、评画和各类专访文章 200 余篇。1986 年 11 月,文化部和中国美术家协会授予其"连环画工作荣誉奖"。1987 年 6 月获国家出版署、中国出版工作者协会颁发的"编辑出版工作荣誉证书"。1988 年在全国连环画报刊评比中获"金环奖"最高奖项,被授予"优秀主编"称号。1991 年 6 月获"热爱儿童"先进个人荣誉称号。

洪斯文传略被收入《中国现代美术家人名大辞典》《中国当代艺术界名人录》《中国专家大辞典》《世界名人录》等。

乐叔虾仔变身"潮人"

说起洪斯文,很多人并不熟悉,但谈到诞生于20世纪80年代的连环画《乐叔和虾仔》,很多老广大概不会陌生——茶楼退休工人"乐叔"豪爽诙谐,随身带伞,兼具一身"武功",学龄前儿童"虾仔"活泼机灵,理一个"逗号头",一老一少走街串巷,打抱不平,是老广爱憎分明、明辨是非的代言人。刊载这部连环画的《周末画报》因此一纸风行,成为业内成绩耀眼的"小报王"。这一切背后的功臣之一,就是《周末画报》时任主编洪斯文。

洪斯文今年87岁,依然坚持每日画画,眼下的小目标是创作完成同名粤剧《搜书院》连环画。他还说:"今生宏愿就是希望能够成为广东省非物质文化遗产连环画继承人,最近我已经着手准备申遗事宜。"

洪斯文住在荔湾区一座民宅的四楼。大厅里两个靠墙的书架排满自己各个时期不同版本的作品,其中一面墙上展示着近日完成的几幅《乐叔与虾仔外传》《搜书院》等画稿。"我现在还是每天画画、写字,最喜欢听我夫人弹的《绿岛小夜曲》,她弹得特别好。"

与洪斯文初次见面的人很难把眼前这位精神爽利的老先生与87岁高龄联系起来。洪斯文透露了一个保养秘籍,坚持每日慢跑半小时。他说:"我每日坚持跑上半小时,跑完就回去。"

当学徒日画十幅画
交不出稿不准吃饭

1930年出生的洪斯文祖籍江苏镇江。得知洪斯文有绘画天赋,小姨提议送他去上海拜师学艺。三年学徒生涯被洪斯文称为"艰苦岁月","为了卖画盈利,师傅要求我一天画十幅画,交不出来就不给吃饭,往往当所有人都睡下了,我还点着煤油灯在画画"。

"现在看来,那也是一种历练吧。"随后洪斯文随师傅辗转到广州,一住便是几十年。洪斯文现有作品80余部,代表作《洪宣娇坚守金鸡岭》《海瑞》等,被青年连环画家称为"连坛大教头"。

《周末画报》出版日
万人空巷抢购一报

十一届三中全会之后,为满足人民精神生活的需要,1980年1月26日,《周末画报》应运而生,洪斯文在报中化名"编辑老王",召集一众漫画家为老广们烹饪出一道道有滋有味的视觉大餐。其中,以广州方言创作的连环画专栏《乐叔和虾仔》更是广受追捧。

20世纪80年代的广州,每到周五,街头就出现购买《周末画报》的长龙,晚一点就会被抢购一空。当时有一位美国驻广州总领事馆副总领事还写信到编辑部说他刚到广州上任,就注意到周围的人都在阅读《周末画报》。

两毛小人书5500元成交
连环画身价暴涨27500倍

昔日繁荣已随光阴逝去,过去"小人书"的读者,今日摇身一变,成为连环画的收藏家。全国连环画收藏者(俗称"连友")人数庞大,洪斯文称保守估计有二十万,他们也会组织拍卖。

《洪宣娇坚守金鸡岭》是洪斯文最满意的作品之一,初版在拍卖市场上也是炙手可热。近年来,该作品频频拍得高价。"这本连环画是1960年初版的,当时售价2毛钱,2011年9月,在杭州市萧山区举行的一次连环画拍卖会上,《洪宣娇坚守金鸡岭》以5500元成交,身价翻了几万倍。"洪斯文告诉记者。

连环画拍卖市场持续火爆,据报道,起价400元的《胆剑篇》卖到3100元,底价1万元的《大众画库》最后以17万元成交。连环画原稿更是受到热捧,戴敦邦连环画原稿《逼上梁山》拍卖至22万元,程十发《召树屯和喃婼娜》原稿拍卖达1100万元。

作《乐叔与虾仔外传》
让爷孙学英语玩电脑

洪斯文早在1991年退休。然而这二十多年来,他并没有闲着。"画画是我一辈子的事业,我每天都会坚持画画,少则五六个小时,多则七八个小时,有时候画到晚上11点。"

"虽然我已经不是编辑老王,但我一直没有忘记《乐叔和虾仔》,于是我又重新创作了这个系列。"洪斯文第一次向公众展示了他的新创作，乐叔和虾仔不再是单调的黑白色，而是变成了彩色。目前，洪斯文已创作完成十余幅《乐叔虾仔外传》，主题有虾仔教乐叔学英语，两人一起在电脑里看减肥广告，还有一张两人拿着粉色羽毛扇跳起了广场舞，令人忍俊不禁。

《乐叔与虾仔外传》是洪斯文对连环画创新的尝试。"连环画也应该与时俱进，外传是旧瓶装新酒，我希望能让他们走进现代的生活，唤起更多人的回忆。""我们当年是用毛笔作画，现在有人用针笔，也有人使用电脑软件；我们以前都是写实派，现在出现了很多动漫风的连环画，同样受欢迎。"洪斯文认为，创新无定法，能表现主题即可。

87岁的洪斯文接下来的目标是画完《搜书院》等作品。目前，洪斯文正向有关部门提交广东省非物质文化遗产连环画继承人的申请。

（何家撰，原载 2017 年 5 月 10 日《广州日报》）

刘 勇

1964
|

　　笔名格非,1964 年 8 月生于镇江大港镇唐巷里小刘家村。1981 年考入华东师范大学中文系汉语言文学专业。1985 年毕业后留校任教,1997 年师从钱谷融先生攻读中国现当代文学博士学位,2000 年获文学博士学位。2001 年调入清华大学中文系,现为清华大学人文学院教授,博士生导师,清华大学文学创作与研究中心主任。中国作家协会全国委员会委员,主席团成员。

　　格非是中国当代著名的作家、学者,中国先锋文学的代表作家之一。20 世纪 80 年代开始文学创作,早年的创作致力于文学语言和叙事文体的变革,作品带有浓郁的文体实验色彩。2000 年以后,格非的创作风格和手法出现了明显的变化,在现代主义的基础上,融入了现实主义叙事和中国传统文类(尤其是史传文学叙事)的技法,对历史和现实问题更加关注,主要体现在《人面桃花》《山河入梦》《春尽江南》《隐身衣》和《望春风》等作品中,这一时期的作品在中国和国际文学界产生了越来越大的影响。作品被翻译为近 20 种文字在世界各地出版发行。著名作家莫言评价《山河入梦》是一部继承了《红楼梦》的小说,书中主人公谭功达就是现实中的贾宝玉。

　　格非主要从事教学、文学创作和学术研究。所获得的奖励如下:

　　1. 文学创作方面:(1)《江南三部曲》(包括《人面桃花》《山河入梦》和《春尽江南》)获 2015 年茅盾文学奖。(2)《隐身衣》获 2014 年鲁迅文学奖和老舍文学奖。(3)《望春风》2016 年至 2017 年获得包括中国好书奖、京东文学奖在内的各种奖项 20 余种。(4)《人面桃花》获 2004 年华语传媒杰出成就奖、2004 年鼎钧双年文学奖、2004 年中国小说家学会优秀作品奖、2006 年《人民文学》杂志社优秀小说奖。

2. 文学研究方面:(1)论文《废名小说的时间与空间》获第二届唐弢青年研究奖。(2)专著《雪隐鹭鸶——金瓶梅的声色与虚无》获2014年各类媒体年终好书多项奖励。

3. 教学方面:2016年获清华大学"良师益友"称号。2017年获清华大学年度教学优秀奖。

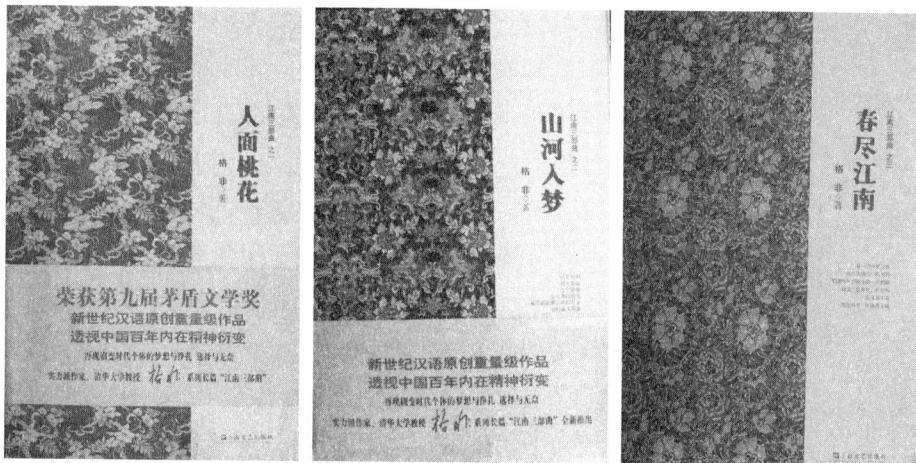

徐兆淮

1939

|

1939年生,镇江姚桥镇石桥村晓云人。全国知名文学评论家。享受国务院政府特殊津贴专家。1964年毕业于南京大学中文系。历任《钟山》编辑、副主编、执行主编,中国当代文学研究会理事,江苏省作家协会理事。

1974年从中国科学院文学研究所(今属中国社会科学院)调入江苏人民出版社从事文学编辑工作。1980年开始发表作品,1991年加入中国作家协会。著有《艰难的寻找》、《新时期小说读解》(合作)、《编余丛谈》、《编辑絮语》等,发表文学评论、散文随笔及有关编辑工作、编辑修养、期刊研究方面的文章近百万字。评论集获省级优秀评论奖,散文随笔获省市级优秀作品奖。责编的中篇小说《春妞儿和她的小嘎斯》《太阳出世》《涅槃》和话剧《秦王李世民》获全国优秀作品奖。主编的刊物获全国百种重点社科期刊、江苏省十佳期刊称号。2000年获江苏省紫金山文学编辑奖,同年被评为江苏省优秀出版工作者。

唐金波

1 9 4 6

|

笔名杜火、荆珊,1946 年 11 月出生于镇江大路镇西英唐村。中共党员。江苏省镇江中学 1966 届高中毕业,1968 年回乡插队务农,1969 年进镇江伏牛山煤矿干井下采煤工;1982 年后,历任中国煤炭报社副刊部编辑、镇江日报社文艺部主任、金山杂志社主编、镇江市文联党组成员、助理调研员;曾任镇江市作家协会副主席兼秘书长、镇江市杂文学会副会长兼秘书长、镇江市写作学会会长、江苏省杂文学会副会长、江苏省期刊协会理事、江苏省写作学会理事。

1981 年开始发表文学作品,1985 年加入镇江市作家协会,1998 年加入江苏省作家协会,迄今已发表、出版作品 200 余万字。著有长篇纪实文学《云间有颗启明星》(江苏凤凰文艺出版社 2017 年出版)、《最后一滴血》(江苏凤凰文艺出版社 2018 年出版);长篇报告文学《天工之道》(红旗出版社 2011 年出版)、《辉煌天工路》(人民日报出版社 2001 年出版);散文、特写作品集《太阳雪》(团结出版社 2017 年出版)、《太阳河》(团结出版社 2014 年出版)、《太阳风》(台海出版社 2010 年出版)、《太阳山》(百花文艺出版社 1994 年出版)、《太阳神》(上海三联书店 1991 年出版)。主编出版了三部《中国微型小说排行榜》、四套文学丛书和七部理论文集。作品散见于《煤矿工人》《三月风》《阳光》《雨花》《金山》等杂志。参与长篇报告文学《一条路与一个时代》(江苏大学出版社 2015 年出版)、《雪域高原的镇江海拔》(江苏大学出版社 2017 年出版)的创作。短篇小说《太阳石》1982 年获全国职工征文优秀作品奖,另有多件作品获省部级文学奖、一件作品获江苏省新闻一等奖。

解为干

1820
|
1878

　　字铁如,号兰野,自称兰野山人,镇江丁岗镇葛村人。清代诗人。性超逸,淡于科举,认为读书自有乐,非以求富贵。小试多以古文法行之,不为时所取,遂绝意仕进。好远游,身不名一钱,而以一杖、一笠、一琴、一剑、一瓢、一葫芦徒步出游。每到一地皆与名儒唱和。积40年之功辑成《润州事迹诗钞》刊行。另有《古文稿》10卷、《杂著》20种、《茗谱》1卷、《兰野同人集》7卷。其诗被辑入《京江后七子诗钞》,并于同治、光绪年间参与续修《丹徒县志》。光绪四年(1878)卒于家。

解建陵

1 9 4 6
|

女,1946 年 11 月生,镇江丁岗镇葛村人。葛村的文化底蕴深厚,解氏更是名门望族,名人辈出。解建陵的爷爷解兆鼎是清光绪年间的武榜眼(武举考试第二名),曾任广西郁林州统领,父亲是民国水利专家。在兵荒马乱的战争年代,解建陵一家曾四处逃难。1946 年 11 月,母亲逃难到南京 20 天后生下了她,因而给她取名"建陵"(南京别称金陵)。高中毕业后,解建陵进入南京工艺美术研究室学习素描、泥塑、雕刻。1967 年进入南京工艺雕刻厂雕刻象牙,1978 年调往上海艺术品雕刻一厂从事木雕工作。1983 年后她才有机会进入上海虹口教育学院美术系、上海大学美术学院雕塑系深造,曾师从著名雕塑家唐锐鹤教授。

从艺 40 余年,解建陵创作颇丰,佳作多多。1980 年创作的大型木雕《龙船》,用白桃木雕刻了红楼梦中"元春省亲"热闹非凡的场面,设计、制作一百多个人物,该作品获 1981 年中国工艺美术百花奖二等奖。1995 年设计制作了三亚市珠江花园酒店大堂木雕贴金壁画《海南风情》,是当时贴金壁画之最。1999 年在

《大公报》关于解建陵雕塑展的报道

国家级工艺美术大师精品展上,牙雕《音乐之神》和木雕《菩萨》分别获铜奖和优秀奖。

2001 年,解建陵和著名画家陈逸飞(已故)、摄影家尔冬强等艺术家一同入驻上海的泰康路。此后这条马路成为闻名中外的艺术街,他们也被上海媒体称之为"在上海泰康路住过的名人"。

各家媒体关于解建陵雕塑的报道

2001年解建陵雕塑在香港大会堂展览，金庸观展

1990年至1991年，解建陵受原经贸部委派，为扎伊尔[现刚果（金）]总统蒙博托六十寿辰创作青铜雕塑《山鬼》。之后作为中国专家应扎伊尔政府之邀前往非洲，在那里创作了大型象牙雕刻《总统山庄全景》，并为总统塑像。作品均获得蒙博托总统好评，被总统收藏。蒙博托总统在接见她时还亲笔题词："向雕塑家解建陵女士的辉煌才智致敬！"

[链接]

解建陵——梦想在雕塑中绽放

解建陵自幼爱玩泥巴，爱唱歌，20世纪60年代解放军艺术学院歌剧系到她就读的中学招生，通过初试、复试，她在南京市考了第一名。她由于家庭出身不好（爷爷是清朝武榜眼）未被录取，却阴差阳错地进了南京工艺美术研究室。

抱着"生当作人杰"家训，解建陵在雕刻事业上辛勤耕耘，取得了杰出的成就。她曾为两位总统雕刻，受到高度赞誉。她曾作为中国政府特别推荐的专家去非洲扎伊尔总统府设计制作巨型牙雕《总统山庄全景》获蒙博托总统亲笔题词："向雕塑家解建陵夫人的辉煌才智致敬！美好的回忆！"

她的代表作还有三亚市珠江花园酒店的木雕贴金箔壁画《海南风情》和上海青浦体育场的花冈石雕门柱及不锈钢雕《奋进》等，风格清新、气势恢宏。

解建陵尤其擅长人像雕塑，上海音乐学院著名音乐家黄自的铜像和纽约克林顿基金会的比尔·克林顿铜像就是最好的典范。2006年为美国总统比尔·克林顿雕像，并得到其亲笔赞誉："雕像与我如此相像，真是棒极了！"2013年该作品参加"2013年中国传统工艺美术精品展"，荣获"巧夺天工 金马奖金奖"。

2017年她为美国诺贝尔文学奖获得者赛珍珠做的雕像栩栩如生，令人印象深刻。

解建陵还在空余时间用中英双语教授中外学生雕刻，并在美国休斯敦艺术节演示快速塑像，为祖国争光。

解建陵还有一个才华——唱歌，80年代她师从上海歌剧院廖一明教授，每周一课，甚至在21世纪初继续跟随廖老师学习，直至老师定居美国。2005年起师从上海音乐学院的王维德教授，至今老师90岁了，她还每月去老师家唱给他听，聆听教诲。解建陵雕塑着、歌唱着、快乐着，希望她能够在艺术的海洋里不断地突破自我。

医 药 卫 生

王吉成

1 9 6 6
|

1966 年 6 月生，镇江大港镇祝赵村人。医学博士，理学博士。美国希望城国家医学博士，贝克曼研究所博士后高级主管，美国加州长滩州立大学科研监管主任，美国博士后联谊会 MPA 国际部负责人。

1979 年至 1982 年就读于南京铁路中学（初中），1983 年至 1985 年就读于江苏省大港中学（高中），1986 年至 1991 年就读于复旦大学医学院，获硕士学位，1995 年至 1997 年就读于上海医药工业研究院，获博士学位。1998 年至 2000 年在上海医药工业研究院工作，受聘为研究员，2001 年至今先后在美国加州长滩州立大学科研监管工作，并任博士后高级主管和主任。

在上海国家新药安全评价研究中心任助理研究员期间，曾负责设计中国第一家符合国际 GLP 标准的药物毒理实验室。承担国家"973"项目课题，在国内率先建立"大白鼠中期肝癌试验"模型，填补了国内这一领域的空白。在美国贝克曼研究中心工作期间，王吉成在涉及人类遗传学检测方法改进、癌症发现、基因工程手段治疗血友病等方面担任科研方案主管，负责基因重组技术及干细胞研究工作。先后在《美国国家科学院年鉴》《人类遗传学》《基因特变研究》等专业期刊上发表 10 多篇科研论文。曾应邀赴日本、美国等专业论坛和年会做学术演讲。

王自强

1 9 2 3

|

1923 年 7 月生,镇江姚桥镇人。教授。中共党员。幼年入私塾读书。17 岁师从徐文虎学习中医。20 岁在家乡开业行医。1952 年组织姚桥区联合诊所,任副所长。1955 年考入江苏省中医进修学校(南京中医学院前身)学习一年,毕业后留校任教。

30 余年来先后主讲"中国医学史""中医基础理论""黄帝内经"等课程,以讲授《黄帝内经》时间为长,并研究《黄帝内经》治法。从 1979 年起招收硕士研究生。曾任内经教研室主任,现为该室顾问,学院学位委员会委员,省中医学会内经研究会副主任。曾主编《中医学》(获江苏省 1978 年科学大会奖),校注《难经经释》《难经本义》,参加编写《实用中医保健学》等。主要论文有《〈黄帝内经〉的学术价值》《试论"气反"的治法》《中医学的理论体系和基本特点》等。

朱良春

1917
|
2015

1917 年 8 月生,镇江姚桥镇儒里村人。早年拜孟河御医世家马惠卿先生为师,继学于苏州国医专科学校,并于 1938 年毕业于中国医学院,师从章次公先生,深得其传,从医已逾 70 载。2015 年 12 月 14 日凌晨 0 点 06 分,因突发肺栓医治无效在南通中医院去世,享年 98 岁。

朱良春历任南通市中医院首任院长,江苏省政协常委暨南通市政协副主席,中国中医药学会第一、二届理事暨江苏省分会副会长,南通市科学技术协会副主席等职。之后任南通市中医院首席技术顾问、主任中医师,中国癌症研究基金会鲜药研制学术委员会主任,南京中医药大学教授,广州中医药大学第二临床医学院及长春中医学院客座教授,国家中医药管理局中西医结合治疗非典(甲型 H1N1)专家组成员,中国中医研究院基础理论研究所技术顾问,沪、港、台当代中医技术中心顾问,中国中医药研究促进会常务理事,新加坡中华医学会专家咨询委员,中医教材顾问委员会委员等职。

朱良春一直关心中医药事业的兴衰,热心学术的继承、弘扬,应邀赴各地讲学,足迹几遍及全国。曾先后应邀赴日本、新加坡、法国、马来西亚等国进行学术演讲。2005 年又与邓铁涛、任继学、路志正等十多位名老中医发起,由中华中医药学会、南通市人民政府主办,广东省中医院及南通市良春中医药研究所、南通市中医院承办的"2005 年中国首届著名中医药学家学术传承高层论坛"6 月在南通市举行,少长咸集,盛况空前,佘靖副部长到会做重要讲话;该论坛以"徒讲师评"的形式进行,并主编了《名师与高徒》一书,极大地推动了中医药学术的传承与发展,达到了"承接岐黄薪火,传承中医衣钵"的目的。

杨旭清

1 9 3 9

　　镇江姚桥镇华山村人,北京大学化学系毕业后在化工部化工研究所工作。目前,杨旭清是北京市兴大化学系统公司的首席专家和法人代表,兼任北京大学化学与分子工程学院教授,中国文化书院聘任导师。

　　杨旭清以化学合成为专业,但他还系统地进修了生物学,有选择地钻研了药物学,学习了相关的临床医学。自 1978 年起,他就抱定一个宏伟的愿望——研发合成出一种高效低毒的抗癌新药。杨旭清说,全球每年约有一千万人丧命于癌症,其中就有 150 万~180 万人是我们的同胞。

　　要自主合成一种 Ⅰ 类抗癌新药绝不可能一蹴而就,杨旭清开始了"长征":

　　从 20 世纪 80 年代初起,杨旭清教授就和他的科研团队开始理论构思,药物分子设计,形成了化学合成的方案;

　　1990 年,国家审议了这一方案,并批准为"863 原始创新 Ⅰ 类抗癌新药"立项进行研凿;

　　1992 年,这个科研团队在杨旭清带领下,夜以继日攻关夺隘,终于成功合成了被称为"双环铂"的抗癌原料药和它的注射剂。

　　研发过程花去了大约 12 年,那时的杨旭清 54 岁,已逾"知天命"之年。

　　1993 年开始,美国哥伦比亚临床学院、南京大学生命科学学院、美国哈佛大学医学院对"双环铂"做了离体细胞试验,把人体正常的纤维细胞、表皮细胞与肺癌患者、黑色素瘤患者的癌细胞在相同条件下用"双环铂"原料药处理,试验结果令人振奋:两种正常体细胞"毫发无损",而两种癌细胞却明显凋亡,其中毒性更强的黑色素瘤癌细胞的死亡更快。

　　同年,国家经贸委委托中国医学科学院肿瘤医院以"双环铂"

原料药对体内培养的人的肝癌细胞进行处理,实验结果同样表明,肝癌细胞的生长受到抑制并明显被杀伤。

随后,国家批准在上海肺科医院、广州军区总医院、汕头大学医学院第一附属医院用"双环铂"对部分癌症危重患者进行预临床试验,试验结果与先前的试验资料完全吻合,上海肺科医院 19 例 Ⅲ – Ⅳ 期患者经"双环铂"治疗后,有效率为 63.16%,显效率高达 47.38%。专家们认为这堪称抗癌治疗史上的奇迹。

2000—2001 年,韩国金文保博士主事的生物科学公司和美国圣地亚哥癌症研究中心合作,慕名要求以"双环铂"进行有关试验。获我国相关部门同意后,他们在韩国中央医院、原子力医院、圣母医院等七所医院以"双环铂"对 126 名癌症患者的组织培养液试样进行了敏感性试验,结果表明显效病例为 106 名,有效率高达 84%。而用作对比试验的其他"王牌"抗癌药,其显效率仅为 30% ~50%。为此,金文保博士致函我国卫生部领导表示祝贺,并对杨旭清教授及其研发团队致以敬意。

2004 年 2 月起,经国家批准,"双环铂"原料药和它的注射剂正式在国内进行药物临床试验。算起来,这又历时 10 年有余,杨旭清教授已年过花甲,65 岁。

临床试验先是在我国著名肿瘤学专家管忠震教授的主持下,在中山大学肿瘤防治中心,对"双环铂"进行包括耐受性和药代动力学的 Ⅰ 期临床试验,又在解放军 301 医院和有关肿瘤医院相继完成了 Ⅱ – Ⅲ 期临床试验,取得了骄人成绩。

沙一鸥

1916
|
2013

1916 年出生于镇江东乡大港镇西街。中共党员。家传中医，至其已逾十世。13 岁读私塾时兼读中医书籍，后又随父沙铭三临诊实习五年。21 岁开业于丹徒高桥。新中国成立后任高桥区卫生工作者协会副主任。1952 年任高桥区联合诊所四方桥分所所长。1956 年调至县血吸虫病防治站从事晚期血吸虫病治疗。1987 年退休后，应邀在镇江市中医院从事老中医专家门诊。30 年临床实践中，摸索到血吸虫病肝硬化的一般演变和治疗规律，主张中西结合，攻补兼施。为了探求消除腹水疗效好、反应小的方剂，曾先后用五种驱水剂进行细微的临床观察，效果较佳，并写出论文《使用五种驱水剂治疗 83 例晚期血吸虫病腹水的临床观察与体验》，刊于《江苏中医杂志》；另有论文 10 余篇，发表于省级以上专业刊物。历任江苏省中医学会理事、江苏省血吸虫病研究委员会委员、镇江地区中医学会副理事长、镇江市政协常委等职。1958 年出席全国卫生工作先进代表会议。1982 年被评为江苏省先进工作者。2013 年 7 月 9 日逝世。

[链接]

沙一鸥，1916 年出生于镇江东乡大港镇西街中医世家。幼时在私塾读"四书""五经"，13 岁时即兼学中医，读《中医基础》《黄帝内经》等经典著作。16 岁随父亲临诊，21 岁避战乱往丹徒高桥乡行医。新中国成立后，参加联合诊所。1956 年到丹徒县血吸虫病防治站工作，担任晚期血吸虫病治疗组组长。在报刊发表数十篇论文。1958 年，被评为全国农业卫生先进工作者，出席了全国代表大会，受到毛泽东、刘少奇、周恩来等中央领导人的接见。71 岁退休时，被镇江市中医院聘请到专家门诊工作。2009 年 4 月，94 岁的沙一鸥才离开岗位。著有《15例晚期血吸虫病腹水临床观察》《诸泻心汤证治异同析》《痨科补苴》《因服商陆导致狂躁昏迷病案的探讨》《晚期血吸虫病诊余杂记》《家传验方抄》《家传验方抄(二)》《使用五种驱水剂治疗83例晚期血吸虫病腹水的临床观察与体验》等。

13岁结缘中医,此后数十年的人生便心无旁骛,在"望闻问切"中悬壶济世,遂成镇江杏林的参天大树,赢得医界敬仰、百姓赞誉。众望所归,2013年6月25日,98岁的沙一鸥获得了江苏省医师协会、江苏省医学会颁发的"江苏省医师终身荣誉奖",成为镇江市首位获此殊荣的医生,这是对他一生仁心妙手济苍生的褒奖和肯定。

立誓从医济苍生

沙一鸥1916年生于镇江东乡的大港西街。他是镇江鼎鼎大名的"沙氏中医"的传人,到他这儿已有十余代了。

据光绪《丹徒县志》记载:"沙书玉,字石安,精内外科,医学甲一郡,声振大江南北,著《医原纪略》《痨科补苴》等书,皆自抒心得,能发前人所未发。"1992年出版的《丹徒县志》中的《人物传》记载:"沙书玉,原籍武进孟河。祖父晓峰,在常州开诊所;父景韶,行医于大港镇而迁居寓地,入丹徒籍。沙书玉承继世业,在家行医。因其治病疗效好,治愈率高,声誉日起,名闻大江南北。""沙氏中医"经几代传承,握有独门绝技。《镇江市卫生志》记载:"以大承气汤挽救垂危,为沙门独得之秘。其于外症,外疡初期,以内服药消散;排脓引流,擅用火针;外用药末合成简单,疗效显著。"

在中医世家的浓厚氛围中,沙一鸥耳濡目染,从小就打下中医根基。上私塾时除读四书五经外,他13岁即兼学《中医基础》《黄帝内经》等经典著作,16岁便开始随父亲临诊。他一边认真观察父亲的就诊过程,一边细心领悟"望闻问切"的要义所在。他一头扎进博大精深的传统医学中,全身心地吸收营养,勤研祖传医学理论。几年下来,他的中医功力大有长进。

沙一鸥知行并举,尤重典籍学习。他后来总结说,初应诊时,常感无从下手,皆是白天应诊,晚上苦读检索验证。他倡导由本到流的学医方法,先读经典典籍,建立根本,知晓理法方药,其后读历代著作、脉案经验。此方法任重道远,虽不能及时上手,常枯燥无味,但一旦根本充实,便水到渠成。

全面抗战爆发后,21岁的沙一鸥为避战乱,前往大港对面的丹徒区高桥乡开业行医。当时连年兵燹,农民生活困苦,卫生条件较差。每遇恶疾来犯,由于缺医少药，百姓贫病交加，苦不堪言。

有一年恶性疟疾大流行，病倒的人接二连三，想着治病救人的天职，沙一鸥冒着被传染的危险，走村串户，连续施方救治，将十数里范围内的患者大部分治愈。看到一个个病患从疾病中重新站起来，获得新生，治病救人的成就感随之而来。沙一鸥坚定信念，下决心要一辈子从医，用自己的仁心妙手为百姓减轻痛苦。

投身血防送瘟神

"绿水青山枉自多，华佗无奈小虫何。千村薜荔人遗矢，万户萧疏鬼唱歌……"当年血吸虫病肆虐神州大地，有"瘟神"之称。沙一鸥全身心地投入了这场"送瘟神"战役。

丹徒是血吸虫病重点流行地区。新中国成立前，血吸虫病几乎遍及丹徒农村，沿江的石桥乡和江心、高桥、世业三个乡，钉螺密布，严重威胁村民的生命安全，有的地方甚至村残户绝，田园荒芜。

新中国成立后，沙一鸥参加了联合诊所。1956年，他到丹徒县血吸虫病防治站工作，担任晚期血吸虫病治疗组组长。毛主席发出"一定要消灭血吸虫病"的号召后，他思考着如何通过中西医结合攻克血吸虫病。他和同事们风雨无阻，走遍全县21个乡镇3000多个生产队。当时交通条件落后，他不会骑车，到村组都靠两条腿，一天走几十里路是常事。凭着一份执着，他始终奔走在高桥、世业、江心等血防一线，"沙一鸥"的名字在这些地方可谓家喻户晓。

晚期血吸虫病，中医称"臌胀"，俗话说"瘫痨臌膈，妙药难医"。20世纪50年代，西医对此束手无策，沙一鸥和同事知难而进，潜心探索，走出了一条新路。经过多年努力，沙一鸥他们总结出"西药利尿，中药扶正，扶正治本，逐水治标"的一整套中西医结合的治疗方法，在报纸杂志上发表了数十篇论文，为发掘和弘扬祖国医学做出了贡献。

血吸虫病的晚期病人肝脾被损害，会产生腹水，丧失劳动能力，进而危及生命，需要集中住院治疗。而当时农村条件有限，只能因地制宜，因陋就简。沙一鸥找到学校或空置的房屋，布置一些病床，成立乡村血吸虫病治疗室。治疗血吸虫病，需要医术，更需要医者之爱。沙一鸥与病人同吃同住，随时观察病情变化，调整治疗措施，有时他一两个月才能回家一趟。沙老次子沙立回忆说："那时，一两个月能见到他就已经不错了，陪伴家人、照顾子女对他而言已成奢望。"沙一鸥后来曾请人刻过一枚闲章"行脚生涯三十年"，以纪念其中的甘苦。

在沙一鸥和同事的精心治疗下，不少危重病人恢复了健康。江心乡五墩子村十五队的陶某某，17 岁患晚期血吸虫病，已形销骨立、腹水膨隆，经过治疗，腹水消退，逐渐康复。1990 年，当沙一鸥回访见到他时，陶某某已成为一名船工，育有一子，家庭幸福。看到眼前健健康康的陶某某，对比其就诊前腹部膨隆瘦弱不堪的照片，沙老发自肺腑地感慨："这是值得我一辈子欣慰的事！"

由于贡献突出，1958 年沙一鸥被评为全国农业卫生先进工作者，荣幸地出席了全国代表大会，在北京人民大会堂受到了毛泽东、刘少奇、周恩来等中央领导人的接见。毛主席去世后，他还被邀去纪念堂瞻仰毛主席遗容。

医术精湛托生死

"飘飘何所似？天地一沙鸥。"沙一鸥就像杜甫笔下的那只沙鸥，在中医的天地自由地飞翔，用精湛医术遍洒甘霖，救死扶伤。

沙一鸥71 岁退休，本可以安享晚年，但他有治疗各种常见病、多发病、内科疑难杂症，尤其是治疗肝、胃及内分泌失调等疾病的专长，退休时即被镇江市中医院聘请到专家门诊工作。一直到 2009 年 4 月 1 日，由于年老有病，他才离开心爱的工作岗位，其时已是 94 岁高龄了。挥手告别之际，他用诗言志："九四韶光容易过，从医执业七三多。卅年行脚专疗蛊，百计求生起宿病。自愧一身鲜建树，拼将余热易蹉跎。天公惠我深知足，从此吟哦常乐歌。"

在发挥余热的 23 年间，他的技艺愈发精巧，名望日隆，各地病患慕名纷至沓来。"一开始，在中医院找我看病的并不多，知道我名字的也很少，但是到后来越来越多，最后应接不暇了。"2009 年沙一鸥忆及当时的情景时笑道。

病患为何络绎不绝找他看病？因为信任！这是百姓做出的选择，是对他医术、医德的高度肯定，可将自己的生死托付给他。沙一鸥确实也倾尽全力了。他每天中午吃完午饭，12 点半就从家出发去医院。"到了医院看到很多人等我，便开始看病。患者既然相信我，看病就不能草草了事，必须一个一个看好了。"沙一鸥一丝不苟地为病人望闻问切。"沙老用药，延承孟河医派风度，尚轻灵，不使蛮力。"沙一鸥所带徒弟李东方一针见血地总结出他的看病风格。

有医生质疑，这样用药，怎么能治好病？李东方坦言，沙老这是四两拨千斤。所谓量之大小无系，全在用之得当。

病患最有发言权，他们反映，沙老药方因势利导，虽不下猛药，但对症下药，往往事半功倍，真正以人为本，提高了病患的生活质量。

沙一鸥80 岁以后，仍一如既往，保持在职时早上班、迟下班的习惯。一般提早半小时上班，推迟一小时左右下班，尽量满足广大患者的求诊要求。沙一鸥门诊，每诊一号，边诊脉，边问诊。他敏锐地抓住病人开头所述之不适，追寻疾病之源。他问诊，先问所苦，然后问询饮食、睡眠、大小便等。

找他看脾胃病的患者颇多，对于脾胃方面的知识，他总是耐心地告诉患者如何调理、怎样防护，说得翔实仔细。比如对胃病，他告诉病患，一定要远离辛辣、甜冷、厚腻。

沙一鸥非常重视舌诊，病历记述细致，四诊结束后，稍作组织用词，即口述之，由一旁的助手记录，理法方药，样样俱全，一气呵成，"记忆之沈、思维缜密之力，吾辈无能企及"。整个病号下来，大概12分钟左右。他看病极为细致，很少有医生能和他相比。有时看完病，他仍不忘告知患者药物煎煮、服用事项。有些病人病情较为复杂，常惴惴不安，他和颜悦色地予以安抚，讲解调摄养生的方法，打消患者疑虑，关切之深让人倍感温暖。

对于博大精深的传统中医，沙老认为，中医要充分考虑如何在西医较弱的方面发挥自己的作用和长处，多用一些现代科学知识武装自己，加快中医的现代化步伐，只有这样才能赢得患者更大的信任。

医者仁心有大爱

为世人消除病痛的医生受人尊重，德技双馨的沙一鸥赢得百姓敬仰。这种人格魅力源于他有一颗博大的仁心，无论富贵贫贱，他对患者一视同仁，真正以诚待人。"医生一定要有爱心。对待病人，我能做到一个医生的本分，尽心尽力，尽我所能地去帮助他们。"这是他经常挂在嘴上的话，也是这样做的。

20世纪90年代，镇江市在河滨公园新建集老年人休息、娱乐、健身为一体的颐养楼。市老龄委的胡凤笙找到沙一鸥，想请他出山，为老年人做些养生、医疗、咨询服务的工作。这时，沙一鸥不仅在中医院开设专家门诊，还接受了四院和云台医院的邀请。胡凤笙直截了当地问："您工作很忙，还能不能抽空到颐养楼，再为老年人做点事？这是尽义务的志愿劳动，没有报酬的。"考虑到自己的专业特长，沙一鸥立即答应："我非常愿意为老人做点事，现在每周有两个下午空着，我按时去义诊吧。"

从此，他便按时到颐养楼义诊。有一年冬天大雪封路，交通不便，家里人都劝他别去了。沙一鸥正色道："做人要讲诚信，我不能让老年人白跑一趟。"最后，在儿子的搀扶下，他顶风冒雪去颐养楼义诊。那天确有好几个人来看病，讲究诚信的沙一鸥终未让他们失望。

病患遇到困难，沙一鸥也总是尽力帮助。一天傍晚，一位安徽农民登门求医，诊脉处方结束后，病人高兴之余叹了口气。一问，原来由于难得出门，路不熟，误了火车，又走了冤枉路，当晚再住旅馆，第二天回去的路费就成了问题。沙老闻听，当即和家里人商量，能否加一床被子，让患者和他同眠。沙一鸥说，以前在丹徒治疗组都是和病人同住，就是没同榻。这位患者所患的不是传染病，同榻也无妨。那位安徽病人不好意思再打扰他，最后沙一鸥让儿子陪病人找到旅馆，并帮病人付了住宿费。

沙老93岁在接受记者采访时曾笑着评价自己的中医人生："我这一辈子做了两辈子的事，值了！"

2013年7月9日，听到沙老离世的消息，镇江市民在震惊之余，纷纷自发缅怀他的事迹，通过微博、论坛表达自己的哀痛之情。网友说："沙老为我家三代人看过病，不能去现场送别沙老，我心里十分难过，一路走好！"

"他白发苍苍，白得发亮，没有一点杂质。佝偻着背在桌上像一小学生在认真写家庭作业，用放大镜观看文字，但声音清亮，耳朵灵捷。"一位病患多年后清晰地记得第一次见到沙老时他的音容笑貌。

"这是我在这么久以来第一次在一个帖子里看到没有嘲讽，没有谩骂，没有争论，只有默默缅怀的声音，他的一生都值得我们尊敬。"一位网友感慨。

裴伟先生用一副挽联寄托哀思："鹤游海岳，烛照杏林，好水好山千载憾；业绍孟河，诗宗子美，治身治学一瓯存。"

多彩人生结善缘

"春蚕未完茧，秋叶犹含青。"沙一鸥在90岁生日时用诗言志。他一生为人谦虚低调，性情豁达，与人为善，爱好广泛，喜结社会各阶层的人士，上至领导、专家学者，下至市民、农民兄弟。

退休后在市中医院工作期间，尽管工作较忙，沙一鸥仍乐于提携后进，对带教实习生总是耐心细致地讲解，倾囊相授，在医院没时间，就让他们到家里去问。南京中医药大学的实习生李东方学习勤奋，不懂就问，常常到他家里探讨学问，一待就是两三个小时，家里人有点不高兴，怕耽误他休息。沙一鸥觉得李东方钻研精神难得，遂说服了家人，一心一意为他答疑解惑。沙一鸥虽觉疲劳，但心里非常高兴："得天下英才而教之，不亦乐乎！"李东方后来上了研究生，仍然经常打电话或写信与他保持联系。

沙一鸥曾任江苏省血吸虫病研究委员会委员、江苏省中医学会理事、镇江地区中医学会副理事长、镇江市政协常委、丹徒县人民代表大会代表、丹徒县政协委员等。在繁忙的工作之余，他积极投身于各种社会活动，为传统医学的发展鼓与呼。

除了精研医学，一有空闲，沙一鸥便畅游在诗词书法的海洋，从中国传统文化中汲取智慧和力量。他是镇江市多景诗社社员，所创作的诗词或以祖国发生的大事为创作题材，或与名人大师唱和，或写景抒情，展示了他在古诗词方面的独特造诣，在全国性的诗词创作评比中多次获奖。其诗词作品曾收录于《当代江苏千家诗》《中华诗词》《中华颂》等。2013 年，沙一鸥的作品集《芜诗存稿》刊印面世，作品集收录了他从医之余创作的 125 首诗词。这些诗词表达了一位普通医师与祖国同呼吸共命运的浓浓爱国情怀，以及对家乡巨变的欣喜和对亲朋好友的深情厚谊。在《忆江南》中，他饱含深情赞美："丹徒好，地利实堪夸，万里长江开良港，百年古渡竟通车，前路正无涯。"

对一生从事的卫生事业，他也多有歌咏。在《庆祝建国 40 周年——卫生事业成就》中，他写出了今昔巨变："从来贫病万家忧，欲叩医门何处求？欣见明时多雨露，于今沉痼不须愁。"

对于心爱的中医事业，他更寄予了美好的期许："从来国运与医通，国祚衰时医亦同。幸遇明时政令好，遂教凋谢复苏荣。中兴端赖中流柱，续绝还须续命功。愿与同侪齐奋力，好将余热荐春风。"

（沈春来）

沙书瑞

———

　　字序五,镇江大港镇人。清代名医。沙书玉弟。承家学,以医名,尤以内、外、喉科著称于世,是镇江"大港沙派"的主要传人之一。长子沙用庚、次子沙用儒、三子沙用璋,皆从父业,以医传家。

沙载阳

1 9 2 1
|
1 9 9 6

　　1921 年 2 月生,镇江大港镇人。中共党员。中国农工民主党党员。家庭世代为医,迄今已 13 代。少时随父沙秉生学习中医 5 年。1940 年在大港开办诊所。

　　因受表姐夫王龙(镇江第一任市长)影响,配合从事一些地下革命工作。后即在镇江开办诊所。1955 年参加第三联合诊所。1958 年分配到新成立的镇江中医院工作。业务上擅长调理脾胃、疏泄肝胆。曾自制"泻北敷剂"治疗肝硬化、腹水,自制"胃溃疡粉"治疗胃及十二指肠溃疡,自制"风湿灵胶囊"治疗风湿性关节炎。历任镇江地区医药学会中医学组组长,镇江中医学会副理事长等。镇江政协第五、第六、第七届委员会委员。1987 年退休,应镇江中医院之聘继续工作。1996 年逝世。

[链接]

　　沙载阳,1921 年出生在镇江大港名医世家"大港沙家"。15 岁随父学医。抗战初期,在大港天寿堂药店自设诊所。1942 年在表兄王龙指引下,利用医生身份到镇江城内看病之便,秘藏抗日标语、报刊、印刷品,散发到敌统区街巷商户和日伪机关,前后达二三十次。沙载阳传承先祖医术医德,对中医经典医著研究甚深,尤其精通脾胃学术,终成一代名医。著有《"疡科补苴"学术经验简介》《治疗痛痹的体会》《使用泻北敷剂治疗肝硬化腹水的病例报告》《使用小柴胡汤逍遥散治疗胆囊炎的体会》,与许步仙合著《无黄疸型肝炎之临床体验》,与滕又轩合著《中药治疗"顽固"性末梢神经炎(痹症)一例报导》等。历任镇江地区医学会中医学组副组长、地区中医学会内科学组组长、镇江市中医学会副理事长、中华全国中医学会理事等职。1996 年去世,享年 76 岁。

行医救国为百姓

沙载阳是"大港沙家"第十三代传人,幼承家学,15 岁就随父行医。抗日战争初期,沙载阳在大港天寿堂药店自设诊所。1942 年,担任新四军丹北中心县委敌工部长的王龙(1945 年被任命为镇江市市长,烈士)找到他。当时镇江已沦陷,同胞们过着屈辱的生活。二人都感到"国家兴亡,匹夫有责",治病可以救人,但拯救不了家乡被日寇占领的事实,只有大家起来,担负起天下的兴亡,赶走日本侵略者,老百姓才能免受日本侵略者的蹂躏。在王龙指引下,沙载阳决定利用到镇江城内看病之便,秘藏抗日标语、报刊、印刷品,散发到敌统区街巷商户和日伪机关,达到唤起民众、瓦解敌人的目的。

为了既达到宣传抗日的目的,又能保护自己的安全,王龙教授了他在药箱中秘藏抗日文件的方法,以及在敌伪机关、居住处散发、张贴抗日标语、报刊、印刷品的技巧和被敌伪人员发觉抗日文件后的对策。从 1942 年到 1945 年抗日战争胜利,沙载阳在镇江城内张贴抗日标语、散发抗日传单和印刷品前后二三十次。有次王龙亲手交给一叠印刷品,要沙载阳投进有军警站岗、戒备森严的日伪宪兵队办公之处,此处地址在今伯先路工商联合会,附近人行道上常有宪兵巡逻,无从下手。第三日,下午天阴微雨,沙载阳带着藏有材料的雨伞,行走在日伪宪兵队站岗的马路对面。正好有一载人的黄包车失重后翻倒,乘客和车夫跌倒在伪宪兵队附近,借过往行人围上观看、站岗军警注意力分散之时,沙载阳将宣传品快速取下,丢进日伪宪兵队门前的铁栅栏内。不久接到王龙的信说"你又做了件好事"。

艺技高超为人民

沙载阳出生于中医世家,沙家世代行医。1993 年《丹徒县志》有载:沙书玉(1802—1887),字石庵,原籍武进孟河。祖父晓峰,在常州开诊所;父景韶,行医于大路镇上而迁寓地,入丹徒籍。沙书玉承继世业,在家行医。其住宅邻近有一小街,街中有两家药店、两家旅馆,专为远近来治病者服务,人称之为沙街。沙书玉擅长内、外、喉科,对温热病理、痈疽的定性及临床的辨证有独到的见解,对这类病的治疗有其相应的方法,往往药费少而疗效好。名医陈熙元之兄患肠痈,请其诊治,沙书玉叫他回家用皂角刺若干斤,煎取浓汁,文火熬糊,用红糖收膏,每天吃糯米粥时和入服用,很快治愈。丹阳一产妇患温病,多方延医均未见效,后请沙书玉诊治。沙书玉搭脉时要病家买一西瓜,病家当时很不理解。待病人吃完西瓜后，病情已减轻大半，后继而服药，不日治好。因治病疗效好，治愈率高，沙书玉声誉日起，名闻大江南北。沙书玉为人慈善，收治贫民病人不取报酬，寒冬腊月，常以米接济断炊户；大港河道淤塞，倡议捐资疏浚，以利行船；出资修理大港至谏壁的石子路；还创办了育婴、恤嫠、义塾等公善堂。沙书玉著有《医原纪略》一卷、《疡科补苴》二卷。

沙载阳传承世祖医术医德，在理论和实践上有自己独特的建树和阐发，提倡中西结合、西为中用；强调一切从实际出发，既善于学习古人的经验，又善于吸收近代的新理论、新技术，从而创造出一套行之有效的治疗方法，积累了丰富的经验。自20世纪50年代到合作诊所，他一直在中医院坐诊，几十年如一日，70岁还应诊不暇。为了不让一个病人失望而归，他宁可自己拖班加点。许多外地病人慕名而来，到他家先诊，沙载阳给家人定下条规，不准拒病人于门外。

有个姓叶的女病人，患有急性粒细胞性白血病，先在镇江某医院诊治，后转到苏州血液防治医院治疗，确定是不治之症，且病情继续恶化。叶女士及家人也感到无望，听说沙氏世代出名医，就到镇江市中医院请沙载阳看看。沙载阳叫他们不要慌，仔细望闻问切后开出了药方。回家服药后，家属觉得叶女士精神好多了，就继续在沙载阳处诊治。几个疗程后，叶女士的病情逐渐趋向稳定。叶女士家属带其到苏州血液防治医院复查，证实叶女士"已属于完全缓解期"，病人心情、气色大好，此后竟能操持一般家务劳动，长达8年。

沙载阳善于总结经验，并将他的临床实践成功案例发布到权威医学杂志，与同行分享。1961年《江苏中医杂志》第三期发表了沙载阳的《使用泻北敷剂治疗肝硬化腹水的病例报告》；同年，镇江市科学技术委员会、卫生局和医学科学研究所编辑的《中西医结合临床资料汇编》中载有许步仙及沙载阳《无黄疸型肝炎之临床体验》、沙载阳及滕又轩《中药治疗"顽固"性末梢神经炎（痹症）一例报导》。镇江市中医学会论文选编中，1963年有沙载阳的《使用小柴胡汤逍遥散治疗胆囊炎的体会》；1979年《江苏医药中医》分册第三期刊载了沙载阳的《治疗痛痹的体会》；1981年《江苏中医杂志》第三期刊载了沙载阳的《疡科补苴学术经验简介》。疡科补苴是沙氏祖传，沙载阳将其发扬光大。此学术经验在中医外科有不少创建。其特点：一是对外疡初起，强调辛凉"内消"。二是对痈疽的定性，破除传统观念，提出新的论点，疽痈同由燥火湿热而成，疽是"毒火陷阴""火伏阴中"，并非寒症，不能用辛温补托。此说有指导临床的实际意义。三是对临床辨证做出了新的分析阐发。如一般认为外疡属阳，不痛属阴，痛易治，不痛难治。沙氏学术经验则认为痛与不痛的关键，在于火灼血，湿多湿不多。

火灼血,湿不能润血则痛;火不灼血,湿多能润血则不痛。不痛既不能用温药,也并非逆证。此外,沙氏还论述了如何从脓腐腥秽等方面辨析吉凶预后,并用大量病例证实以上这些观点。沙氏学术经验还对刀针的禁忌、手法的运用等做了阐述,大大丰富和发展了中医外科的学术经验。1986年的镇江市中医院学术资料汇编中,又刊载了沙载阳的《临床运用血府逐淤汤的点滴体会》《慢性肾炎治疗之我见》《一例急性粒细胞性白血病获得缓解的报告》。恒顺酱醋厂61岁女职工叶某,1980年8月经苏州医学院附属一院骨髓检查,诊断为"急性粒细胞性白血病",收进住院治疗,口服"硫唑嘌呤"及注射"阿糖胞苷"等。治疗后谷食不进,呕吐频频,体质渐衰弱,且经常出现休克。家属轮流守候,最后一次休克竟长达半个小时之久,医护人员竭尽全力抢救,患者方得缓慢苏醒。因西药特效的药物均不见效,乃于1982年2月18日到镇江市中医院就诊。患者形体虚浮,头发尽脱,面色发白无华,四肢凹陷性浮肿,精神萎靡,语言低微,不能站立,谷食不思,恶心呕吐,小便少,大便数日未解,有时出现稀大便,且量少;舌质紫,苔少,中剥;脉细弱不耐重按。综合症情,气血两亏,元气大伤,勉拟益气,养血,柔肝,和胃,运脾,佐以辛开苦降,冀其得谷则昌。处方如下:潞党参30克、黄芪30克、茯苓15克、焦白术10克、炙甘草3克、陈皮5克、丹参30克、赤白芍各10克、黍米12克、川连3克、吴萸2克、川当归6克。服4剂后呕吐已止,能进谷食,约一两左右,唯精神萎靡,并伴有胆囊区疼痛作胀。乃从原方中加入制香附10克、广玉金10克、红枣10个,继续每日一服,以后谷食由每日一两逐渐增加至3~4两,精神较振,失发渐生。

经一段时间治疗,面转华色,头发长齐,周身浮肿全消,饮食如常,二便自调,精神振作,家务劳动,并不觉累,舌质红润,苔布薄白,脉弦缓,仍拟原法进退。处方如下:潞党参30克、茯苓15克、焦白术10克、大丹参30克、赤白芍各10克、黄芪30克、川当归6克、制黄精15克、广玉金10克、枳壳10克、大熟地15克、生苡仁30克、生麦芽30克、红枣10个。以后即按此方每日一服,共服3个月。5月中旬,其子与其一同到苏州医学院附属一院检查血液,髓象结合症状提示:急性粒细胞性白血病仍处在完全缓解期。

沙载阳的体会是:(1)急性粒细胞性白血病属于死亡率最高的一种疾病,此患者由于药物反应较大,饮食不能进,且呕吐频作,全靠输液输血维持生命。吾人赖以生存活动,厥惟气血,今气血两亏,生命动力式微,力病之根本。然精生于谷,脏腑百骸无不赖水谷之精微以营养。今胃不受纳,无由使水谷化生精微,则虚必更甚。因此治法上采取培补气血以治本,柔肝和胃以治标,又佐以苦降辛开,使其呕恶能正,胃纳能开,则得谷者昌,气血滋生得到保证,虚体自可徐图恢复。且祖国医学治疗疾病,重视整体观念与辨证论治,根据脾胃学说,脾胃在人体中占重要地位。所谓有胃气则生,无胃气则死。该患者之所以获得缓解与好转,全赖脾胃生机。脾胃又为后天之本,生化之源,气与血来源于营养物质,谷饮入胃,输精于脾,而至一身,关系到生命存亡。(2)方剂中丹参、苡仁在现代学说中有抗癌作用,加之大剂量益气健脾养血之品能增强免疫功能,提高抗御外邪能力,从而收到病情完全缓解的效果。虽未能达到治愈的目的,然能延长寿命,也是祖国医学对人类的贡献。

沙载阳在中医院还研制出"泻北敷剂"和"胃溃疡粉"。"泻北敷剂"对患有早期肝硬化腹水及慢性肾炎腹水这类脾肾阳虚型的病人,利水效果较好,曾在北京科技出版社出版的《各地老中医发明创造》一书中刊登过。沙载阳配置的"胃溃疡粉",经临床实践颇具疗效,镇江市中医院月销售达三四百斤之多。

同行不忘老前辈

金殿春是扬州市名医、仪征中医院主任,其"白马散"主治抗结核药物所致肠道反应。功能:运脾化湿,生机护胃,抗痨杀虫。中草药:白芨、马勃、乌贼骨、白术、仙鹤草等份,粉碎后研细末,过筛备用。用法每次5克,每日3次,温开水调服。此方被载入《中国中医药报》之"名医名方"。金殿春对沙载阳情有独钟,曾撰文在《江苏中医药》1990年第1期中谈《沙载阳老中医临床经验鳞爪》。金文说:沙载阳老中医,精研医籍,临证善于辨证,灵活变通,师古而不泥古,经验丰富。笔者有幸得其指导,获益匪浅,现摘其经验一二,与同道共飨。胆识兼备,擅长守方。沙老常云:"效不更方,守方自可获效。"临证每遇就诊患者,首次药后,恙无进退及不良反应,认为药已切中病机,只将原方用量稍加调整,常奏显效。

医德传承激励后人

沙载阳的两个女儿均传承了"从医为民"的理念。长女沙文芳长期在镇江市中医院放射科工作,后到江苏省二监从事医务工作。次女沙文清成了沙氏第14代传人。她原是镇江第二制药厂厂医、解放军三五九医院国医堂医生,退休后仍在传承中医事业,继续在三五九医院应诊,继承家学。2015年1月15日,71岁的沙文清因自身免疫性肝病离开了人世。在弥留之际,她将自己一生结存的20万元全部捐给了镇江市红十字会,希望专门用于困难孤寡老人的医疗救助。

　　为将此善款用好，镇江市红十字协会和"社会儿女"志愿者尝试成立了专门的沙文清医疗救助金管委会，由沙老家属代表、志愿者团队、红十字协会和媒体代表共同参加。经网友提名、社区把关，首批共有9位来自金山街道小街社区的老人得到救助，每人接受善款3000~6000元不等。这9名老人都是低保或者低收入独居的老人，因为困难，他们中的不少人不敢去医院就诊。受捐6000元的王士文老人激动地说："感谢沙老，作为她的同龄人，我们也要向她学习。虽然我们拿不出那么多钱，但是等我们死后，我们可以捐献自己的器官……"

　　首批医疗救助金共发放4.5万元，共分3批。2016年7月19日，21位困难空巢孤老喜获5.9万元救助金，另有4户困难家庭各获得1000元红十字会救助金。至此，"沙文清医疗救助项目"圆满结项。

沙耀宗

————

镇江大港镇人。清代医家，"大港沙派"传人。精于医，尤善治痧喉。刊有《经验方治》，遵《疡医大全·痧疹论》方，用活血法，佐以清热。尚有救活闷证之吹鼻法、咽喉臃肿之针刺法、吐法及外敷法等，所录医方多有效验。

张　勤

————

1964
｜

镇江姚桥镇兴隆村人。江苏省肿瘤医院副院长，江苏省抗癌协会常务理事，肺癌专业委员会副主任委员。精通食管癌、贲门癌、肺癌与纵隔良、恶性肿瘤的外科诊治，尤其擅长针对复杂的胸部肿瘤病人制订个性化的综合治疗方案。主持及参与省级科研各一项。获省科技进步二等奖一项。2016年获"江苏省优秀医院管理者"称号。

张锦生

1944
|

1944 年 3 月生,镇江姚桥镇迎滨村人。复旦大学医学院病理学教授。1962 年考入上海第一医学院医学系,1985 年考入上海医科大学,获博士学位。1988 年至 1990 年在美国 NIH 福格地(Fogarty)攻读博士后。主要从事病理学的教学与研究工作。研究方向为肝病病理,从事实验性肝癌癌变机理研究,肝纤维化发生机理的研究。发表论文 35 篇,主编和参编《现代组织化学的原理及应用》《原发性肝癌》《实用肿瘤病理方法学》等专著及教材 5 册。研究成果主要有"细胞外基质及间质细胞的病理生物学研究"。1991 年获国家教委授予的"有突出贡献的中国博士学位获得者"称号,1995 年获上海市科学技术进步二等奖和卫生部科学技术进步三等奖。2003 年被国务院学位办选为基础医学学科评议组成员。

陈裕业

1895
|
1969

字健侯,镇江市人。著名中医和武术家。史学家陈庆年之子。

1911 年毕业于南京江南高等学堂化学系。此后自学中医。因早年长女患喉疾不治而夭,在研习中医各科中曾着力喉科,调制成特效喉药,施舍患者,一帖而愈。1920 年为父治中风,屡挽危症,延寿十年。

1929 年父亲病逝,他据其得病起因和治疗过程总结出万余言的《哀启》,章太炎先生读此文后,赞云:"此乃医界奇才,横山先生有子如此,可安眠于九泉矣!"精研脉理,发展了李时珍《濒湖脉学》,于开拓中药疗效尤有独到之处。力主中西医结合,身体力行,常备针剂及特效药,结合中医汤药丸散为患者祛病。

1929 年,国民党内务部长张厉生欲废止中医,他挺身而出,为中医界呼吁,写成长篇论文,痛斥张厉生,强调中医对人类健康的伟大贡献,主张中医非但不可废,尚应发扬光大,发表于《苏报》,大义凛然,后经中医界集会上海,抗议力争,使张厉生不得不收回成命。在集会上海期间,与浙江名中医秦伯来先生相识,结为知交。对疑难杂症,往往能起死回生,一时名噪江南。1928 江苏省设国术馆于镇江,武当传人、孙派太极创始人孙禄堂(福全)任副馆长兼教务长,与他讨论太极哲理,并教以拳法,他三年后尽得师之精髓,有"泰山压顶"之誉。

陈裕业笃信佛教,毕生精研医理、易理和佛学、老庄之学,融佛、易、医、拳于一身,其儿辈中有继之者。1969 年因疾而终。

赵康仁

1 9 5 9
|

1959 年 4 月出生于镇江大港镇。主任医师,教授。江苏大学附属镇江第四人民医院党委委员、大内科主任、神经内科主任、神经病学教研室主任。江苏省医学会神经病学专业委员会委员、脑血管病学组委员,镇江市神经内科专业委员会主任委员。镇江市有突出贡献中青年专家和学术技术带头人。江苏省高级职称评审专家库专家、省预防接种不良反应鉴定专家,镇江市康复医疗集团首席医疗专家、市劳动伤残能力鉴定专家和市医疗鉴定专家。

从事神经内科临床工作 30 多年,积累了丰富的脑血管病、帕金森病、癫痫等神经系统疾病临床治疗经验,在镇江率先开展了 20 多项新技术、新项目。发表医学论文 50 余篇,担任副主编参加编写《神经病学》《中国最新实用临床药物手册》两部专著。以第一作者完成省、市科研项目 5 项,参与完成"江苏省六大人才高峰"D 类资助项目和江苏省自然科学基金项目的研究工作。先后获省医学新技术引进二等奖 1 项、市科技进步奖 3 项和市医学新技术引进一等奖 2 项。

获得市首届十佳医德标兵、市卫生局优秀共产党员、市五一劳动奖章、市劳动模范和省卫生行业"百名医德医风标兵"、省五一劳动奖章等荣誉。

[链接]

医界坚守三十余载,做脑健康的守护者

"时间就是大脑,时间就是生命。"这是市第四人民医院神经内科主任赵康仁经常挂在嘴边的一句话,也是贯穿其职业生涯的座右铭。从业三十多年来,他先后开展二十多项新技术,填补我市神

经内科领域多项空白。在他的带领下，四院神经内科团队不断攻克医学难题，提升治疗水平，获得广泛认可。就在不久前，一块金字招牌从中国卒中学会寄往四院，这意味着该院神经内科已经顺利通过审核，即将挂牌成为中国卒中中心联盟成员之一，这不仅是对赵康仁所在团队能力的肯定，对于到四院接受治疗的卒中患者而言，则可以享受到更及时、更规范、更放心的医疗服务。

赵康仁现任市四院大内科主任、江苏大学神经病学教研室主任、市神经内科专业委员会主任委员等，先后获得镇江市有突出贡献中青年专家、镇江市学术技术带头人、江苏省卫生行业"百名医德医风标兵"等多项荣誉称号。在临床工作中，他屡次填补我市专业空白，并坚持"专科、学术两手抓"，共发表论文40余篇，参加编写了《神经病学》《中国最新实用临床药物手册》等医学著作，他主持完成的4项科研项目在省、市获得多个奖项。

在赵康仁的团队中，医生无论年长年轻，都必须遵守一条"队规"——"手机24小时开机，患者有情况随时与我联系"，也正是这个看似"不近人情"的硬性要求，在无数个深夜，挽救了一个又一个患者的生命。

上个月的一天晚上，70岁的高奶奶突感右侧肢体僵硬、无力、不听使唤，家人送医时，右侧肢体已经完全无法动弹，并丧失言语功能。经检查，高奶奶为脑梗、冠状动脉粥样硬化性心脏病，对于这样的患者，只有抓紧时间采取有效治疗措施，才能避免肢体全瘫、突发心脏意外，甚至猝死。接诊的神经内科主任医师任乃勇立即与赵康仁取得联系，经过会诊和评估，一致判定老人符合静脉溶栓适应证，并于黄金时间内为其成功溶栓，挽救了她的生命。"多亏了神经内科几位医生，我才保住了命，万分感谢。"出院时，她还不忘对参加抢救的医生护士表达感谢。

作为镇江地区"最年长"的神经内科，市四院神经内科成立58年来，承担着我市及周边地区神经系统危重、疑难病人的会诊和救治工作，在各类脑血管病、中枢神经系统感染性疾病、难治性癫痫、眩晕、周围神经痛、老年性痴呆等疾病的治疗方面积累了丰富的临床经验。今年上半年"内儿"大楼成立后，该科扩大两个病区，床位增至一百多张，成为全市规模最大的神经内科。规模的增加，意味着肩上的担子加重，"不能因为工作量增多，就减少对患者的耐心和细心"，他时常告诫年轻医生，医生要急病人之所急，对病人的痛苦要感同身受。在赵康仁与神经内科主任医师、市神经内科学术技术带头人、省有突出贡献的中青年专家钱进军博士一起，带领团队成员不断跟踪学科最新动态，近五年来开展了神经康复、难治性癫痫24小时动态脑电检测、尤瑞克林治疗急性脑梗死和卒中后血管认知损害等研究技术,特别是缺血性脑血管疾病的介入治疗,脑梗死患者发病后若及时应用甚至可以成为"救命之法",对降低患者致死率、致残率起到至关重要的作用。

"对于脑卒中高危人群以及有过'小中风'的患者来说,在发病前做好预防是关键。"赵康仁提到,下一步,市四院神经内科会将防治脑卒中的关口前移,安排专家下基层,加强随访干预力度,从源头培养患者及其家属一级、二级预防观念,并对患者进行复发风险评估,推动脑卒中防治工作精准化。

(钱菁璐、杨泠撰,原载 2016 年 10 月 18 日《京江晚报》)

胡玉梅

1 9 3 0
|

女,1930 年 12 月生,镇江大路镇东岳村庙西张人。自幼聪敏伶俐,学业优良,且有文艺天赋。

1944 年 5 月,在宗张巷小学读高年级时,积极参加抗日宣传活动,被圌山区委特批为少年共产党员。抗日民主政府号召参军,15 岁的胡玉梅毅然报名,同戴家小学女学生、16 岁的戴风玉(枫宇)结伴同行,渡江北上,在江都县参加新四军五分区文工团。次年进入新四军六师卫生部军医学校学习。结业后投入苏北、山东等重大战役的战场救护。

中华人民共和国成立后进入北平,学习儿科医学。1953 年毕业于第五军医大学,后任总后勤部儿科军医。1978 年转业到卫生部下属卫生实验所担任副主任医师,并参与科研活动。

1986 年联合国原子辐射效应科学委员会在一份报告中提到"应当优先设法直接收集人类胚胎或胎儿辐射效应"问题。胡玉梅怀着对儿童的无限爱心,开始研究"胎儿期受 X 线诊断照射后,儿童身体和智能发育的影响"这一课题。因 1980 年中国对胎儿检查已改用超声波,胡玉梅花了 6 年时间,到各医院查找 1980 年以前的病历,把那些孕期受 X 线照射和对照组的儿童及他们的家庭地址找出来,收集到 1.2 万余份完整的病历,又亲自体检和智能测验,获得有效资料 2217 例。经处理分析得出结论:胎儿从 6 个月到出生小剂量 X 线照射对儿童身体及智能发育无影响。她的论文在 1992 年北京国际优生会议上宣读,并被联合国原子辐射效应科学委员会采纳,编入联合国专题报告。

胡玉梅 1993 年被评为研究员,1994 年离休,任北京健康增龄老年工程开发中心董事兼策划部主任、中华老年报医学顾问等职。享受国务院政府特殊津贴。

柳 旭

1822
|
1887

　　字宾峒,丹徒人。诸生,清代名医。居横山。少颖悟,然功名抑郁,20余岁方补郡庠,故绝志进取,转而习医,为名医蒋宝素器重。咸丰初,迁居江北临泽镇,创难民局,为人诊视,治愈者甚多。生平好学,专心研究《素问》及张仲景医书达数十年,所发议论,多有独到之处。年逾六旬,犹秉烛观书。亦精通书法,笔意刚劲醇厚,有颜苏之风。卒年66岁。子柳启嘉,继其医业。

郦全福

1945
|

1945年11月15日出生于镇江大港镇西街。儿时随父母在无锡和大港往来居住。曾在大港西街小学、大港中心小学读书。1963年毕业于无锡市第八中学，经全国统考审核优先录取入西安第四军医大学五官系学习（学制六年）。1968年底分配到广州军区总医院，一直从事眼科临床工作。自1986年起任眼科主任，1987年职称评定为副主任医师，1992年晋升为主任医师。教授、文职二级、技术四级（正军待遇）。曾任三届中华眼科学会委员、全军眼科学会委员、眼科专业组秘书，广东省眼科学会副主任委员，广东省中西医结合眼科委员会副主任委员，中山大学中山眼科中心学位（博士硕士）答辩委员会委员。

广州军区总医院为中南地区军队的最高医院，除收治军人及家属外，还负责军地首长及来广东冬休的中央首长的医疗保健工作。改革开放后，广州军区总医院对地方全面开放。郦全福由于长期从事眼科临床实践，积累了丰富的临床经验，是国内早期开展荧光眼底血管造影、白内障现代囊外摘除人工晶体植入、白内障超声乳化及玻璃体手术等技术研究的医生之一。他尤其擅长眼外伤的治疗及眼部整形，对复杂眼病的诊治、眼病的中西医结合治疗、激光治疗眼病皆有相当高的造诣。参加工作以来在国内各类眼科杂志和会议上发表论文50余篇，获得军队科技进步奖十余项，其中三等奖四项。荣立三等功一次。《眼眶内容剜除后颞肌移植安装假眼法》《有机玻璃板塑形整复眼眶大块缺损》《轴形皮瓣移植修复全眼睑缺损及结膜囊缺如》《磁性义眼台及磁性义眼》等论文在国内均为首次发表。参与了6部眼科专业著作的编写和《实用解剖摄影图谱》（第二卷"头颈篇"）的翻译。有3篇文章入选吴阶平主编《医家金鉴——中华医学会千名专家从医经验纪实(眼科学卷)》。任职期间曾出访苏联费德罗夫眼科中心,出席美国国际眼科年会。英语达到"四会",能直接用英语宣读论文、与外宾交流。他的日文水平可直接参阅专业文献。业余爱好诗词和书法,曾刊印诗集《绿野放歌》和《金秋赋》,并有诗歌在《扬子晚报》和《金山》上发表。

钱进军

1 9 6 8

1968 年 2 月出生于镇江丁岗镇南朱村。中共党员。1986 年
7 月镇江市儒里中学高中毕业,1992 年 7 月南通医学院(现已并
入南通大学)毕业。2003 年 7 月苏州大学硕士研究生毕业,2004
年 7 月至 2007 年 7 月苏州大学攻读博士。2012 年 7 月至 2013
年 7 月哈佛大学访问进修。镇江第四人民医院神经二科主任暨
四病区主任,博士,主任医师,江苏大学兼职教授及神经病学硕士
生导师,哈佛大学访问学者,镇江市神经内科学术技术带头人,镇
江市医学重点人才,江苏省有突出贡献的中青年专家,江苏省"六
大高峰"人才,江苏省优秀科技工作者。

现任职江苏省医学会神经病学分会帕金森病学组委员,江苏
省医学会脑卒中分会委员,江苏省神经科学学会理事,镇江市医
学会神经病学分会副主任委员。

钱进军擅长缺血性脑血管疾病神经介入治疗,帕金森病和痴
呆等神经变性疾病、神经遗传性疾病、癫痫、脑炎等疾病的诊治。

章次公

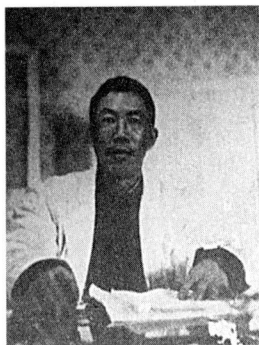

1903
|
1959

号芝庵，名成之，生于镇江大港镇。其父极堂，与赵声同学，后为同盟会会员，清末参加江苏新军，属赵声部下。后赵声被两江总督端方撤职，极堂回乡抑郁去世。时次公年幼，家境贫寒，曾给富户赵济舟做书童，工余常读占书。一次，孟河名医丁甘仁到其主人家作客，章次公送上香茗，丁甘仁见其眉清目秀，举止大方，颇有好感。通过言谈询问和听其娴熟地背诵唐诗，越发喜爱。不久，丁甘仁医师带其去上海中医专门学校半工半读，亲予教导。又师曹颖甫先生攻读经方，对《黄帝内经》《本经》《大论》《要略》《千金》《外台》诸书，无不悉心研读。毕业后在广益中医院实习三年，受到许多名医指导，为其在以后的医学实践中，奠定了扎实的基础。曾任上海世界红卍字会医院中医部主任。所治病人，日以百计。

抗日战争爆发后，开医业于徐家汇路寓所，不辞劳累为贫民治病。1954 年前，一直在上海行医。由于医德高尚，医术精湛，因此求医者络绎不绝。在医学实践中能博取各家之长，临床重在辨证，立方用药，不持门户之见。有用仲景之方，有用金元四家之方，也有用叶天士温病派之方，不拘一格。甚至对铃串郎中的药方，只要确有疗效，也常应用。他能结合现代医学理论，做到辨证细致，去伪存真，由表及里，标本兼治，尤其对慢性病和妇科病有独特的疗法。许多同乡人经常慕名前往求治，他总是热情接待，认真负责地为病人治疗。对贫困的求医者免费提供食宿，甚至赠送路费。解放战争期间，目睹国民党政府腐败，同情爱国民主运动。家住姚桥乡馒首村的王渊鉴在上海光华大学读书期间，因参与学生运动，被国民党当局拘捕，章次公竭力营救，使王渊鉴脱险到解放区工作。1955年冬,章次公健康状况已经不佳,但仍然应召去北京中央卫生部任中医顾问。1958年秋,兼任中国医学科学院院务委员,北京医院中医科主任。次年4月,任全国政治协商委员会委员、中国亚洲团结委员会委员。在北京期间,对工作认真负责,任劳任怨,纵然疾病缠身,仍坚持工作,多次为中央领导诊治。一次林伯渠患病,周恩来总理将北方名医所开处方交由南方名中医评议。章次公根据林老的体质指出:处方虽然对症,但必须先每日服用当归5两,数日后待林老筋脉和活,气血畅通,方能用药。经过这样处理,林老的病很快痊愈。从此,周总理对其更为器重。

　　章次公是主张熔中、西、新、旧医学于一炉的倡导者之一。先后著成《药物学》4卷(已收入《中国药学大辞典》),《诊余抄》1集,并拟修订《历代医籍考》。惜寿不永年,壮志未酬,于1959年11月6日患肝癌逝世。

教 育 体 育

卜中和

1 9 3 2

|

1932 年 3 月生,镇江大港镇人。幼年就读于丹徒大港祝家巷小学,后到上海读中学。新中国成立后返乡,1951 年起任丹徒县车辗口小学与段家村小学校长。1955 年任民政科副科长。后由镇江专署调送华东政法学院干训班进修一年。1956 年至 1960年,先后任华东政法学院哲学教员、院长办公室秘书(其间曾在中共中央第三中级党校哲学短训班学习半年)。后调上海市高教局,历任办公室科长、副主任等职。1983 年任副局长。

长期从事高教行政管理工作,写过一些关于高教改革、后勤管理、财务管理等方面的文章(均在报刊发表,有的获优秀论文奖)。主持"上海市人才现状普查与需求预测"课题研究,获上海市 1985 年度科技进步二等奖和 1987 年度全国科技进步三等奖。参与主编《上海高教系统教授录》《上海高教四十年》。受聘担任联合国教科文组织资助项目高教干训教材《大学后勤管理》的主编,1986 年后兼任《高等学校文科学报文摘》《上海高教研究》的主编与《上海文化年鉴》编委会委员。1984 年主持筹备全国高等学校后勤研究会,任第一届常务副会长,第二、第三届副理事长,并任中国高教学会理事、上海市高等教育学会常务副会长、中国大学生体育协会副主席、上海市体育总会副主席等职。1990 年被国家教委评为全国高等学校后勤先进工作者。1995 年 11 月,他和蒋景华共同主编的《高等学校后勤管理》由北京师范大学出版社出版。

王竹平

1 9 7 2
|

1972 年 5 月生，镇江大路镇人。中共党员。江苏省特级教师、教授级中学高级教师。1992 年 7 月毕业于扬州师范学院，同年 8 月分配至丹阳县大路大学（今镇江市大路镇实验学校），工作至今，兼任团委书记、总务处副主任、教导处副主任、工会副主席等职务。2006 年 3 月被聘为镇江新区中小学兼职体育教研员。

王竹平任教以来，先后获得"江苏省学校体育先进工作者""镇江市优秀教育工作者""丹徒区优秀教育工作者""丹徒区师德先进个人""镇江新区群众体育先进个人""镇江新区优秀教育工作者""大路镇优秀教育工作者""大路镇中学优秀教育工作者""大路镇优秀共产党员"等荣誉称号。

王竹平长期坚持在体育教学第一线，担任过初一到高三的班主任工作和教学工作。积极参与教学改革研究，形成了简约而高效的教学风格，多次开设国家、省、市、区示范课。在 2012 年第五届全国中小学体育教学观摩展示活动中，参加评审的两节体育课分别获得全国一、二等奖，并且被选中进行全国现场展示，王竹平本人被《中国学校体育》杂志录用为 2012 年第 11 期封面人物。代表江苏省特级教师在 2016 年长三角体育特级教师教学论坛上开设示范课"斜向助跑直角腾越"，王竹平本人被《体育教学》杂志录用为 2016 年第 12 期封面人物。曾获江苏省优秀体育课评选二等奖，镇江市初中优秀体育课评选一等奖，镇江新区初中优秀体育课评选一等奖。执教的课于 2013 年 1 月被省教研室选中参加《教学新时空》直播，在镇江市首届基础教学成果奖评选活动中，获竞赛类二等奖。

王竹平注重提高自己的教科研能力，积极参加教育教学课题研究，开展一线教学的课题研究，通过课题研究，切实提高自己的教育教学能力，在近几年中主持和参与省市级以上课题研究达 10

多个。积极撰写专业教学论文、案例等，有 30 多篇文章、案例在《上海教育科研》《中国学校体育》《体育教学》等国家级和省级刊物上发表，被《中国学校体育》聘请为社外编辑。多次参加江苏省教育部门组织的教学指导用书和健身教材编写工作。先后被评为"江苏省教研先进个人""镇江市教科研先进个人"，在镇江市首届基础教学成果奖评选活动中，获科研类一等奖。

王竹平还把自己的学习体会和研究成果与全体同仁共享，先后受江苏省教研室、江苏大学、南京师范大学、扬州大学、宿迁市教研室、镇江市教育局和体育局，扬中市、丹徒区、句容市教师发展中心，以及本区和外区兄弟学校邀请，开设省、市、区级讲座达 30 多次。

由于教学工作业绩突出，王竹平被江苏省教研室聘为长三角基础教育体育与健康学科专家，被江苏大学和扬州大学聘为硕士生指导教师，被江苏省教师培训中心聘为江苏省镇江新区小学农村体育骨干教师培育站主持人，被镇江市教育局聘请为镇江市教师全员培训初中体育学科专家团队成员。多次承担省、市教学竞赛评委工作和省学生体质健康监测点校教学视导工作。

由于兼职体育教研员工作做得有声有色，他被区内多所学校聘为学科指导教师，指导多名教师参加省市基本功竞赛、优质课评比获一等奖达十多次。受指导的教师先后获得第四、第五届江苏省小学体育教师教学能手比赛一等奖，江苏省中小学优秀体育课评比一、二等奖，江苏省基础教育体育学科基本功竞赛一等奖。

王克旭

1941
|
2016

镇江大港镇龙泉田家村人。先后在聂家小学、马墅小学任教师。曾任圌山中学教导处副主任。任职期间,忠于职守,勤奋学习,认真教学,热爱学生。班主任工作成绩显著,1982 年被评为全国优秀班主任。

毛 芊

1 9 3 6

|

2 0 0 6

　　女,镇江姚桥镇大东田家岸村人。姚桥小学教师。在村完小
(完全小学)工作几十年,以校为家,工资全部用于资助贫困孩子的
学习。毛芊的事迹感动社会,《中国教育报》《新华日报》《镇江日
报》等报刊连续报道了毛芊的先进事迹。

［链接］

朴素的情怀　无华的人生
——记镇江新区姚桥镇退休教师毛芊

　　每个人都有对待生命的方式,或追求享受,或积极自信,或悲
观消沉……镇江新区姚桥镇退休女教师毛芊是一个积极乐观对待
生命的人,她用满腔炽热的情怀书写着自己无华的人生。

　　细数毛芊老师的生命历程,我们都惊叹于她的坚持与执着,震
撼于她的崇高与无私。在她的人生字典里,不计报酬,没有自我。

“她是一个勤恳踏实的耕耘者”

　　毛芊同志1951年参加工作,在那个“家有三斗粮,不当孩子
王”的年代,风华正茂的毛芊毅然选择了师范,做一名小学教师,当
时就有人劝她:做什么不好,为什么偏偏选择当教师? 毛芊坦诚以
对:我小时候家境很不好,差一点失学,我知道农村孩子的命运,我
就是要做一名小学教师,要教和我一样贫穷的孩子们学知识、学文
化。也就是从那一天起,她义无反顾地走上了教育征途。

　　当时农村学校师资队伍十分薄弱,大部分是民办、代课教师,
教书只是一种谋生的手段,为了生计,不少教师家务、农活都忙不
过来,根本谈不上钻研教材、研究教法。领导考虑到她的知识水平、

工作能力,安排她到了一所村完小,她二话没说,拿着调令走马上任了,而且一口气就干了55年。她的老家在谏壁,其间也有过调动的机会,但她都婉言谢绝了,她说:"我就是喜欢农村孩子,他们特别地纯朴。"是啊!她怎能忘记:孩子们送给她的热乎乎的红薯和鸡蛋。对孩子的爱使她坚定不移地选择了做一名乡村教师——一个清贫而又崇高的职业。

有什么样的教师就会有什么样的学生,毛芊老师用一颗纯真的爱生之心经营着教育,她教孩子们读儿歌,拉二胡,吹笛子……在她看来,打开学生的心扉,引导他们走上一条充满自信、充满欢乐的人生大道,这比什么都重要。她知道世上许多事情都可以等待,唯有孩子的事情不能等待。多少个不眠之夜,她在灯下精心备课;多少个清晨黄昏,她一家一家进行家访;学生学习基础差,她上门补课;学生的学费交不起,她主动垫上;学生的衣裳破了,她悄悄地缝上;学生感冒生病了,她像待自己的孩子一样,领着他打针吃药……她是真正打心眼里爱孩子,孩子们进步了,她比什么都高兴!在她的辛勤培育下,一个个像王丽君、王爱国这样的农村孩子走进了大学的殿堂,成为社会有用之才。一个教师的奉献应该是什么?毛老师用自己的行动给出了答案:把自己的爱的阳光送给黑暗中的人,把自己的帮助送给陷入困境中的人,使学生因你的奉献而快乐健康成长。

"她是一个忠诚无私的守望者"

特级教师于漪曾经说过:教育的事业是爱的事业,师爱超越亲子之爱,友人之爱。因为它包含了崇高的使命感和责任感。农村学校教学条件差,特别是毛老师所在的村办小学,条件十分简陋,窗子配不起玻璃,冬天就用纸糊着,风一吹呼啦啦地直响,孩子们伏的桌子是吱吱哑哑、摇摇晃晃,凳子大多是从家里带来的,七高八低、七长八短,更谈不上课桌凳配套了,看着孩子们弓着个腰,趴在桌子上写字,毛老师心疼啊,她多次找到校领导,可在那个连饭都吃不周全的年代,孩子能上学就算不错的了,还谈什么改善办学条件?看着校长一脸的无奈,毛老师再没说什么,她知道校长的苦衷,她默默地找来了锤子、钉子,叮叮当当修了起来,从这班修到那班,以至于孩子们都成了习惯,只要课桌凳坏了,就去找毛老师。看着孩子们围着修好的桌凳又蹦又跳的高兴劲儿,毛老师心中一阵阵酸楚,她坚定地对校领导说:"农村的孩子太可怜了,我一定要给他们创造一个良好的学习环境!"新学期开学了,100张崭新的课桌凳被送到了学校,校长、老师们纳闷,可看着从拖拉机上跳下来的毛老师,大家都明白了:难怪她每天的午饭菜要么是水煮的南瓜、白菜，要么是自己腌制的咸菜。难怪她难得买一件像样的衣服，难怪她连买一个面包给哭闹的女儿都舍不得……在经济紧张的七八十年代，毛老师硬是靠省吃俭用下来的钱改变着村完小的面貌，她从教39年，先后在中南、田家岸、北庄、冷家荡等小学工作过，她走到哪就服务到哪。1986年5月，毛芊老师光荣地加入了中国共产党，面对鲜红的党旗，她庄严宣誓：我志愿加入中国共产党……随时准备为党和人民牺牲一切……她是这样说的，更是这样做的，当年她的入党介绍人中心校邵小双校长深情地说："在我担任中心校校长的二十几年间，这几所学校未曾有一分钱的维修费！"到底毛老师垫付了多少，没有人能说得清楚。

"她是一个崇高伟大的奉献者"

1990年8月，毛老师光荣退休了，可没几天，她就很快又找到了校长，请求做校外辅导员，并递上自己拟定的学生思想教育活动计划，她恳切地说："现在我的两个女儿都成家了，我退休在家，总觉得心里空落落的，我真的离不开孩子们！"看着她热切的眼神，校长还能说什么？就这样，她一下子担当起了6所学校的校外辅导员，给学校做讲座，和孩子们谈心，安排假期活动，她忙得不亦乐乎。一直到她病倒的前一刻，她的心还想着放寒假在家的那帮孩子们……

在大家的印象里，毛老师是个十分朴素的人。常常是一件洗得发白的夹克衫，一双解放鞋，一辆八成新的老式自行车，花钱总是算了又算，可她对学校却是十分关心，对村里的困难人群十分关爱，花在公益事业上的钱一点也不吝啬。几年来，经过校领导的手，她光是给学校的捐资助学费和给贫困学生的结对赞助费，就达几万元。要知道这些钱，都是她一分一分抠出来的，长期营养不良、清苦的日子，使得她愈发瘦弱，特别是近几年，随着年事增高，毛老师身体愈发虚弱，曾几次晕倒，但她总因囊中羞涩，无力就医，每次都是在床上躺几天，稍有好转，又支撑着为大家伙忙这忙那。今年春节前夕，校领导去慰问她，她正在活动中心忙活，问起年货，她笑笑说："我一个人，什么都好办。"其实她是什么都没办，因为她的工资卡上，不但没钱，而且还欠着人家买砖铺路的钱。领导善意地劝慰她，多考虑考虑自己，她却说："我做的事都是老百姓需要的事，我个人是小事，可孩子成长和农村发展是大事。"

领导、群众没有忘记她，多年来，她多次被推荐评选为省、市、区各级各类的先进，对此，她十分地不安，一有机会，她就主动找领导："党和政府给予我的实在是太多了，我真的没做什么！"

外表朴实的毛芋老师有着一颗金子般闪光的心灵,她把快乐给予了别人,而把痛苦留给了自己,她生命不息,忙碌不止,这一切都源于她对教育事业的热爱,源于对无数孩子的热爱,源于对周围村民们的热爱,源于她对生命的热爱,"要做就要做人民满意的教师"——这就是一个普普通通教育工作者的胸怀、境界。

（选自"镇江市教育信息网",http://www.zje.net.cn/maoqian/mfsj.htm）

朱加荣

1 9 5 2
|

1952 年 7 月生,镇江姚桥镇伏漕村人。中学高级教师。1973年 8 月至 2003 年 8 月在姚桥中心校工作,先后任教导主任、副校长。2003 年 9 月调石桥中心校工作,任校长。

朱加荣在教学工作中,曾主持或参与多项省、市级教学课题研究。其中主持的市级课题"农村小学青年语文教师培养途径的探索"获市级优秀选题研究成果奖,并刊登在《江苏教育研究》刊物上,有 20 多篇教育论文先后刊登在《江苏教育》《德育教育》《镇江教育》等省市刊物上。

1988 年被国家教育委员会授予"全国中小学德育先进工作者"荣誉称号,1998 年被江苏省教育委员会授予江苏省小学幼儿园红杉树园丁奖。

朱海波

1 9 1 0

|

1 9 8 5

字旭红,号炳麟,镇江姚桥镇儒里人。近代学者。

抗日战争前在家乡执教。抗日战争全面爆发时,往苏北东台等地经商。抗战胜利后,一度在乡从政。新中国成立初期曾旅居香港。后在苏浙小学、苏浙中学讲授国文与中国历史。晚年游日本、韩国,后由香港中文大学延聘为客座教授,讲授音乐学。曾兼任苏浙旅港同乡会秘书长多年,为内地同胞寻找海外亲人联络通信,为沟通海峡两岸关系做了不少工作。1985 年 8 月病逝于香港。

其著作《青年写作文范》《中国文学史纲》等已出版;另有诗文遗稿一束,《镇江乡情》已有部分选登。

仲伟贵

1 9 6 5

|

1965 年 9 月生,镇江大港镇人。中共党员。大学本科学历。2000 年苏州大学研究生课程进修班结业,1999 年评定为中学高级教师,2010 年 1 月评定为江苏省教授级中学高级教师。

自 1988 年在大港中学任教以来,承担初、高中化学课程的循环教学。历任在江苏省大港中学团委书记、政教主任、副校长、校长。

现为江苏省普通高中星级评估专家库人选、江苏大学化工学院客座教授、扬州大学化工学院硕士研究生导师、镇江市高级教师职称评审委员会成员、镇江市高中化学学科专家组组长、镇江市教育学会理事、镇江市学术技术带头人。先后获镇江市劳动模范、江苏省特级教师、全国优秀教师称号。2004 年被评为丹徒区十佳校长,2009 年 12 月被评为镇江市中小学名校长和全国优秀校长。

在长期的理论与实践相结合的教育教学改革中,积极开展教育教学研究,编著出版了专著《高中生学习指导》,在国家和省级刊物发表论文 30 余篇,有 4 篇发表在全国核心期刊上,有 3 篇论文获省、市一等奖。先后主持了江苏省教育科学规划办公室立项的 3 项省级课题的研究,均已顺利结题。

2006 年全国核心期刊《当代教育科学》杂志在封面及首页的显著位置介绍他撰写的文章《以"文化关怀、师生共进"办学理念引领学校发展》。2005 年 5 月现代教育报社以《激情派干将》一文报道了他的事迹,刊登在《校魂——江苏百名优秀校长访谈录》一书上。2006 年 6 月 21 日《江苏教育周刊》教育风采栏目以《播种文化的使者》一文报道了他的事迹。2009 年 12 月现代教育报以《仲伟贵:以文化领跑港中》一文报道了他的事迹,该文分别刊登在《全国名校长访谈录》和《现代教育报》上。

任书良

1 9 5 4

1954 年 3 月生,加拿大籍华人。枫叶教育集团创始人、董事长。毕业于北京外国语大学,英国威尔士大学工商管理硕士,加拿大皇家大学荣誉法学博士。

任书良是我国基础教育领域引进西方国家高中课程体系的第一人。于 1995 年在大连创办第一所枫叶国际学校;引进加拿大不列颠哥伦比亚省(BC 省)高中课程体系;提出"中西教育优化结合,实施素质教育"的办学理念;创立"三个结合、两项认证、一个对接"的双语双学历教育模式;建立小学"快乐教育"、初中"三好习惯养成教育"和高中"理想教育"的育人体系。

枫叶教育集团已在中国 18 个城市和加拿大 2 个城市开办 75 所枫叶国际学校,截至 2017 年 3 月,在校生规模突破 26000 人,中外籍教职员工 4000 多名,形成集外籍人员子女学校、幼教、小学、初中、高中为一体的多层次高品质的国际教育体系,获得社会的广泛认可。枫叶教育不仅改变了很多学生乃至家庭的命运,也为各地招商引资、改善投资软环境和社会经济事业做出了积极贡献。

2011 年,任书良履行与镇江新区管委会签署的《投资办学协议》,投资 1.8 亿元人民币,开办镇江枫叶国际学校,这也圆了他在中西教育结合创始人马相伯的家乡建一所枫叶学校的教育梦想。

任书良获"大连市荣誉公民"、首届"全国民办教育十大杰出人物"和"中国教育改革创新人物"称号;获得国务院侨办首届华人华侨杰出创业奖、"辽宁省友谊奖""中国政府友谊奖";获得加拿大 BC 省政府、BC 省教育部"卓越成就奖"和"教育贡献奖"及加拿大总督国事访问奖章。

刘百川

1 9 0 3
|
1 9 7 1

原名于左,江苏滨海县天场乡吉冈村(原属阜宁县)人。少时,从塾师学习经史。时家境贫困,仍一心向学。16 岁辍学教蒙馆,次年入阜宁县立第一高等小学就读。因长于作文,为校长所赞许。1921 年考入江苏省立第八师范学校,成为该校文史组高才生,与同学倡组"丙寅学社",研究新文学。此后,以听课笔记为基础,写成《小学教学法通论》。1925 年 6 月,师范毕业后即赴南京东南大学参加暑期补习,选读"儿童心理""小学教学法""小学行政"等课程。同年秋,赴徐州第三女师附小任教,10 月,秘密参加共产党小组。1927 年"四·一二"反革命政变后,于同年 7 月逃离徐州,遂与党组织失去联系。9 月,任淮阴中学实验小学教员。翌年夏,任阜宁县教育局学校教育课主任兼县立师范学校教员,集体加入国民党。1929 年至 1935 年 6 月,曾先后任东海中学实验小学校长、扬州中学实验小学教导主任、江苏省教育厅第三科主任科员。在此期间,撰写并出版《公民训练法》《小学训育法 ABC》《小学校务实施记》《小学教师箴言》等书。

1933 年,省立大港乡村教育实验区成立,办了两年收效甚微。刘百川甘愿工作由轻而重,生活由城而乡,薪金由高而低,毅然于 1935 年 7 月到大港接任实验区主任之职。到任后便与同仁约法三章:一、从今以后遇苦不说苦,而说"还好,可以锻炼锻炼",遇难不说难,而说"再想法子,研究研究"。二、对内,每人每天:1. 要有一个新希望,出一个新主意;2. 要做一件比较重要的事;3. 要写点心得。三、对外实行"三不主义":不贴一张标语,不照一张相片,不发一篇新闻稿子。在他领导主持下,全区设有生活学校 12 所,施教所 2 所,另有流动教学处(送教上门)、商业补习学校、图书馆、陈列所、实验农场、合作林场、体育场、卫生室等。

经过两年的努力,区内儿童普遍入学,成人分批脱盲,有的能看书写信。在破除迷信、防疫治疟、戒烟、禁赌、植树造林、兴修水利、推广良种等方面，都取得良好的效果。赵庄村民为感谢他倡导并贷致款筑坝蓄水，取得稻麦丰收的事迹，曾立"战胜自然""人力胜天"两块石碑，以志纪念。同时刘百川还先后出版了《乡村小学校长与教师》《乡村教育的经验》《乡村教育论集》《乡村教育实施记》，主编过《小学教师进修丛书》。

1937 年夏，日军大举侵华。在大港沦陷前，刘百川率同事 30 余人，高举"江苏大港乡村教育实验区战时教育工作团"大旗，渡江北上，徒步 20 天到达徐州，沿途宣传日军暴行，唤起民众，团结抗战。1938 年初到达西安，曾一度在中小学代课。同年 3 月去甘肃天水创办"七七小学"，后因当局怀疑，被迫离职。在此期间，著有《义务教育视导》。8 月，到四川省教育厅任编审、秘书，出版巨著《国民教育》，编写《民众组训》教材和《小学教师通讯》。1940 年后，步入高校，先后任华西协和大学、金陵大学、四川大学、无锡教育学院副教授、教授。

新中国成立后，留无锡教育学院任教授。1950 年春，学院改组为苏南文化教育学院后，任工农教育系主任。1952 年调江苏师范学院任教授、系主任。其间写成《全面发展的教育》一书。1956 年秋，调江苏师范专科学校任教务主任，并代理校务。1957 年，被错划为"右派分子"。1958 年江苏师范专科学校迁徐州，改称徐州师范学院，刘百川随校入徐后，从事图书管理工作。1963 年重返讲坛，讲授教育学。"文革"中遭受批斗。虽多次身处逆境，仍醉心著述。曾自豪地书联自勉："能受天磨称铁汉，不道人忌是庸才。"1971 年 10 月 13 日逝世。中共十一届三中全会以后，中共徐州市委两次行文为刘百川平反，恢复职务、职称。1987 年徐州师院为其补行葬礼，骨灰安葬于徐州泉山东麓。

孙伟军

1 9 7 0

1970 年 11 月出生于镇江丁岗镇。1990 年 6 月毕业于镇江师范专科学校物理教育专业。2000 年 7 月函授毕业于南京师范大学物理教育专业。2004 年 8 月取得中学高级教师职称。1990 年 8 月参加工作,在丹徒县高资中学任教。1994 年 8 月至 2006 年 6 月在丹徒县丁岗中学任教并任职教导副主任、主任。2006 年 7 月至 2010 年 7 月在镇江新区大港中学任教并任教务副主任,2010 年 8 月至 2012 年 7 月任镇江新区大港中学南校区副校长。2012 年 7 月至 2015 年 8 月任镇江科技新城实验学校校长。2015 年 8 月至今任镇江市伯先中学校长。

他注重改革、善于研究、平衡兼顾,努力探索推进素质教育,提高教学质量之路。他睿智踏实、尊师爱生、善于管理,有效促进师生健康成长,学校快速发展。2001 年成为丹徒区中青年骨干教师。2003 年、2006 年两次被评为镇江市中青年骨干教师。2007 年、2011 年两次被评为市级学科带头人。2009 年被评为江苏省优秀教育工作者和镇江市优秀教育工作者。2012 年被评为江苏省特级教师,为镇江新区成立以来获评省特级教师第一人。2016 年被镇江新区社会发展局评为"新区名校长"。

李东升

1963

1963 年 10 月生,湖北荆州人。本科学历。中学高级教师,湖北省优秀教师。

1981 年参加工作,2004 年加盟枫叶教育集团,2009 年获枫叶最高荣誉勋章,先后在大连、武汉、沈阳枫叶国际学校担任中方课程校长。

2011 年 5 月,受枫叶教育集团委派,李东升来江苏创办镇江枫叶国际学校。6 年来,带领中加团队秉承"中西教育优化结合,实施素质教育"的枫叶教育教学理念,弘扬"同一个团队,同一个目标"的枫叶文化,致力于为国家和社会培养未来社会需要的精通中英双语、融合东西方文化的国际化精英人才。学校四届毕业生中50% 左右被世界排名前 100 名大学或世界顶尖专业大学录取,学校走上了稳健发展的道路。

2000 年至 2004 年作为荆州市初中语文中心教研组成员,参与编写《中考语文复习指南》。

2001 年 10 月,在国家级刊物《教育现代化》上发表论文《以学生为中心构建启发式教学模式的探索》。

2014 年获江苏省民办教育专业委员会"优秀民办学校校长"称号。

2016 年 1 月在《教育家》杂志之"楷模"栏目发表访谈《顺应潮流才能走得更远》。

沈风云

1935

1935 年 2 月生,镇江市人。全国优秀辅导员。1955 年自江苏镇江师范学校毕业后,分配到丹徒县姚桥任小学教师,担任少先队辅导员。1978 年调镇江郊区陈家门中心小学任教,后任中心区少先队总辅导员。曾任镇江郊区陈家门中心小学教导副主任。1982 年起辅导学生参加"红领巾读书读报奖章"活动,连续三年都有学生获得"红领巾读书读报奖章"。辅导学生设计制作的磁控安全小台灯、折叠畚箕、蜡杆铅笔、多用晒衣架等,先后获镇江市青少年暑假科技活动一、二、三等奖。沈风云于 1984 年 5 月被教育部、文化部、共青团中央联合表彰为"优秀辅导员",1985 年被江苏省科协表彰为"优秀青少年科技辅导员"。1984 年任镇江市青少年科技辅导员协会理事。

张秀顺

1 9 8 0
|

女,1980 年 12 月生,镇江大路镇宗张人。中共党员。2002 年毕业于南京师范大学。现为镇江市大路镇中心小学副校长。长期从事小学数学教学工作。参加过市级青年教师基本功大赛、镇江好课堂活动获二等奖,30 余篇教学论文在省市级发表、获奖。曾获"全国模范教师""镇江市优秀教育工作者""镇江市骨干教师""镇江市乡村科技优秀人才""镇江新区十佳教师"等荣誉称号。现任镇江新区平昌小学副校长。

[链接]

2002 年 8 月,大学毕业的张秀顺怀揣着"当一名好老师"的梦想,走进了镇江市大路镇中心小学这所农村小学,一干就是十几年。她用自己的认真和执着向所有人证明她对农村教育这颗炽热的心。

爱岗敬业、心系学生是她多年来一贯坚持的。父亲病危、孩子生病、自己得了慢性阑尾炎,仍然坚持在工作岗位上。她有很强的大局观,一直认为:个人困难是小困难,学校困难才是大困难。她爱她的学生,总是把他们当成自己的孩子来疼爱。与同事坦诚相待,和睦共处,严于律己,宽以待人,助人为乐,担任学校行政工作后更是如此,多年来从未和同事"红过脸"。

教学是一个教师的立身之本。"让学生幸福地栖息在数学课堂上"是她多年的教学追求,教学上一丝不苟。她教过一到六年级的大循环,备课总是认真钻研教材,课前做大量的准备工作,关注学生知识起点。在课堂上她总是能深入浅出地讲解知识,设计多种活动让学生参与,幽默风趣的语言带给课堂更多生机,她的"小老师制"和"学生错题集"让学生的学习、反思能力得到充分锻炼,对于后进生更是有耐心、有爱心，学生喜欢数学、会学数学！所教学生学业水平在学校同年级中名列前茅！

2010年她把爱心和教学理念带去了贵州山区金东谷林小学，进行了为期一周的支教活动，深厚的教学基本功和灵活的教学机制给当地老师留下了深刻的印象。2014年她获得了"全国模范教师"的殊荣，这既是对她的肯定，更是对她的鞭策。2015年，她踏上新的管理岗位——分管教学的副校长，她带领教学部门对学校的教学规范和评价措施进行了一系列的改革，学校教学质量有了明显提升，一批年轻教师参加省、市、区各级赛课获一等奖。作为骨干教师的她，经常执教区、校级示范课、研讨课，对于学校年轻教师的成长，她也付出了不少心血，一有空她就会去听年轻教师上课，课后悉心帮他们说课、磨课。

付出总有回报，厚厚的荣誉证书镌刻着张秀顺从教15年付出的辛劳与汗水！曾获"全国模范教师""镇江市乡村科技优秀人才""镇江市优秀教育工作者""镇江市骨干教师""镇江新区十佳教师"等荣誉称号，现担任镇江市第七届青年联合会委员。多次代表新区参加镇江市青年教师基本功竞赛、镇江好课堂活动并获一、二等奖，两次作为全市佼佼者参加省级赛课。有30余篇论文在省、市级发表和获奖，近年辅导学生参加小数报竞赛，多人次获省一等奖。在市、区数学教学方面已小有名气。

张典芳

1 9 2 8
|

　　女,1928 年 6 月生,镇江姚桥镇人。全国优秀班主任。1949 年
7 月丹徒县建东中学初中毕业,任丹徒县儒里小学教师。1953 年调
扬中县。先后在公信桥小学和八桥中心校任教。1987 年退休。从
事教育工作近 40 年,忠诚于党的教育事业,兢兢业业,潜心育人。
结合教学经验,先后撰写了《我是怎样做班主任的》《我是怎样进行
低年级作文教学的》等论文。其中《我是怎样做班主任的》一文曾
在 1984 年江苏省召开的全国优秀班主任授奖大会上交流,被选载
于《镇江市教育科学研究会论文集》,《弱智儿童教育初探》在 1987
年省特殊教育学会年会和镇江市教育科学研讨会上交流。1980 年
被评为江苏省先进工作者。1983 年被评为全国优秀班主任。1988
年被评为小学高级教师。曾当选扬中县第八、第九、第十届人大代
表,镇江专区教育学会常务理事,江苏省小学语文教学研究会理
事,江苏省特种教育学会会员。

张家声

1 9 4 2

1942 年 12 月生,镇江姚桥镇伏漕村人。1961 年毕业于儒里中学高中部,因学业突出,品德优秀,留儒里中学工作,担任初中少先队辅导员。1962 年 8 月调伏漕小学任教。1978 年调姚桥中心小学担任少先队总辅导员,1984 年任教导主任。1989 年调丹徒宝埝中心小学任校长。目前已退休。

工作中,张家声任劳任怨,勇于创新,善于根据各个不同时期的特点组织有针对性的少先队活动,以求实效。在教育方法上,做到形象化、共体化,带有知识性、趣味性和实践性,变封闭式为开放式,变灌输式为启发诱导式,多次受到省、市、县等上级领导机构的表扬和奖励。1981 年被评为江苏省优秀辅导员,1984 年在全国少代会上被评为全国少先队优秀辅导员。撰写、发表过 20 余篇有质量的少先队工作论文,被吸收为江苏省少先队工作学会会员,省、市、县广播电台、镇江日报均宣传报道过他的先进事迹。

张鼎盛

1 9 3 5

|

1935 年 3 月生，镇江大路镇照临村人。毕业于南开大学中文系。大港中学高级教师，长期从事中学语文教学。

从 20 世纪 60 年代中期起，张鼎盛结合教学实践探索新的批改作文方法，取得丰硕成果，1988 年出版专著《启发式作文批改法》，1994 年再版，后获首届"语通杯"全国语文教研成果一等奖。1996 年在《渤海学刊》发表学术论文《给蒋光慈诗歌涂上的灰暗色彩应当抹去》，并被《中国当代学者论文精选》等多部丛书收入。《作文批改方法的研究怎样才能螺旋式上升》和《学生互批作文是与非》两篇论文先后发表于《中学语文教学》杂志，并分获全国中语会课堂教学研究中心第十四、第十五届年会优秀论文一等奖。

20 世纪 80 年代起，张鼎盛开始潜心创作，为中国名曲《二泉映月》《光明行》《月圆曲》《旱天雷》等 7 首名曲填词，1989 年由上海音像公司录制磁带。1993 年该公司又出版了以其为主要歌词作者的《红宝石——中国名曲新曲新唱》两盒磁带，被中国国际广播电台及我国大多数省、市电台多次播放。上海电视台、东方电视台播映了其中《楼台会》《春江花月夜》《思乡曲》《天鹅》等由其填词的歌曲的舞台演唱实况。

现系当代改革理论发展研究中心特邀研究员、全国中语会农村中学语文教改研究中心研究员、全国中语会课堂教学研究中心研究员、中国音乐著作权协会会员。其事迹收入《二十一世纪人才库》《世界华人英录》《世界优秀专家人才名典》等丛书。

茅　贞

1926
|

　　1926 年 2 月生,武进县人。1954 年至 1958 年在丹徒县大港中学任历史教师。工作勤恳,教学认真,历史知识丰富,有较高的教学水平。1955 年带领学生开展历史考察活动,在锣鼓山等地发现新石器时期的陶片等文物,受到华东考古队、华东师范大学历史系和南京博物院等单位的专家学者的重视。挖掘出土的文物,现陈列在镇江、南京、北京博物馆。1955 年被江苏省人民政府授予优秀教师称号。

赵竹林

1968
|

　　1968 年 9 月出生于镇江大港镇西街。本科学历。中共党员。镇江市第一中学党委副书记、副校长,正高级教师,镇江市学科带头人。1996 年因所带班级四次荣获镇江市优秀班集体而被评为市教坛新秀。2000 年因所带班级获江苏省优秀班集体而被评为市优秀班主任。后又被市教育局记三等功,被评为镇江市教育系统优秀共产党员、镇江市优秀教育工作者。2014 年被评为江苏省优秀教育工作者。2015 年被中共镇江市委、市政府授予"镇江市创建全国文明城市工作先进个人"称号。

赵蓳禾

———

　　字菽民,祖籍镇江大港。清代学者。赵霖之子。清光绪二年(1876)优贡生。少有异才,读书过目不忘,时称神童。同治年间童华侍郎视学江苏,他愿默写《十三经注疏》和《汉书》《后汉书》《文选》连注以应考试,被称为"大江南北一人"。欲选贡,因病未果。以后凡江苏学政,皆与他交往,但应试屡屡因事受阻,直到光绪二年才选优贡。朝考授教职。历任苏州府学训导、吴江县学教谕,卒于任所。

赵祥瑗

1 8 9 8

|

1 9 7 3

　　字思伯,镇江大港镇人。父颂平,学识渊博,是有名的塾师。4岁,随父就读,天资聪颖。15岁赴镇江读小学,毕业后,以第一名的优异成绩被南京第一中学录取,此后考入南京高等师范学校文史地部。1924年毕业后至1961年,从事教育工作整整37年,先后在江苏省立第五师范,镇江师范、镇江中学,省立第一临时高级中学,扬州师范、镇江县师、无锡县师等14所学校担任教师、教导主任、校长等职。1961年退休。

　　1934年,赵启骒在大港创办崇曾小学。为了家乡的教育事业,赵祥瑗不顾自身工作的劳累(时任镇江师范教导主任),毅然兼任该校副校长,每周亲临学校布置工作,而从不领取分毫报酬。在漫长的教育生涯中,严谨治学,爱生如子。1937年,抗日战争全面爆发,镇江沦陷,镇江师范解散,有数十名学生无家可归。赵祥瑗带着他们一起逃难至高桥,安排好食宿,方才回大港照顾子女。此后,他不愿在沦陷区工作,带着全家奔赴苏北溱潼任省立第一临时高级中学教师。此时生活十分拮据,但困难再大也未能动摇他的爱国意志。中华人民共和国成立后,继续勤耕讲坛,为新中国培养了众多的优秀人才,可谓"桃李满天下"。

　　赵祥瑗酷爱文学,长于词作,一生写有许多诗词。著有《茳溪词草》三卷、剧本《柘井泪杂剧》(丹徒赵祥瑗原稿　长洲吴梅润辞)。1961年退休后,被选为镇江多景诗社第一任社长,负责选稿、改稿、定稿工作。三四年间,诗社出了8本诗刊,都是经过他的审定付印的。他本人词作风格迥异,有属婉约派的,有属豪放派的。可惜留存的不多,现选录存词两首:

清 平 乐
——一九六五年"七·一"献辞

雄风时雨,扫涤人间路,四十四年勤建树,真个降龙伏虎。
难忘再造深情,放歌铁瓮江城,北望高呼万岁,千山百谷同声。

菩 萨 蛮
——一九六五年秋与宗海、伯和、唐坦、王骧诸同志
商辑多景诗社近稿于唐荨楼,赋此纪快

江枫篱菊添吟稿,谁持彩笔安排好。相对发清讴,风生唐荨楼。
望中多雁侣,不作惊寒语,比翼向前津,心先天地春。

　　赵祥瑗居所楼下曾悬有一副对联:"晓风残月,铁板铜琶",可谓是他词作风格的概括,也是他一生性格的概括。

姚荷生

1915
|
1998

1915年7月生,镇江姚桥镇人。镇江文化界著名学者,教授。中共党员,中国民主同盟盟员。1927年在家乡读完小学,次年考入镇江中学初中部,1931年免试进入高中师范科,次年转普通科。1934年在全省第二届高中毕业生会考中名列第二。报考清华大学、北京师范大学、武汉大学,均被录取。

1938年自清华大学生物系毕业后,赴西南联合大学工作。是年冬参加云南边疆考察团去西双版纳考察,其后出版的《水摆夷风土记》,为国内介绍西双版纳风光和傣族风俗习惯的较早著作。1942年与同仁创办昆明五华中学,次年辞职回重庆到白沙大学进修班任教。1946年归里,应聘到江苏医学院任讲师、副教授。1947年与清华大学在镇校友凌德洪、戴寅创办私立清华中学,任校长。中华人民共和国成立后,1950年任市人民政府文教局局长。1952年底辞职回江苏医学院任教。在此期间向镇江在沪的藏书家劝募到七万余册图书,恢复了伯先公园内的绍宗藏书楼。1951年应市长何冰皓之请,以其私人名义创办了镇江《大众日报》,直至后来由中共镇江市委接收,改名为《镇江市报》。同年参加中国民主同盟,并在镇江发展盟员,1955年民盟镇江市委成立时任副主委。曾被选为苏南区人民代表、市人民代表、政协委员、市文联主席等。1952年加入中国共产党,1956年评为市优秀党员,1986年评为南京医学院优秀党员。回到江苏医学院后除教学工作外,兼任副教务长。在南京医学院先后兼任教务处长、系主任、科研处长、副院长。1978年晋升教授。

1977年利用癌症手术后的半休时间,编著《人类遗传与遗传疾病》(1979年出版)一书,获1980年全国医学科普大会优秀医学卫生科普书籍奖。曾译《皮肤纹理学与疾病》,该书是国内这一学科出版的最早的一部著作。50年代出版《镇江的名胜古迹》,80年代出版《神州游踪》,对弘扬家乡和祖国的历史文化卓有贡献。

夏鋈芳

1 9 3 8
|

　　女,1938 年 5 月生,常州市人。1958 年至 1962 年在丹徒县大港中学任数学教师。她勤恳工作,认真钻研教学业务,讲课条理清楚,语言精练,教学效果好,受到同行和学生的好评。1960 年被江苏省人民政府和镇江市人民政府授予先进教育工作者称号。

钱志平

1 9 7 5
|

1975 年 11 月生,镇江姚桥镇人。本科学历。中共党员。高级教师,江苏省特级教师。全国先进工作者、全国模范教师、江苏省劳动模范。1993 年 7 月参加工作,1993 年 8 月至 2006 年 1 月在姚桥中心小学任教,现任丹徒区青少年活动中心主任。

在数学教学中,倡导"简约型"的教风,追求"真实、平实、扎实"的数学课堂,采取"真、严、细、活"的教学方法,注重学生思维训练研究,逐步形成了"真、活、新"的教学风格,参加全国及市、区课堂教学展示活动。参与两项省市级课题研究。工作之余,勤于反思,积极撰写专业论文,有多篇专业论文在省、市、区获奖和发表。

在前人开拓的基础上继续开展珠心算实验,倡导"人人学有价值的珠心算",参与编写江苏省珠心算教材,并向省内外推广,取得良好效益。精心组织和指导学校教学研究活动,注重校本研修,推动教学改革,推广优秀的教学方法,取得了显著成效。

从事镇江市兼职数学教研工作,能深入基层,调研了解信息,指导教学工作。在认真落实课程改革的同时,坚持与教师一起研究课标、教材、学生,及时征求广大教师和学生的意见,并提出改进方案;认真组织教学研讨活动,提出"边教边研、边研边学"的教研策略,教研中"重质量、重研究、重实效",积极参与区、片、校各级教研活动,积极创建网络教研平台,建设教育博客,积极指导青年,筹建名师工作室,为推动丹徒区教学质量的提高找准了突破口。

因工作突出,曾先后被评为全国先进工作者、全国模范教师、江苏省劳动模范、江苏省优秀共产党员、江苏省新长征突击手、镇江市有功个人、镇江市十杰青年、镇江市十大科普人物。

龚双明

1 9 5 4

|

1954 年 8 月 21 日出生于镇江大港镇北角村。曾任江滨中学和江南学校校长。获全国优秀校长称号。1982 年毕业于苏州大学化学系。1982 年 8 月走上教育工作岗位,先后任教于丹徒县谏壁中学、镇江市第十一中学、镇江市第八中学、镇江市江滨中学、镇江市江南学校。1992 年 8 月走上学校领导岗位,1999 年 9 月起担任校长,负责学校全面工作,直至 2014 年 8 月退休。

作为一校之长,龚双明努力践行"办人民满意学校"的理念和目标,坚持常年深入课堂,深入年级组、教研组听课评课,直至 60 周岁临近退休时,每学期听课仍多达 80 多节。龚双明在 1999 年担任江滨中学校长后,通过几年矢志不渝的艰苦努力,把一个名不见经传的江滨中学,打造成教育教学质量名列前茅、闻名全市的优质初中,新生班级由 6 个增至 17 个,人气迅速上升,成为名副其实的热点初中。此后,通过几年的奋斗,该校成为全省著名初中学校,被江苏省教育学会初中专业委员会评为江苏省首批最具影响力初中(全省仅 15 所)。2013 年,为顺应初中教育优质均衡发展需要和充分发挥江南学校引领、示范辐射作用,龚双明担任镇江市江南教育集团理事长,江南学校成为江南教育集团龙头学校。

龚双明在江滨中学和江南学校担任校长期间,都主动积极承担对口支援西藏、新疆的任务。自 2000 年起,14 年间,先后与拉萨六中、拉萨七中及新疆农四师 67 团中学结对,通过干部、教师互派交流、挂职培训等多种方式,提升受援学校干部队伍、教师队伍的素质,在十几年的对口支援中,共耗资 200 多万元帮助西藏、新疆有关学校改善办学条件,受到当地政府与教育部门的广泛好评。2011 年,镇江市政府、市教育局将重组新建索普学校(初中)的艰巨任务交给龚双明及江南学校。面对教师队伍的重组,学校离市区较远与设备设施陈旧、短缺等诸多困难,龚双明毫不畏缩、勇于担当,迅速抽调骨干支持索普初中的重组并帮助指导其设备设施建设和校园改造。而今,这所学校已声誉鹊起,受到社会的广泛好评和家长的青睐。2003 年曾被中共镇江市委组织部、宣传部等四部门授予"依靠职工办企事业优秀领导"荣誉称号;2006 年被市政府授予"十五"期间"环保先进个人"荣誉称号;2006 年被省教育科技工会授予"全心全意依靠教职工办学的好校长"荣誉称号;2006 年被市关工委授予"教育系统关心下一代工作荣誉奖";2007 年被省教育厅授予"江苏省教育援藏先进个人"荣誉称号;2007 年 4 月被评为镇江市劳动模范;2007 年被中央教科所授予"基础教育科学研究先进个人";2009 年获镇江市第三批名校长称号;2009 年 12 月获全国优秀校长称号;2011 年被镇江市人民政府授予"镇江市跨越发展突出贡献者"荣誉称号;2011 年、2012 年被聘为江苏省教育学会《校长》杂志编委会副主任编委;2011 年 10 月被聘为第六届江苏省人民政府教育督导团专家组成员;2012 年 6 月在第六届"地球小博士"全国地理科技大赛中荣获"全国科教先进校长"称号;2013 年 6 月在第七届"地球小博士"全国地理科技大赛中荣获"全国科教先进校长"称号;2013 年获镇江市第四批名校长称号。

龚双明的教研成果详见下表:

时间	成果名称	何处发表或 在何处交流,获奖	本人承担部分 /奖项等级
2011 年	《洗尽铅华显本真》(专著)	出版专著	全部
2012 年	"引导发现,合作探究 ——构建初中有效课堂的 策略研究"	"十二五"科研规划 重点课题	课题组负责人
2011 年 12 月	《心在远方 路在脚下》	《人民教师》2011 年第 12 期	全部
2012 年 3 月	《以人为本 创新管理 推进学校内涵发展》	《语文建设》	全部
	封面人物	《华夏教师》2013 年第 2 期 《镇江社会科学》2012 年 1 月	封面人物
	《传奇校长——用心呵护 教育这棵大树》	庆祝建国六十周年 《全国名校长访谈录》	全部

时间	成果名称	何处发表或 在何处交流,获奖	本人承担部分 /奖项等级
2007 年 2 月	《追求内涵发展 构建和谐江南》	在江苏省教育学会初中教育专业委员会第三次年会上进行了交流,《民办教育》2007年第 2 期上发表。2007 年在首届《中国名校文化博览》中发表并获一等奖(中央教育科学研究所颁发)。	全部
2007 年 12 月	《试题齐切磋　师生共成长》	在江苏省教育学会上交流,被评为江苏省优秀教育论文	一等奖
2007 年 9 月	《追求内涵发展　构建和谐江南》	《中国名校文化博览》	一等奖
2009 年 3 月	《发展学校内涵,构建和谐江南》	《语言文字报》	全部
2004 年 6 月	校本教材《快乐并成长着》	主编	
1999 年 12 月	国家重点课题"整体构建学校德育体系的研究与实验"的子课题"创新主体的形成的研究"	组长	

颜鹤寿

1 9 2 9

　　1929 年 5 月生,金坛县(现为金坛市)人。1956 年起在丹徒县大港中学任生物教师、教研组长。1964 年至 1984 年任工会主席。他认真工作,勇挑重担,任劳任怨。担任工会主席以后,能深入细致地做好会员的思想工作,为会员排忧解难;对年老体弱和退休职工悉心关怀;组织会员开展有益于身心健康的体育文娱活动。1983 年被中华全国总工会授予"全国优秀工会积极分子"称号,并多次受到市、县表彰。2016 年被镇江市老年大学评为"优秀文化老人"。

戴牧云

1 9 1 8
|
1 9 9 2

镇江大路镇东岳戴家村人。1943 年与山北县抗日民主政府党组织发生联系,1948 年 7 月加入中国共产党。1947 年 9 月至 1949 年 1 月受地下党派遣,任建东初级中学(儒里中学前身)教导主任,1949 年 4 月随大军渡江。

1950 年 8 月至 1954 年 2 月任丹徒县(宝堰)中学政治教员。1954 年 3 月起任大港初级中学副校长。这期间,他敢于接受新鲜事物,大胆实施教学改革,使大港初级中学被当时的江苏省教育厅确定为全省教改试点中唯一的一所农村中学。他为培养造就青年教师倾注了大量心血,与青年教师交朋友,帮他们巩固专业思想,选送教师到高校进修,到农村锻炼,鼓励创新,开展教研活动,协助青年教师解决生活中的困难,甚至细小的生活问题,使一批优秀教师迅速成长起来。1956 年秋季招收普通高中班,当时教师中最高学历为大专,一部分还是从小教岗位上调过来的。为了集中大家的才智,他把教师编成各科备课小组,几个人备课,一人上课堂,即使在政治运动不断的情况下,学校教学质量也没有下降。1959 年第一届高中毕业生升学率为全省新办高中的第 11 位,数学教研组成绩尤为突出,他代表学校出席了全国文教群英会。

戴牧云教育思想内容丰富,他曾被誉为"土生土长的教育家",在他的带领下,大港中学也由一所普通的农村中学成为省、市闻名的重点中学。1971 年调离教育岗位。1978 年 9 月任谏壁中学党支部书记、校长。1979 年离休。1992 年 11 月 6 日病逝。

工 商 经 济

毛志仁

────────

1 9 4 6

|

1946 年 1 月生,镇江姚桥镇三桥伏元人。高级经济师。中共党员。曾在江苏省丹徒县姚桥伏元小学、姚桥中学、江苏省镇江中学读书。1969 年从吉林大学外语系毕业。1981 年从北京大学经济系研究生毕业,取得经济学硕士学位。

1983 年从美国德克萨斯州贝勒大学研究院毕业,取得工商管理硕士学位。1970 年至 1978 年曾在吉林省乾安县政府工作,先后担任过干事、秘书、工厂负责人。1978 年至 1979 年在吉林大学外语系任教。1983 年至 1987 年 8 月担任中国国际信托投资公司海外部副处长、处长,"中信"公司澳大利亚公司总经理,1987 年 8 月至 1988 年 5 月担任中国计算机发展公司总经理助理。1988 年 5 月至今担任中国长城财务公司总经理,同时兼任美国德克萨斯州长城公司董事长兼总经理,香港一家投资有限公司董事长兼总经理,主管中国长城计算机集团公司财务的副总经理。

在国外曾主持"中信"公司购买美国华盛顿州森林、在澳大利亚收购美国铬业公司在澳大利亚的炼铝厂的股份,并筹建"中信"澳大利亚公司,主持并领导了"中信"公司为收购美国铬气公司澳大利亚炼铝厂的资金筹措,组织了银团贷款。主持的国内项目有"中信"公司渤海铝公司的筹建和项目调查及国内多个合资企业和独资企业的投资与兴建,包括珠海奇塑料制包有限公司及丹徒长城大酒店等。其研究方向涉及国际金融、国际租赁、美元利率、经济周期、项目融资等,在《世界经济》《国际金融》《经济参考》等杂志发表学术论文多篇。现为中国国际经济研究会理事。

许春华

———

  台湾大学农经系毕业,于 1977 年加入奇美服务,自基层做起。业务工作历练完整,是奇美在中国大陆市场销售业务布局与推广的主要推手。1996 年创设镇江奇美化工有限公司;1998 年升任奇美实业业务副总经理;2010 年升任奇美实业副董事长;2012 年 6 月接任奇美实业董事长。

吴省芳

1 9 4 6

|

2 0 1 2

1946 年 1 月生,中国台湾籍。原金东纸业(江苏)有限公司总经理。1968 年毕业于台湾文化大学化工系。1969 年进入宝隆纸业担任技术员。此后,执着的吴省芳就一头扎进了造纸行业,一干就是 30 多年。"人为本,和为贵,敛为衡"是吴省芳的管理理念和处世原则。

金东纸业(江苏)有限公司于 1997 年 5 月 18 日正式成立于江苏省镇江大港,由印尼金光集团所属的金光纸业(中国)投资有限公司和镇江金达工贸有限公司共同投资,总投资 21.73 亿美元。金东纸业以"振兴中华,还我纸业"为己任,立志改变中国造纸工业规模小、档次低、污染严重的落后面貌。

2001 年,吴省芳受命于危难之时,出任金东纸业总经理,带领金东员工积极开拓,努力拼搏,扭转颓势,使金东走上良性循环发展之路。吴省芳获得"中国制浆造纸行业优秀企业家""新中国百名杰出贡献印刷企业家""江苏省五一劳动奖章""镇江十大经济人物"等荣誉。

吴省芳任职金东总经理以来,一直秉承集团总部金光集团乐善好施的优良传统,始终抱着"让最需要帮助的人得到帮助"的信念,热心社会公益事业,坚持履行企业社会责任,捐资助学、慈善募捐。这些年来金东公司累计慈善捐款 2197 万元,其中向镇江慈善总会捐赠 600 余万元。金东纸业的慈善行为也多次得到国家和地方政府的认可,先后获得了中华慈善事业特殊贡献奖、江苏省慈善之星、镇江市慈善先进单位等多项荣誉。2010 年,吴省芳荣获"镇江市慈善爱心奖"。2012 年去世。

赵连荣

1944
|

　　曾用名赵筛子,1944 年 8 月生,镇江大路镇小港人。中共党员。现任深圳爱华电器厂经理。1968 年 12 月北京钢铁学院机械系冶金机械专业毕业后,被分配到新疆有色金属局工作。1970 年调往兰州第四冶金建设公司任助理工程师、机械专业组组长、综合技术组组长,生产计划调度等。1982 年调到深圳爱华电子有限公司,任工程师、机动科计划调度、爱华华蜂工模注塑公司党支部书记和工程部部长,1986 年起任爱华电器厂经理。曾主持设计制造 0.75 吨卷扬机、锥形搅拌机、φ108 弯管机等,并投入生产。近年来大力发展生产,加强内部管理,吸取国内外先进技术和管理经验,使爱华电器厂产销利润按年 20% 的速度递增,多次被评为先进单位和创汇先进单位。

胡国祥

1 9 3 2
|

镇江丁岗镇人。香港实业家。五岁时父亲去世,跟伯父到广东。1938年日军侵犯华南时,随伯父漂泊香港,不久日军轰炸香港九龙地区,被迫辍学。伯父去世后,曾在织袜作坊干杂活,在油轮学修机器。后到大沪机器厂当学徒,三年中掌握了车、钳、刨、铣等技术。出师后在朋友帮助下,办起手套工厂。70年代中期,与四位友人合作经办维京印刷厂。朋友转行后,他独资经营,推出了如变形金刚包装盒等颇有影响的产品,在香港小有名气。因经营有方,热心公益事业,受到工商界的推崇,1981年以来先后被选为香港观塘工商业联合会副会长和香港中华总商会会董。改革开放以来,经常回乡探亲访友,发展合资企业,开展联谊工作,受到家乡人民的赞扬。1989年担任镇江市政协委员、常委,1990年被选为镇江市工商业联合会副主委。

2017年7月香港镇江同乡会成立大会暨第一届理事会就职典礼在香港"江苏荟"举行,胡国祥出任香港镇江同乡会第一任会长。

洪良义

镇江奇美总经理,负责镇江奇美生产营运。台湾成功大学化工系毕业。1989 年加入奇美实业服务,2009 年起担任镇江奇美总经理迄今。曾获江苏省"五一劳动荣誉奖章"。

谭荣生

1944
|

1944 年 11 月出生于镇江大港镇段家村。小学期间学习勤奋,成绩优异。1957 年考取镇江第一初级中学,因受父亲冤案"株连"回乡务农,早期担任生产队长,1983 年任大队革命委员会副主任。

1992 年开办东方制冷空调设备配件有限公司(后变更为"东方电热科技股份有限公司"),生产电热管。"东方电热"是一家小型的村办企业,设备简陋,资金短缺,人才匮乏,起初年销售额只有 9.9 万元。后经努力,东方电热与珠海海利空调厂(后改名为格力)挂钩,成为他们的供应商。有了订单,但资金不足,经多方筹措,才得到解决,进而使企业有了井喷式的发展。

1997 年丹徒县丁岗镇段家村并入镇江经济开发区。2011 年 5 月"东方电热"在深圳交易所挂牌上市,股东代表选举谭荣生任公司董事长。目前,"东方电热"员工数达 2000 人,总资产达到 27 亿元人民币,年销售额 9.37 亿元,利润 8676 万元,上缴税金 7500 万元,是全国电热行业领先企业。

谭荣生一面攻坚克难,尽心尽责把企业做大做强,一面不忘造福乡梓,回报社会。二十多年中多次出资支持公益事业,修桥铺路,兴建村办公楼,为村民安装自来水管道,补贴村民安装有线电视,为幼儿园做服装,为老年协会和养老院捐资,给村里老年人送老年金,资助遇到突发困难的村民,设立"东方爱心基金",救助困难职工。

谭荣生先后被中共镇江市委、市政府授予"镇江市劳动模范""百佳市民""2011 年度镇江市跨越发展突出贡献者"称号。2015 年 9 月镇江市人大常委会授予他"镇江市人民奖章"。2016 年 4 月,中共江苏省委、省政府授予他"江苏省优秀企业家"称号。2017 年中共镇江市委党建小组授予他"全市产业发展党员先锋"称号。

缪炳文

1 9 6 7
|

1967 年 5 月生,镇江姚桥镇三桥村人。1988 年毕业于南京大学化学系 1984 级校友,南京大学 EMBA 二期学员,高级经济师、企业家。现任鸿国实业集团副董事长、副总裁,江苏大众书局图书文化有限公司创始人、总经理,江苏出版物发行协会副会长,南京市文化产业协会副会长,第十二、十三届南京市政协委员,南京市首届十大文化名人之一。

1988 年从南京大学化学系毕业后,他放弃了留校的机会,而选择了去海洋局东海分局工作。后来他又成为鸿国实业集团的副董事长、副总裁。作为千百度女鞋大东家的鸿国实业集团,它的发展版图并未局限于此,在女鞋业务形成规模之后,鸿国实业开始涉及多领域的业务经营,箱包、生物肥料,甚至房地产等都曾涉足,但最终让缪炳文名声大噪的却是图书这个看似利微势弱的行业。"跨界冲动"虽然诱惑很大,但风险同样不可等闲视之。"最大的风险就是资金和人才的不足,什么都想干,盲目追求资产规模的扩大,却忽略了对效益的研究。"而当初之所以选择书店作为公司二次创业的项目,缪炳文笑言这多少有些机缘巧合。

原来,当时集团公司买下了位于南京新街口商圈的国贸大厦物业,一至六楼的门面房是出租还是自用自然就成了缪炳文需要考虑的问题。因为担心把门面房出租后,如果经营不善会影响整个写字楼的形象,所以缪炳文最终决定还是自己经营,"我们的定位是,确定投资方向后,我们必须在行业内做到有一定竞争力,至少进入地区前三名"。图书行业,当时南京地区只有新华书店一家独大,排名第二的先锋书店当时的营业面积只有 600 多平方米,相比较国贸大厦一至五楼 15000 多平方米的营业面积来说,只能算是小体量。缪炳文笑称:"做书店,我们轻轻松松就做了第二,结果一开业,媒体的报道把我们自己都吓了一跳,我们不知不觉成了全国最大的民营书店。"

同样，缪炳文在大众书局开张的第一年，面对的就是亏损。为了扭转这一局势，缪炳文大刀阔斧地搞起了改革，"在普通人的观念中，书店就是书店，可我们要办的书店更加广义一点，算是文化百货店"。第二年，大众书局在全国率先提出"文化百货"的经营理念，成功创造了以图书经营为主体、多种业态组合发展的"第二代书城"经营模式。如今，缪炳文又率先提出了以"读者空间，体验消费延伸发展"为核心思想的"第三代书店"经营理念。如今在书城里，你可以看书、品咖啡、看画展等。新开的大众书局仙林店、水游城和奥体店就打造了"书餐厅"的概念，以书为媒，餐厅功能为辅体，"做到书中有餐，餐中有书，随意阅读，轻松用餐的效果"，让文化不仅能够看到还能够"吃"到。

缪炳文认为书店属于文化行业，在这个行业发展，社会责任远比赢利重要得多。"大众书局有一个很重要的使命，那就是提高中国的全民阅读水平。"

缪炳文每年给自己的读书任务是 50 到 100 本，缪炳文认识到，当初选择了图书产业，那自然也就背负起了提高全民阅读指数的责任。"拯救做不到，但是可以做一些引导，而且这是功德无量的事情。"

大众书局还有一个重要的社会责任，那就是传播中华传统文化。为此，大众书局还专门成立了出版公司，只出版传统文化图书，目前已经出版了 80 多种，而且每本的定价只要 6 元。"我们的目的不是赚钱，而是让更多的人了解中华传统文化。"除了出版中华传统文化读本外，大众书局对自己的员工提出了更高的要求，不仅要求脱产学习中华传统文化，更在企业中推广"孝亲"文化，甚至要求员工诵读弟子规。"很多人开始的时候不理解，但随着对传统文化的了解，他们能够体会到传统文化的好处，目前公司很多员工在脱产学习过中国传统文化以后，都自发到我的办公室向我鞠躬，感谢我让他们有机会深入地了解中华传统文化。"

他的目标是让大众书局未来的盈利属于全体员工，未来将把公司的股份和员工分享，他不会从书局拿走一分钱盈利。而让他做出这个决定的理由只有一个：坚守，理应得到回报。"为了提高全民阅读指数，为了传播中华传统文化而坚守在图书行业的员工，他们的能力可能并不比我们集团其他产业的人差，但因为行业的原因，他们的收入却不高，而他们依然坚守在这个行业，所以他们应该分享公司的成果。"大众书局发行的"易购卡"等产品已受到越来越多的客户喜爱。

功 勋 劳 模

马阿根

1 9 1 4

|

1 9 9 9

1914 年 2 月生,镇江大路镇延安村人。雇农家庭出身,幼年贫困,衣食不周。

中华人民共和国成立后,他把翻身的激情用于农业生产,处处为人先,被选为区劳动模范。1956 年冬,农业社创建九龙圃园,交马阿根等 10 人经营。圃园杂草丛生,他们起早带晚垦植,艰难时期有 40 多天只喝南瓜青菜汤充饥。1957 年种了十几亩瓜菜,产量 5 万多公斤,价值 5000 多元,吸引了四乡百姓前来参观。1958 年圃园 36 亩土地全部种上瓜菜,总产量 11.3 万公斤。九龙圃园产生了轰动效应,周围纷纷办起了圃园。马阿根后来创造"连环播种法"(1 年 5 熟间种套种)、"立体种植法"(平地上、河沟上搭棚架牵瓜豆),不断创造高额丰产纪录。

1958 年 12 月,马阿根到北京参加全国农业社会主义建设先进单位代表会议,受到毛泽东、周恩来等中央领导同志接见,被授予全国农业社会主义建设先进单位代表奖章一枚。1959 年 2 月,出席江苏省农业社会主义建设先进单位代表大会(以下简称"农先会"),获省长惠浴宇颁发的奖状。1960 年 1 月,再次出席省农先会。马阿根曾任丹徒县第二、第三届人民代表大会代表,镇江市科技协会第一届委员会委员。1999 年 4 月去世。

王　芳

女,镇江大路镇韦家村人。1984年入选江苏省击剑队,为运动健将。

王筱珍

1922
|

女,1922年2月生,镇江大路镇田桥村孙家场人。烈士任筱庭遗孀。

抗战期间,任筱庭在江都县从事税务工作,常将税款兑成金条或用于购买军用物资,由王筱珍负责保管。她多次冒着生命危险巧妙地和日伪军周旋,躲过敌人搜查。

中华人民共和国成立初期,她积极投身于社会主义革命和建设运动中,1954年3月,负责筹建大路镇信用社,并担任主任。8月,大路镇地区发大水,许多群众生活无着,她主动下乡发放贷款和救济款(当时国家救济款通过信用社发放)。她连续若干时日,撑着大木盆,蹚水走村串户,访贫问苦,把钱送到急需的群众手中。当时群众赞誉她:"大水冲不掉的王筱珍,哪里群众生活最困难,哪里就有王筱珍。"她还发动群众生产自救,度过灾荒。冬季,又协助政府组织群众以工代赈,兴修水利。同年,加入中国共产党。

1956年4月,王筱珍出席江苏省第一届信用合作社先进工作者代表大会,同年7月,到北京出席全国农村金融系统先进工作者代表会议,受到毛泽东、周恩来、刘少奇、邓小平等中央领导同志的接见。1982年底退休。

王新荪

1944
|

1944 年 10 月生,镇江大路镇人。初中文化。江苏省劳动模范。1962 年经镇江市商业干部学校学习分配到镇江市食品公司任统计员。1963 年起,转丹徒县食品公司工作。先后任姚桥等食品站、公司生产股、贸易货栈和食品公司负责人。现为公司经营部主任、经济师。

20 多年来,一直从事商业工作,具有一定的经营管理经验。1980 年开始,在全县积极推广生猪宰杀、销售半机械化流水作业,工作效率大为提高。1962 年起,连续 7 年被市、县评为先进工作者。1965 年获江苏省劳动模范称号。1981 年代表丹徒县食品公司出席江苏省食品系统先进集体、先进个人代表大会。

文必才

1 9 2 3
|

原籍湖北省,1940 年就参加了革命活动,一直在镇江大港和山北港沿江一带以捕鱼为掩护,暗地里给中共地下党递送情报,护送干部过江。1943 年加入中国共产党,为中共地下组织立过无数功劳。

1942 年中共地下组织在大路镇新开乡朱家武建立了地下站,并建立山北分站,用文家的小渔船作为交通工具,由文必才夫妻负责送信。从此,文必才就以捕鱼为掩护,专做水上交通工作。不管白天、黑夜,信一到就要开船走。从山北港出发,送到虎山头对过的大沙,那里有一个老同志接头。文必才工作认真,会动脑子,多次遇到险情,由于他的机智、勇敢,都安全送抵。

水上交通站不光是送信,有时也送人。从 1942 年到 1943 年,他先后送过陈毅、孙朴、管寒涛、康迪等同志过江。还有好几次遇到一些伤员不能上船,文必才将伤员背上船,连夜送过江去。

文必才还配合地下党参加了一次锄奸活动,他机智地将一个特务绑了,趁夜色开船到江心将其抛入江中。

1948 年 11 月上旬,地下党通知,送中共镇丹扬工委书记陈云阁同志过江。文必才偷偷与地下党联络好,又拿着捕鱼的工具,装作出去打鱼的样子,混过了多少只眼睛,将陈云阁安全送了江。

新中国成立后,他家的那只小渔船曾送过省里、中央去展出。现在,小渔船仍存放在中国人民革命军事博物馆中,作为对文必才功劳的嘉奖和肯定。

邓雪萍

1 9 8 4

　女，1984年1月生，镇江人。大专文化。现任镇江东方电热科技股份有限公司班组长。2016年获江苏省劳动模范称号。她作为产品检测组组长，与设备部门同事改进不良品炸管接线端的开关，大幅提高不合格产品检测效率。在她的带领下，班组生产旺季保质保量完成任务，淡季时则主动协助其他部门开展工作。她乐于助人，公司有几个员工患上癌症，她主动捐款、带头献爱心；有组员请假，她都主动将任务揽下来，加班加点、任劳任怨。曾获2015年镇江市劳动模范称号。

仲明亮

1 9 5 9
|

仲明亮,1959 年生,镇江新区姚桥镇仲宝村人。仲明亮1975 年于丹徒县姚桥中学初中毕业,毕业后即在家务农,期间做过民工,做过拖拉机手。家庭联产承包责任制施行后,仲明亮作为拖拉机手,只要大家在农业生产方面有困难,他都乐意相助,且不计报酬。2004 年,为发展农村经济,带动大家致富,他在广东温氏食品集团(下文简称"温氏")的技术支持和指导下,筹集资金5 万多元,办起了养鸡场。他一面辛勤劳作,起早贪黑,一面认真学习,刻苦钻研养鸡技术,终将养鸡场办得红红火火,生意做得风生水起,并积极帮助村民走上共同致富之路。他的养鸡场圈存量最多时每栏可达2 万只,一年四栏,规模和效益都很可观。《镇江日报》《镇江新区通讯》都曾报道过他的业绩,他被誉为"养鸡大王"。2007 年和2011 年,他先后被评为"镇江市劳动模范"和"江苏省劳动模范"。

[链接]

"温氏"养鸡示范户—仲明亮

姚桥镇仲宝村养殖大户仲明亮说过:"村民要致富,光靠种地是不行的,必须调整农业结构。种,就是要种值钱的;养,就是要养利大的。"他这样说,也这样做。

仲明亮得知发展"温氏"养鸡业是农民脱贫致富的有效渠道后,紧紧抓住机遇,多方拓展市场,从 2006 年 3 月出栏第一批成鸡开始,到目前为止已形成了一定规模。起初,他带领家人、员工,起早贪黑在鸡棚里忙碌,引种、喂食、防疫、清理、出栏都和大家"捆"在一起,尤其在"温氏"鸡种苗进场和防疫的关键时期,他几乎与他的鸡"形影不离"。他十分注重学习"温氏"鸡养殖的生产管理知识,不管平时多苦多累,总要挤出时间来钻研这方面的知识。在他的艰苦创业和精心管理下,目前养殖面积已达1000余平方米,年出栏成品鸡40000余只,年销售额达50余万元,在当地群众中起到了较好的示范和带头作用。

仲明亮为加快村级经济的发展发挥出极大的工作热情,积极参与村级经济发展的协调、筹划和推进工作,努力帮助那些想致富却缺乏经验的农民兄弟。通过他的带动和指导,目前,该村内、外已有近30户农户发展起了温氏养鸡业,为当地群众脱贫致富提供了学习的榜样。

(姚海峰 丁玲 文,文章原载于《镇江新区通讯》)

汤新盛

1938

1938 年 5 月出生于扬州邗江区河头镇宰家圩。1962 年至 1970 年任中共大港农业中学副校长。1970 年至 1985 年任大港文化站站长。1982 年 5 月被中共江苏省人民政府授予"农村文化先进工作者"称号。1985 年被丹徒县人大常委会、镇江市人大常委会分别授予"丹徒县劳动模范""镇江市劳动模范"称号。1985 年至 1989 年任中共大港镇党委宣传委员。1989 年至 1992 年任镇江市大港经济开发区办公室主任。1989 年 9 月被中共江苏省委评为"江苏省优秀党务工作者"。1992 年至 1998 年任镇江市大港经济开发区管委会调研员。1998 年退休。

汤新盛退休后，继续从事书画创作，先后受聘为"中国老年书画研究会会员""江苏省美术家协会会员""江苏省文联书画研究中心研究员"。

他创作了大量的书画作品。2013 年 10 月，《山村夜色》获"贝杉杯"书画大赛优秀奖；2009 年 10 月，《腾飞的大港》获江苏省老年书画协会庆祝建国 60 周年书画展一等奖；2007 年 9 月，山水画《水乡》《晨》赴欧洲八国参加巡回展；2009 年 10 月，山水画《烟雨镇江》赴美国赛珍珠故乡展览。

孙　玥

1 9 7 3

|

　　女,1973 年 3 月生,镇江大路镇田桥村孙家场人。孙玥幼年在南京少年体校学习,1987 年 11 月入选江苏省女排,1991 年 12 月入选国家女排。第 26 届亚特兰大奥运会女排亚军、世界锦标赛亚军和亚洲女排锦标赛、亚运会冠军。曾为江苏女排、国家女排队长。

孙　萍

1967
|

　　女,1967 年 6 月 4 日出生于镇江大港镇岱向桥。1986 年 9 月至 1988 年 7 月在江苏教育学院学习,1996 年 8 月至 1999 年 7 月在江苏教育学院(今江苏第二师范学院)学习(函授本科)。1988 年 8 月至 2006 年 7 月在丹徒县丁岗中学任教,2006 年 8 月至 2010 年 7 月在镇江新区大港中学任教,2010 年 8 月至今在新区港中南校区(今镇江市伯先中学)任教。作为一名初中政治课教师,在认真完成教学任务的基础上,从 2003 年开始,积极充当困难孩子的“社会妈妈”,从自己微薄的工资中省出了约十万元,帮助了数十名贫困孩子和社会人士。为了使更多需要帮助的孩子得到帮助,2011 年初,她在学校发起成立了“玫瑰心香家园”,在爱心人士和贫困学生之间架起了一座爱心桥梁,她用实际行动影响了她的学生、周边学校的学生,以及她的亲属、同事、同学、朋友和很多素不相识的社会爱心人士,使更多的人加入了爱心助学队伍,带出了一支超千人的“社会妈妈”爱心帮扶团队。截至 2017 年 6 月,筹集爱心款上百万元。资助帮扶贫困学生、孤儿和患病孩子等 1500 多人次,全国、省、市众多主流媒体都曾报道过她和她的团队的先进事迹。2014 年 8 月 26 日“玫瑰心香家园”作为镇江志愿团队的一部分,上了央视《新闻联播》。她和她的团队多次受到省、市、区乃至全国表彰,她先后荣获江苏省优秀志愿者、江苏省十佳巾帼志愿者、镇江市“大爱之星”、镇江慈善奖——最具爱心行为楷模、镇江市最佳慈善义工、镇江市优秀社会妈妈等荣誉称号。2012 年入选“江苏好人榜”“中国好人榜”,同年被江苏省妇联评为江苏省十佳巾帼志愿者。2016 年她作为镇江市的唯一代表被推荐参加中宣部、中央文明办等部门组织的学雷锋志愿服务“四个 100”先进典型“最美志愿者”的评选,获“最美志愿者”提名奖。2017 年被评为全国维护妇女儿童权益先进个人。

孙晨晨

1 9 9 1

　　1991 年 3 月生,江苏徐州邳州邹庄镇人。中共党员。系镇江市"最具爱心行为楷模""感动镇江十大人物"汤泽念之子。自幼随其父暂住镇江新区大港街道银山社区,在大港就读小学、初中。2011 年在镇江市第三职业技术教育中心(今镇江润州中等专业学校)毕业后入伍。

　　孙晨晨深受父辈乐善好施的淳朴家风影响,从小就跟随父亲逢年过节时用手推车将蔬菜、猪肉推到几十里外捐给敬老院和慈善机构。读书期间利用课余时间捡拾废品,积累爱心善款。2011 年入伍后,他将自己省吃俭用的津贴积累起来,先后向镇江慈善总会、徐州慈善总会、苏州儿童福利院、镇江新区大港银山社区敬老院累计捐款 3 万余元。每次探亲休假他都要带着学习用品、玩具去看望残障儿童或带着营养品去慰问老人。孙晨晨一直坚持资助贫困学生,镇江信息中专的残疾学生朱政帅、大港实验小学的贫困学生梅涵和梅婷都是他资助的对象。邳城镇 90 高龄退伍军人的两个智障孙子,曾两次受到孙晨晨的资助。2016 年,孙晨晨再次上门看望,老人一个智障的孙子竟奇迹般地为他唱了一首歌。

　　孙晨晨入伍前就正式加入了镇江助残志愿者协会,2015 年孙晨晨的事迹被镇江人民广为知晓,镇江慈善总会副会长石耘赞他:"年轻人有爱心,有担当,是我们学习的榜样。"孙晨晨祖孙三代的事迹被中央电视台、《解放军报》、《新华日报》、《现代快报》及各大门户网站刊载报道。集团军首长看过央视七套《军事报道》栏目"父子俩的大爱人生"后批示:"父子俩大力弘扬'雷锋精神',宁可苦自己,也要帮别人,这种无私忘我、向上向善的可贵品质,值得我们深入学习。"

　　由于他军事专业精通,道德品质高尚,先后 3 次被旅以上单位通报表彰,两次获"优秀士兵"称号,2012 年获得集团军"硬骨头"战士称号。2016 年 12 月荣立集团军"二等功"。

张月琴

1 9 6 0
|

女,1960年1月出生于镇江大路镇照临高桥头。幼时身材高大,1974年13岁入选江苏队时,身高已达1.70米。1984年入选国家女子篮球队。多次代表我国参加重大国际比赛。身体素质好,技术全面,擅长中距离投篮,有"投篮机器"之美称。比赛中作风顽强,是江苏女篮在1982年、1988年两次获得全国冠军的主要得分手。中国女篮1982年第一次在亚运会上夺得冠军,1983年7月获世锦赛第三名。1984年中国女篮在北京国际邀请赛上获得冠军,同年7月在洛杉矶奥运会上摘得铜牌都有她的功劳。曾获得体育运动一级奖章、"新长征突击手"荣誉称号、三等军功章。现为国家少年女子篮球队教练、国家女篮教练。

张秀芳

1 9 4 9
|

女,1949年5月出生于镇江姚桥镇儒里张四八村。编审。1968年7月于儒里中学高中毕业。1968年9月至1973年8月,在家务农。1973年6月加入中国共产党。1973年9月至1976年12月,在南京邮电学院学习。1977年1月至2004年6月,一直在北京人民邮电出版社工作。先后担任《电信技术》杂志的编辑、编辑部主任、社长兼总编职务,并于2002年荣获信息产业部(现为工业和信息化部)先进工作者称号。2003年被评为全国信息产业系统先进个人。2004年6月退休。

张建平

1958

1958 年 4 月生,镇江大路镇宗张村人。排球一级裁判。江苏省体育科学协会会员。1975—1976 年在江苏省体工队男子排球队训练,后任丹徒县青少年业余体校教练。1982 年毕业于江苏师范学院(今苏州大学)体育系,后留校任教。现任苏州大学体育学院副院长、党总支副书记,兼任江苏省软式排球副秘书长、苏州市网球协会副主席,为排球一级裁判。任教期间,有 10 余篇论文发表,参与编写统编教材 2 部,译著 1 部,参加国家级体育研究课题 1 项、省级课题 2 项,其研究成果获得多种奖项。1996 年 12 月发表的《排球理论与技术教学》一文获江苏省教委教学二等奖,《技术分组在排球普修课中运用探讨》一文被江苏省体育科协与江苏省高校科协评为优秀论文。

张建福

1 9 6 2
|

1962 年 11 月 16 日出生于镇江大路镇宗张村。1976 年 9 月至 1978 年 7 月在丹徒县宗张中学读高中;1980 年 10 月应征入伍。1980 年 10 月至 1982 年 9 月,成为南京军区空军航空兵第三师战士、独立大队无线电员;1982 年 9 月至 1986 年 7 月在空军工程学院航空军械系学习(取得本科文凭及学士学位);1986 年 7 月至 1988 年 5 月,任南京军区空军航空兵第三师第七团机务四中队军械师、团支部书记;1988 年 5 月至 1991 年 3 月,任南京军区空军航空兵第三师机务处质量控制室助理;1991 年 3 月至 1992 年 2 月,参加空军首批引进苏-27 飞机("906 工程")国内俄语培训;1992 年 2 月至 1992 年 7 月参加空军首批引进苏-27 飞机("906 工程")赴原苏联克拉斯诺达尔空军学院培训;1992 年 7 月至 2001 年 10 月,任南京军区空军航空兵第三师第九团机务大队分队长,质量控制室助理、主任。2001 年 10 月至今,任镇江市司法局政治处副主任、机关党委专职副书记、社区矫正处处长、社区矫正管理局局长。

张建福于 1980 年 10 月应征入伍,被分配到空军航空兵第三师。1982 年 9 月,张建福经部队推荐、文化考试,被空军工程学院录取。1986 年 7 月空军工程学院毕业后,被分配至南京军区空军航空兵第三师第七团机务四中队任军械师、团支部书记,团支部工作被空军表彰为"先进团支部",个人被师党委表彰为"优秀团支部书记"。1987 年 12 月,军校毕业一年后,被评为全师最年轻的空军地勤助理工程师,1990 年 12 月晋升为工程师。

1992 年 2 月至 1992 年 7 月赴原苏联克拉斯诺达尔空军学院培训,回国后,一直致力于为苏-27 飞机尽快形成战斗力而努力工作,在担任机务大队飞行质量控制室代主任期间,积极配合团领导总结推广适应苏-27 飞机维修特点的"九项管理"制度。编辑出版全军首个《苏-27 维修与实践》刊物,为指导部队开展苏-27 飞机维修起到了极大的推动作用,也为空军在新机人才保留上闯出了一条新路。起草撰写了20多万字的《苏-27飞机维修一线管理规定》,获得空军高度认可,空军在所在部队召开了"新机维修管理工作"现场会,对"质控室"工作给予高度认可,为此,"质控室"荣立集体三等功,张建福荣立个人三等功。1999年参加南京军区空军组织的"苏-27飞机机动作战多媒体演示系统"的设计与研究,该项目在空军组织的科技练兵成果展示中获得二等奖,他再次荣立个人三等功。

张建福从军21年,参加了多项重大作战演习任务。撰写和发表了《苏-27飞机机动作战机务保障预案》《从实兵演习看高技术条件下航空机务保障》《从俄罗斯空军航空维修的发展,看我军航空维修的改革》《建立自己的专家队伍,提高新机保障能力》《新机维修一线管理若干问题探讨》《加强新机维修管理的几点做法》等20多篇论文。其中一篇被《中国军事文库》(该书为纪念建军70周年,由总参谋部组织编写,中国军事科学出版社出版)收录;一篇被空军《航空杂志》评为"年度优秀文章";一篇被空军评为"军事理论研究四等奖";一篇被南京军区空军评为"优秀论文";两篇被空三师评为"战法研究"三等奖。

2001年10月,张建福从部队转业至镇江市司法局,担任政治处副主任、局机关工会副主席,负责组织人事、文明创建、老干部等工作期间,市司法局连续获得市委表彰的"市直文明行业""文明机关"等荣誉称号。

担任局机关老干部党支部书记期间,老干部党支部被市委评为"先进党支部"。担任市直律师事务所党总支副书记期间,党建创新经验获评"市级机关党建工作创新成果二等奖",工作成绩被中国法律资源网、江苏司法行政网、《镇江日报》等新闻媒体报道。

担任机关党委专职副书记,负责局机关党建工作的四年里,他认真组织党员干部开展学习型机关党组织建设和创先争优活动,开展"党员示范岗""党建品牌""扶贫帮困""结对共建"等活动,党建工作得到上级部门和同事们的认可,取得了突出业绩,市司法局连续三年在市级机关党建目标考核中荣获"先进机关党委"。2011年在建党90周年前夕,张建福被省委政法委表彰为"全省政法系统优秀党务工作者",其事迹被《在党旗下创先争优》一书收录。

担任社区矫正处处长、社区矫正管理局局长期间,带领镇江社区矫正工作团队,顺利接受社区服刑人员15600余名,解除矫正14100余名,没有发生一起因监管失职而导致社区服刑人员重新犯罪的案件,有力维护了社会稳定,促进了社会和谐。任职期间,先后完成了"百日追逃""双严整治""特赦"等特殊任务,10名脱逃社区服刑人员全部抓捕归案,在全省率先完成追逃任务。开拓创新,先后创立了"社区矫正结构化监管机制""社区矫正志愿服务管理机制""新入矫和重点社区服刑人员短期集中强化班机制"等一个个响亮的"镇江社区矫正工作品牌"。2017年8月1日,"江苏司法行政在线"微信公众号以"4名军队转业干部组成一支工作团队,爆发出的能量还真不小!"为题,报道了张建福率领的镇江社区矫正工作团队的先进事迹。

2001年至2017年,张建福在镇江市司法局工作16年,先后7次年度考核获得优秀等次,被评为"优秀公务员"。多次被评为"优秀党员""优秀工会工作者""镇江市司法行政系统先进个人"等。

张柏林

1941
|

1941 年 7 月生,镇江大路镇人。初中文化。江苏省劳动模范。1959 年进大路镇用电管理站,工作至今。曾担任机电排灌组长、电工班长、车间主任等职,张柏林自己认识到文化水平与干好工作的重要关系,工作期间,自学电工知识,提高技术水平。1975 年在建设精密铸造车间中,创造了带电弧炭棒拍打法,使中频炉胆寿命提高五至六倍,并自行设计、施工、安装轨道砖砌烘箱、自动恒温烘箱及恒温脱蜡槽等设备,节电效果明显。1977 年获江苏省劳动模范称号。1978 年至 1980 年,连续三年被评为丹徒县技术革新先进个人。

张祥伟

1975
|

1975 年 11 月生,江苏镇江人。高中文化。中级工。现任镇江邮政局平昌新城邮政支局投递班长。2016 年获江苏省劳动模范称号。2003 年 7 月,他进入农村邮政支局成为邮递员。十多年中,他每天的邮递里程达 57 千米,没有遗失过一份邮件,没有一起服务投诉。他爱岗敬业,每年在报刊大收订、金融跨年度、福至新春等业务竞赛活动中皆超额完成任务。他关爱自己邮路上一些孤寡老人和外来务工人员的孩子,带领大家一起开展帮扶活动,征订《小学生学习报》分送给 36 名贫困学生。他负责的邮路被评为镇江邮政"示范爱心邮路"。他曾获镇江市劳动模范、江苏邮政优秀投递员等称号。

陈清坤

1 9 7 5
|

1975 年 9 月生,福建惠安人。大学文化。现任金东纸业(江苏)股份有限公司造纸三处处长。2016 年获江苏省劳动模范称号。他主导成立 5 个 SDA 专案改善项目,合计为公司创造效益 3400 万元。他持续开展精益改善活动,先后申请专利 6 个。金东公司 JC 重建项目中,他作为主要负责人之一,通过与供应商充分沟通、合理安排工序及精心准备,项目完成日期较设备供应商德国 VOITH 公司预定的日期提前一个月,为公司创造效益 1000 多万元。他在部门内全面推行 TQM 全面质量管理体系及客诉闭环管理办法,做到人人是品管,提升 A 级率,降低客诉率。他加强团队建设,帮助员工解决工作和生活中遇到的困难,为提升公司综合竞争力做出贡献。他曾获江苏省劳动模范、镇江市劳动模范、镇江市五一劳动奖章等荣誉。

赵　凯

1　9　7　4
|

　　1974 年 5 月生，江苏镇江人。高中文化。技师。现任镇江港务集团有限公司大港分公司内燃二队内钳修理班副班长。曾获江苏省劳动模范、江苏省五一劳动奖章等荣誉。他在内钳修理岗位上十几年如一日，不怕苦、脏、累，不畏修理难题，成长为技术出众的修理技师。他勤奋好学，掌握一手"快速判断油路故障""从声音上辨别发动机问题"的维修绝活。他帮助企业培养人才，培养的徒弟中有两名"技师"、四名"高级工"，所在班组多次获"标杆""五星"班组等称号。他带领班组成员进行科技攻关，仅 2015 年他就带领开展"装载机前牙包修理工艺改造"等攻关 11 项，其中"挖掘机旋转吊具改造""自动脱钩装置设计"获国家专利，为公司节约修理成本、创造经济效益近百万元。

赵仁义

1 9 6 4
|

1964 年 9 月 18 日生，镇江市姚桥镇人。1980 年毕业于姚桥中学。毕业后先后在丹徒水电安装公司、丹徒县织毯厂、丹徒县华仁棉毯厂任工人、团委书记、厂长。现任镇江新区仁义工具厂厂长、红光村村委会副主任、平昌中心社区宜乐社区党总支书记。

赵仁义 1996 年创办棉毯厂，由于经营方面的问题，欠下近 70 万元的债务。为改变现状走出困境，自创微型发电机，虽有盈利，因债务拖累，又关门停业。2001 年至 2002 年在后巷打工。2003 年自筹资金 2 万元，创办仁义工具厂。现在仁义工具厂占地 4000 平方米，净资产 600 多万元，营业收入 400 多万元，创利税 60 多万元，该企业 2007 年荣获"镇江新区十佳明星企业"称号。

赵仁义为人慷慨，乐善好施，关注民生和公益事业。"5.12"汶川地震爆发后，他向灾区捐助一万多元；家乡兴隆村河道清淤，他出资 5000 元；红光村道路拓建，他带头捐资 5 万元。十多年来还先后资助徐飞、李华江、陈克让等 16 位大、中、小学学生完成学业。他还十分热心群众文化生活，先后出资为姚桥镇举办了五期"庆七一"唱红歌比赛活动，投资 6 万元为社区购买发电和音响设备。直至 2016 年底，他共计为社会捐资 100 余万元。

因为艰苦创业、乐善好施的事迹，赵仁义先后荣获 2007 年"镇江创业新星"、2010 年"零距离公众服务大奖"、2011 年镇江"大爱之星"、2012 年"中国好人榜"好人、"镇江市优秀党员"等荣誉。

传递"仁义"的正能量

——记镇江新区优秀基层共产党员赵仁义

赵仁义，一家民营工具制造厂老板，一名平凡的共产党员，一位基层村干部，致富不忘身边的困难群众，积极回报社会，关心弱势群体，以不平凡的作为感动着父老乡亲，以仁心好义的行动彰显了新时期共产党人的高尚情怀。

逆境拼搏，是开拓进取的实践者

赵仁义高中毕业后，就跟着父亲学修电动机，凡是涉及电机、无线电方面的书籍他都积极买来自学。尽管没有拜过师傅，也没有进行过系统学习，但赵仁义的电器修理知识还是通过看书、拆装，反反复复地不断实践总结出来，愈积愈厚。随着其修理知识的不断提升，村前村后的电机、家电坏了，都送到他那里进行修理。赵仁义只收取很少的一些材料费，遇到特别困难的甚至主动提出给予免费修理。由于找上门的村民越来越多，赵仁义就索性开办了"青年服务修理部"。

青年服务修理部创办后，赵仁义逐渐积累了一些资金，1996 年开始创办棉毯厂，至 1998 年底，由于国家宏观调控，棉毯厂经营不善，赵仁义欠下了近 70万元的债务。为走出困境，他又转型自创微型电机厂，虽然有些盈利，但由于债务拖累，力不从心，只得关门大吉。1999 年初至 2000 年两年，赵仁义先后在苏州、常州宏达电器厂打工。

2001 年至 2002 年赵仁义到丹阳后巷打工，由于他勤快踏实，为人豪爽，诚实守信，不少朋友向他透露热处理加工紧俏的信息，他决心自己创办热处理加工厂。

2003 年 4 月赵仁义自筹了两万元资金，添置了必需的设备，搭了几间简易厂房，买了材料，于 4 月 28 日正式投产运营。

刚开始生产两个月，赵仁义没日没夜地干，结果仍然亏损了两万元。痛定思痛，赵仁义仔细分析研究，原来是工艺流程不精，成品少，废品多，他的父亲劝他放弃，然而赵仁义心想，开弓没有回头箭，既然过了河就不能回头。人生能有几回搏，干就是，拼就行。

赵仁义面对艰难挫折，没有唉声叹气、怨天尤人。他心红似火，志坚如钢。

他一方面向亲友筹措资金,一方面同师傅查找出具体病因,苦思良策,连续一星期攻关,产品质量提升了,合格产品出来了,全厂职工欢呼雀跃,拍手叫好。第三个月生产保本,第四个月便盈利两万多元。再以后就是芝麻开花节节高,逐步提升,捷报频传。

镇江新区仁义工具制造厂位于姚桥镇儒里兴隆村大道西侧100米处,占地面积近4000平方米,厂房和办公大楼建筑面积2600多平方米,绿化面积占40%。仁义工具制造厂以合金锯片热处理淬火为主,在镇江地区独占鳌头,技术处理水平令客户满意率100%。仁义工具制造厂生产钻头、网带炉加工,还有多种型号的标准件加工。

仁义工具制造厂六年迈了三大步,从初创时两万元起家发展到今天拥有600万元资产的厂房、办公楼、机械设备的规模,营业收入过400万元,创利税总额60万元。2007年荣获"镇江新区十佳明星企业"称号,2008年8月又以近8000票的高票排名第二,毫无悬念地当选为"镇江市创业新星"。

面对这期间的多次金融危机,许多企业纷纷倒闭,工人纷纷下岗,而赵仁义不仅没有减员,反而新招了20多名工人,还给所有员工加薪,原来普通工人工资在1000元左右,现在加薪后达到1500元,涨幅达50%。赵仁义还给每位员工买了双份工伤保险,给年纪大的员工买了养老保险。全厂员工人人以厂为家,爱厂如家,因而仁义工具厂生机勃发,红红火火。

敢于担当,是村民谋利的领路者

赵仁义多年捐赠兴建道路,红光村和兴隆村两个村子每每修桥修路,赵仁义都率先捐款。兴隆村有一道沟渠堵塞,赵仁义爽快地掏出5000元清淤;红光村中修拓红光大道,造路集资的时候,他不但带头捐款,还号召乡里"为家乡做点事,为子孙造福",看到赵仁义带头捐款5万元,其他村民你一万,我五千,一举集资了20万元。

赵仁义准备办工具制造厂时,还处于步履艰难的创业阶段。有一天,他到镇信用社去贷款。在信贷科,他看到排在他前面的一个人哭得像个泪人,原来他正等钱买手扶拖拉机,但信用社不愿贷款给他。赵仁义还不知道自己能不能贷到款,只想到帮助别人,他翻遍自己的口袋,一共3800元,他全都先给了这个人。姚桥镇庄基村人朱方桂记得,自己生活最困难的时候,是赵仁义支持自己做起生意,赵仁义拿出两万元,还从市焦化厂帮他找了技术指导,并介绍了后巷一家厂300平方米的房屋翻修给他,从此朱方桂正式开始了屋顶防漏的生意,改善了生活。精神食粮也是"粮"。除了带领群众物质上致富,在精神上他也努力丰富群众生活。赵仁义先后在姚桥镇举办了五期"庆七一迎接党的生日"唱红歌卡拉OK比赛活动,丰富了老百姓的文化生活水平。他发现平昌新城的老百姓特别喜爱文化生活。广场上有跳舞的、唱戏的、打羽毛球的、打篮球的、打扑克的、下象棋的,唯有缺少的就是广场卡拉OK,于是他投资六万余元购买了音响设备和发电设备,几乎天天都到平昌新城为老百姓点歌、唱歌,每天来去的车费、发电的费用近百元,他却显得格外高兴。除此之外,看到马路上一些残疾人摆摊唱歌,赵仁义也总要掏点钱帮忙,有时和他们一起唱歌,并且鼓励他们自强不息,实现人生价值。

如何发挥自己创业特长,帮助一些贫困业主走上富裕之路,是赵仁义就任红光社区副主任后常常思考的一个问题,并付诸行动。家住新润苑、今年27岁的小朱家境贫困,并迷恋上了电脑宅在家中,也不出去寻找工作,生活越过越艰难。就连他奶奶去世,也无钱办理丧事。赵仁义获悉后主动上门,资助小朱为奶奶办理了后事,并多次上门做其工作。受感动的小朱,终于走出家门,来到仁义工具厂上班,"每月工资有3000多元,日子越过越好"。

现在的赵仁义不仅继续他的"仁义"善举,而且将"大众创新、万众创业"观点广为传播,用赵仁义的话说"只要肯吃苦,动脑筋,日子就会越过越好"。

如今,为更好地与镇域范围内的其他企业进行交流,帮助姚桥企业发展,赵仁义积极加入了姚桥商会组织,成为一名副会长。他积极缴纳商会会费,参加商会的慰问拆迁一线人员、企业管理学习班等各项活动,为其他企业的信用贷款进行担保,发挥了一个会员企业在商会的应有作用。

作为一名先富起来的党员,多年来,赵仁义真心实意地为群众服务、为社会造福,每年过年,他还会给企业所在兴隆村的村民每人送去三百元左右的福利,感谢他们的支持和帮助。2015年,为了更好地为群众服务,赵仁义将工厂交由儿子打理,就任红光社区"管家"(社区副主任),并与儿子约定拿出工厂效益的三分之一,继续他的为民谋福利的事业。随着社区进驻平昌中心社区,赵仁义又从一名普通的村干部转变为一名社区干部,在为拆迁户分房工作中,赵仁义当仁不让地成了主力,他起早贪黑地奔波于平昌各个社区之间,从每幢楼每个楼层每个户型一点点熟悉、了解,在分房过程中,每当群众有疑难问题,他都主动帮助解答、解决,为群众当好参谋,公平、公正、公开地做好分房工作。

他常说,党和政府一直在帮助他,也给了他很多的荣誉,为社会、为群众做些回馈,都是他应尽的责任和义务。

红光村村委会会计赵万才感叹："赵仁义有个很朴素的愿望,就是让更多的人得益。"有时尽管他也有困难,但只要去找他,赵仁义总是那句老话,"行,只要为了大家的利益,我愿意帮忙"。

无私奉献,是乐善好德的传承者

赵仁义致富不忘国家,不忘乡邻,不忘回报社会。他始终以雷锋精神激励自己,对人民群众满腔热情,对困难群体慷慨捐助,对公益事业带头捐助,对失学青少年无私捐助,赢得了广大群众的高度赞扬、衷心爱戴。

很多人说,现在困难的人多,帮是帮不了的,可善良的赵仁义从不如此"理性"。从年轻时,他就不抽烟、不喝酒,一直以来,他的业余"爱好"就是扶贫济困。

赵仁义十多年来先后资助了李华江、陈克让、陈中慧等16名中小学生完成学业。这些学生有的因为父死母重病,有的因为父母下岗,有的因为家遭火灾,有的因为突发交通事故而无法求学,他们只要找到赵仁义,都能无一例外地得到帮助和支持。徐飞的母亲残疾,父亲没有固定工作,开学的费用压得全家喘不过气来,得知赵仁义扶贫济困的事迹后,徐飞的父亲含泪找到赵仁义得到了帮助。2005年,徐飞被知名大学录取,赵仁义又帮他解决了大学学费。为此,赵仁义多次受到县市表彰,还被评为省市县"春蕾计划"的先进个人。

从丁岗镇嫁到姚桥镇的吴春兰,守寡在家又身患绝症,她自己的两个兄弟,每天只能给她送点吃的。此时,不沾亲不带故的赵仁义出现了,他派车把她送到医院,掏钱让医生给她好好地检查、诊治、配药,吴春兰的邻居们被打动了,她们在赵仁义繁忙的时候,就跑过来问寒问暖,带吴春兰出门晒晒太阳,喂她吃药。吴春兰在临终的时候说:"赵仁义是个好人,不是他给买药、打针,我早就死了。我忘不了他做的好事。"

2014年4月,赵仁义到镇政府办事时,恰遇葛凤哎老人带着儿子媳妇找政府反映情况,原来泰州长江公路大桥拆迁工程全面启动后,葛凤哎所住房屋需要拆迁,本就困难的家庭遇到难处。赵仁义听说此事,马上把刚领到手的一笔创业明星奖金5000元,托镇政府管民政的干部送给了老人,还表示今后会关注帮助老人。

姚桥敬老院成立时,赵仁义送了3台彩电,又捐款5000元。老年协会搞活动,赵仁义既出钱又出力,还为老人添置服装,购买行头,逢年过节,他都会大包小包地带着东西前来看望。兴隆村数十位老人将一面"敬老楷模"的锦旗送给了赵仁义。

近年来有 13 户因病致贫的群众找上门来，不管是相识的还是不相识的，他都慷慨解囊，润物无声，而通过平昌中心社区物业管理中心，他发现了很多困难家庭甚至难以缴纳物业费，更是主动上门提供力所能及的帮助。"5.12"汶川大地震爆发后，赵仁义豪爽地捐助了一万多元。多年来"六一"捐助、教师节慰问、老年协会资助，以及镇里、村里修桥补路捐助，赵仁义从不落后，总要比别人多捐一点，他才心安。即便是金融危机期间，他也捐助镇敬老院、邻近 3 个村的老年协会、石门赵村老人协会 10 周年活动，赞助甲家老人朱生财白内障手术费，赞助镇江市锡剧团送文化下乡演出费总计达 8.3 万多元。至今赵仁义已捐助了 100 余万元。

如今，赵仁义的企业蒸蒸日上，已经交付儿子经营管理，每年经营收入的三分之一用于公益事业，单单 2014 年，就有 30 余万元用于扶危济困。

"做人要正直，办事要踏实，待人要诚实。"这是赵仁义父亲对他的要求，也是对他的期许，希望他成为一个有情有义，对社会有用的人，所以给他取名为"仁义"。赵仁义正如其父期待的那样，不管是对党、对社会还是对人民群众，均时时捧一颗感恩之心，事事不忘怀一腔热忱，如今他告诉刚刚从高校毕业的儿子："扶危济困高于金钱，奉献之心胜于财富"。正是这样的核心价值观，代代相传，口口相颂，让更多的人为创建和谐社会，实践科学发展观，鞠躬尽瘁，孜孜以求。

赵仁义，1964 年 9 月出生，中共党员，现任红光村党总支委员、副主任，镇江新区仁义工具厂总经理，京口区人大代表。曾获 2007 年度镇江创业新星、2008 年度优秀镇人大代表、2010 年零距离公众服务大奖、2011 年大爱镇江之"大爱之星"、2012 年"中国好人榜"好人、2014 年"京口区优秀人大代表"以及镇江新区"我们身边的好党员"、镇江市优秀共产党员、区优秀志愿者、"镇江市最美优秀家庭"等荣誉。

（镇江新区组织人事部供稿）

赵忠华

1946
|

　　1946 年 1 月生,镇江大港镇赵庄人。1963 年起回家务农,任赵庄村共青团支部书记,赵庄村俱乐部主任。1965 年 4 月被共青团丹徒县委授予优秀共青团员称号。1969 年 3 月任光华大队副主任。1975 年 3 月至 1991 年 12 月任赵庄村党支部书记。1992 年底任大港镇副镇长、组织委员。1993 年 9 月获政工师职称。1994 年 7 月任大港经济开发区纪委副主任、监察室主任。2006 年退休。

　　1963 年至 1992 年长期在农村基层劳动和工作,所在单位赵庄村党支部被评为镇江市红旗党支部和"创先争优"先进党支部,其本人多次被评为县、市优秀共产党员和先进个人。1984 年 12 月因积极创办民兵青年业余综合学校被镇江军分区授予三等功,1986 年被镇江市政府评为先进工作者,1989 年 6 月被中共镇江市委、市政府评为"文化教育先进个人",1991 年被镇江市政府授予劳动模范称号,1996 年 1 月被中共镇江市委、市政府授予"优秀纪检监察干部"称号,1997 年被镇江市经济技术开发区管委会授予"公仆杯",1999 年 3 月被镇江市评为"预算外管理先进个人",2001 年 4 月被江苏省人民政府授予"江苏省劳动模范"称号。

赵金才

1967
|
2017

镇江大路镇照临村乌鸦巷人。1979 年 9 月在丹徒县业余体校学习。1980 年 2 月入镇江地区业余体校读书。1981 年 5 月入选江苏青年男子排球队。1984 年 1 月起,江苏男排先后获得全国城市运动会第二名、全国锦标赛冠军、全国甲级联赛第三名、全运会第四名。1993 年出任江苏女排教练,率队获得全运会第三名、全国甲级联赛第二名、全国锦标赛冠军。后担任江苏女排主教练。比赛之余积极撰写学术论文,著有《扬长避短出战"泰国公主杯"女子排球赛》《关于江苏女排提高发球进攻性的探析》《江苏仪征化纤女排参加 98—99 全国排球联赛技术统计的分析》等。

赵春媛

1998
|

女,1998 年 2 月生,镇江大港镇北山村二组人。2016 年荣获世界青年女子拳击锦标赛 60 公斤级别冠军。

赵顺才

1 9 5 1

|

赵顺才,1951年2月出生于大港镇,1970年10月参加工作。1984年4月任丹徒县影剧公司经理。因锐意改革、成绩显著,1988年6月被江苏省政府授予江苏省劳动模范称号;1991年5月1日,被全国总工会授予"优秀经营管理者称号"和全国五一劳动奖章。其事迹被收入《百年电影与江苏》(陈国富主编,中国电影出版社,2005年11月)一书。

20世纪90年代之后,赵顺才在先后任丹徒县文体局长、丹徒区文体局长期间,主编文艺与文史作品集《丹徒文体五十年》(江苏人民出版社,1999年11月)、文史作品集《新四军在丹徒》(中国文史出版社,2005年6月)、《江碧霞红——丹徒文学作品选》(江苏人民出版社,2006年10月)。

赵德山

1902
|
1986

生于镇江大港镇。13 岁进天福斋茶食店当学徒。1936 年，经旅沪亲戚资助，在大港镇东街开设天陞东茶食店。1937 年，抗日战争全面爆发，同年 12 月 11 日大港沦陷。他目睹日军的暴行，义愤填膺。1938 年新四军挺进茅山后，江南抗日烽火随之四起。在民族危亡的紧要关头，他毅然加入由江南抗日自卫总团司令管文蔚创办的"互助社"。从此，天陞东茶食店就成为来往于大江南北的新四军人员住宿、通讯、联络、集会的秘密场所。同时，赵德山以天陞东老板的身份做掩护，经常传递抗日文件，夜间帮助新四军张贴抗日布告、标语。抗战初期，赵德山得知驻守大港镇的国民党军队在撤退时将一批军火埋藏在益泰典当行内的消息，便向新四军挺进纵队司令部报告。司令部闻报派人查抄出轻、重机枪和各种子弹 13 麻袋。赵德山还通过多种渠道为新四军筹集粮款，为支持新四军拆毁镇澄公路沿线的电线和大港至谏壁的孩溪大桥，带头并动员群众送去干粮、夜餐。在镇江有关爱国人士的帮助下，冒死为新四军购买子弹、手电筒、电池、煤油、洋烛、纸张等被日寇严控物品，以支援抗战。

中华人民共和国成立后，曾任抗美援朝大港分会会长，大港镇工商业联合会主任，当选为丹徒县第一至第六届人民代表，丹徒县第一、第二届政协委员，丹徒县工商联第一、第二届执行委员。1986 年病逝。

[链接]

爱国商人赵德山举家投入抗战

抗日战争时期,作为大港爱国工商业者的赵德山家,从父亲、两个儿子到儿媳,以民族大义为重,举家投入抗日斗争,谱写了一段可歌可颂的英勇抗日故事。

爱国商人赵德山:新四军要什么,就支援什么

1937 年 12 月 11 日,日寇占领了大港镇,抗战初期的大港镇,因地处大江南北的交通要冲,又有丰富的食盐转口税收,遂成敌我争夺的要地。赵德山当时35 岁,是大港镇"天陞东茶食店"老板,这家店是当时大港镇的知名商号,赵德山利用这个身份做掩护,经常帮助传送抗日文件,张贴地下党、新四军布告和标语。而天陞东茶食店也成为新四军干部和地下党负责人秘密开会的场所。

1938 年,赵德山参加了管文蔚领导的抗日群众团体——互助社。很快,他就给管文蔚送了一份大礼。年初,赵德山得知国民党军队撤出大港时将一批军火埋在大港益泰典当行的第四进楼下,便立即告知管文蔚领导的丹阳县国民抗日自卫总团。当夜,自卫总团派兵包围了大港东街,从天陞东茶食店屋顶进入典当行,取走轻、重机枪及子弹 13 麻袋。第四天夜间,江北国民党部队来取时,抗日自卫总团已将弹药转移到丹阳。后来,赵德山还筹款支持新四军,甚至冒死设法采购子弹、手电筒、电池、煤油、洋烛、纸张等被日寇严控物品,再转送苏北新四军部队。

1942 年冬的一天,山北县地下党传来紧急命令,要求地方武装当夜拆除镇澄公路沿线的电线杆和孩溪大桥,并要求赵德山给这次参加活动的 30 余人准备干粮。赵德山受命后,立即吩咐茶食坊赶制脆饼 100 只、馓子 20 斤和云片糕60 条。当晚 7 时送达,分文未收。

1943 年,日伪军开始了"清乡",在大港沿江围起了竹篱笆,人员进出必须持"良民证"检查后通过。为了方便抗日军政人员出入封锁线,赵德山不惜重金向敌伪购买了几十张"良民证",送给南来北往的抗日将士,同时花钱买通检查人员,凡是"天陞东"字号纸包装的茶食免于拆包检查。通过这一方式,大量文件、情报得以送出。1943 年深秋的一天,中共山北县委交通员要把一份紧急情

报送往苏北，他与赵德山商量，赵德山拿出20多条云片糕及一些糖果和香烟，将情报藏在一条云片糕里并做上记号，放在篮底。在渡船上，伪军检查时看到交通员的篮子里有不少"天赐东"云片糕，顺手拿了两条就放行了。

中华人民共和国成立后，赵德山当选为丹徒县一至六届人大代表，任县第一、第二届政协委员，1986年去世。他曾在一份名为"支援新四军的经济物资部分事例简略"中谈到，他支援新四军是主动、自愿和长期的，新四军要什么，他就支援什么。作为一名商人，赵德山在民族存亡的危难时刻，舍小家为国家，倾其所有，其爱国情怀感人至深。

大儿子赵慈风：小册子启发一批抗日革命者

赵德山的言传身教使儿子赵慈风抗日救亡的信念愈发坚定。1942年，抗日战争正处于十分严峻的相持阶段，刚刚20岁的赵慈风，在上海沪江大学修习英语，他毅然投笔从戎，穿越封锁线到苏北参加新四军打鬼子去了。

也许是在打鬼子的队伍中亲眼看到革命文艺的巨大作用，一年多以后，当赵慈风接受组织委派潜回自己的家乡——大港开辟抗日工作时，他自觉地拿起笔杆子这一特殊的武器，配合隐蔽战线上的斗争。赵慈风组织了一个"纯友读书会"，自己任会长，以读书会的名义创办刊物。1944年中秋，一份特殊的文艺期刊——《新芽》问世了。特殊的是，它的发行量只有一份，是用钢笔和毛笔抄写的，而且是抄在一些在今天看来是废纸的反面，然后再拼贴成十六开本的刊物。为迷惑敌人，赵慈风还写了一篇《"新芽"发起的经过》，用读书求知这一无可挑剔的理由，作为办刊的公开目的，而实际上，刊物成了团结、教育、争取青年人参加抗日救国斗争的重要手段。在《新芽》创刊71年后的今天，我们有幸目睹这份珍贵的"手抄本"，作为革命文物静静地躺在镇江博物馆的库房中。收藏鉴定意见写道：《新芽》半月刊是抗日战争时期中共大港支部领导下秘密创办的进步刊物，是研究中共地方党组织斗争的重要资料，是研究抗战时期沦陷区青年思想动态、社会情况的重要史料。

就是这样一份不起眼的刊物，在当时的大港，启发了一批进步青年。赵慈风于1944年7月加入中国共产党，并很快发展起党员队伍，1945年2月，在西贺村上生庵里成立了中共大港特别支部，赵慈风任书记。该支部直属山北县委领导，发展了赵立敏、赵无遐、童荣华、汤英明、佘连喜、袁寿保、赵洪福、赵月仙、解兰芬、解建洪、冯世华等一批党员。

大儿媳葛雪君：卧房里藏着地下党秘密文件

1941 年，葛雪君嫁给赵慈风，婚后，在丈夫的影响下，她积极参加中共地下党的革命活动。葛雪君有胆有识，每次的行动方案都想得特别周全，从未出过岔子。

1943 年春，日伪军在大港沿江一带围起竹篱笆，妄图阻止地下党、军政人员的江上往来。为此，中共北山县第三区委要大港地下党组织人员破坏敌人篱笆和电话线路，以保证江上往来的畅通无阻。葛雪君知道后，给大家出点子，要做到既能通行，又不易被敌人察觉，只有把篱笆切割成人能通过的大洞，再按篱笆原样制成一个与洞门大小相同的活门。按照这个办法，地下党迅速组织人员将篱笆切割成许多活门，果然敌人看到"完好无损"的篱笆，毫无戒备之心，中共"党政军"人员夜间便通过"活门"南来北往。为切断敌人电话线，葛雪君提出电话线切断后再用胶布包裹的办法，使敌人的通讯中断，又难以查找原因。

1944 年秋，大港特别支部决定将葛雪君的卧房兼作保管秘密文件和物品的场所，由葛雪君负责保管。为确保物品万无一失，葛雪君将卧房原有衣橱后的砖墙凿开，把党的文件装在梳妆盒里，藏进洞里，再将洞补好，把衣橱放回原处，抗战后期大港地下党的很多文件都是由她保存的，从未暴露。

1945 年春的一天，地下党组织要把一批传单送到镇江城西银山门。当时，日伪岗哨林立，传单量多，随身携带十分危险。正在为难之际，葛雪君主动请缨。第二天早饭后，葛雪君将传单包裹在孩子的衣服和尿布里，捆扎成一个小包背在身上，然后抱着未满周岁的孩子，装作回娘家的模样，沿江边向镇江走去。路过孩溪（临江的小村镇）时，两个伪军问她去哪里，她回答"回娘家"。为使敌人不生疑，她干脆把小包袱放下，从容在地上给孩子把尿、喂奶，敌人见此情形，没有追问便放行了。就这样，葛雪君顺利地通过了敌人的五个岗哨，于下午 3 点多将这批传单送到了预定地点。

这样英勇机智的抗日故事，今天由葛雪君的儿子赵顺凌亲口讲出来，依然令人动容。赵顺凌今年已 63 岁，尽管母亲去世多年，但他和子孙都将母亲当年在对敌斗争中勇敢无畏的精神作为世代相传的精神财富。

二儿子赵友生：带领武工队抓日伪特务组长

赵友生是赵慈风的弟弟，1943 年只有十六七岁，却已成为赵慈风早期发展的"纯友读书会"会员。

据赵友生生前回忆，读书会是秘密的，在山北县委指示下工作，参加读书会的条件很严格，首先要愿意为共产党、新四军工作，并要在对敌斗争中坚定勇敢，不怕死。

赵友生的公开身份是太平村茶食店店员。1945年3月，赵友生加入中国共产党，他以店员身份为掩护，更加机智勇敢地投入抗战。赵友生所担当的秘密联络任务，在对敌斗争中发挥了重要作用。赵友生的住址，名义上是太平村茶食店，实际是秘密联络站，任务极为繁重：收转县委文件和苏中报、挺进报、江海报、盐阜大众报等新四军主办的报纸、宣传品、书籍、小册子等，搜集敌情，传送情报，除奸反特，动员参军，发展农抗会骨干力量，甚至从敌人内部买弹药，等等。

当年，赵友生的后院柴房是各路地下工作者秘密集合场所，研究情况，决定斗争方法与计策，都在这里进行；他的阁楼、小房间也是临时碰头接头之处，而且藏着报纸刊物、武器弹药等。太平村茶食店，成为大港地下党组织与中共山北县委的秘密联络中心，赵友生也成为地下斗争的骨干成员。

赵友生还积极为地下党提供活动经费，数位进步青年去苏北参加新四军的路费，由他提供；地下党的几次收买弹药的活动，也是他出的资，同时从敌人内部搞回来的弹药也由他收藏，转交地下党支部领导，供给我武工队使用。1944年，赵友生参加了地下党抓捕处置日伪特务组长蔡兰和的斗争，他和地下党同志经过多次深夜监视，摸清了蔡兰和的活动地点后，带领武工队来大港镇采取行动……

由于赵友生在抗日斗争中的贡献，2005年，他获得了中共中央、国务院、中央军委颁发的"中国人民抗日战争胜利60周年纪念章"。

（作者竺捷，原载2015年8月20日《京江晚报》，收入江苏大学出版社2015年9月版《抗战镇江记忆》）

洪宗原

1 9 5 7

曾用名洪宗元,1957 年 11 月 5 日生,安徽天长人。2004 年转业后落户于镇江,1977 年至 2004 年参加中国人民解放军,历任技师、副所长、所长、工程师、技术室主任。上校军衔。

2004 年 2 月加入镇江康飞机器制造有限公司[现镇江康飞汽车制造股份有限公司(大港)],历任质量部经理、检验员、兼职工会主席、党支部委员。

在部队期间,荣立军队三等功三次、二等功一次,荣获国家科技进步二等奖一次、全军科技进步一等奖一次。

2004 年被评为大港街道"优秀党员",2005 年被评为街道"先进个人",2009 年被市总工会授予"优秀工会工作者"荣誉称号,2010 年在市总工会"三比三赛"竞赛活动中被评为优秀基层工会主席,2011 年被授予"镇江市劳动模范"荣誉称号。2015 年荣获江苏省五一劳动奖章,2016 年获得"江苏省文明职工"称号。

贺宏福

1 9 5 7
|

贺宏福,男,1957年4月出生,中共党员,原镇江市人大常委会新区工作委员会副主任,于2017年4月退休。2013年,在兼任镇江蓝天环科管理有限公司副总经理期间,被全国石油和化工工业联合会、人力资源和社会保障部授予"全国石油和化学工业劳动模范"荣誉称号。

贺宏福在担任该公司副总经理期间的主要事迹有:第一,狠抓经营管理,不断推动公司发展壮大。合理开发园区要素资源,全面严控园区土地、水、电、气、厂房、道路等资源要素。创新要素资源管理机制,努力实现园区产品项目一体化、公用工程辅助设施一体化、物流传输一体化、环境保护一体化和管理服务一体化,实现了物流、信息流、能量流、危废流、资金流的五流合一。加强公共管架运营管理,注重公共管架的维护和管理,确保公共管架长期安全运行。第二,狠抓企业管理,充分保障管理出效益。健全企业管理制度,建立了"行为"和"运作"两个规范新模式。健全资产监管体系,利用现代物联网智能管控技术,实现园区资产管理无死角,实时掌握资产整体动态,变事后监管为事前检测,变上层监督为现场监控,全面提升园区服务能力和管理水平。健全责任制考核机制,落实"五定",即定人、定企、定量、定时、定责任。将公司年度目标细化到每个月、每个人,做到每季、每月、每周都有工作计划和考核,进一步强化公司领导班子成员和工作人员的服务意识、竞争意识和责任意识,以提升工作效率、检验执行力。第三,狠抓文化管理,不断提升公司形象。在完善园区"环境、效益"评价体系的同时,贯彻落实"责任关怀"理念,持续改进企业在健康、安全、环境等方面的工作,树立企业关爱员工、关爱社会、珍视自身形象的意识,使公司得到社会的广泛好评。

姚一青

1915
|
1980

原名庆云,曾用名华山,镇江姚桥镇人。幼读私塾,16岁至苏州大陆袜厂学徒,后任职员。淞沪会战爆发后,积极参加共产党领导的抗日救亡运动。1937年,卢沟桥事变后,返乡组织"青年救亡团"。1939年初参加新四军江南挺进纵队,同年3月加入中国共产党,后调"挺纵"指挥部。"挺纵"改为新四军3团,开赴扬泰地区后,任团民运股长。1940年1月,调淮南工作,先后任中共天(长)六(合)仪(征)扬(州)中心县委委员、仪征县二区区委书记兼区长,六区区长,二、五区办事处主任。在复杂艰险的斗争环境中,经常带领少数武装人员穿插于日伪据点之间,英勇机智地打击敌人。曾率领武工队奇袭十二里岔伪据点,一弹未发而缴获几十支步枪;还带领几名同志深夜潜入朴席镇敌伪据点,处决了罪大恶极的汉奸伪区长。1946年2月,任中共淮城市委委员兼河下区委书记。时国民党发动内战,张灵甫74师于8月扑向淮阴。在强敌压境之际,姚一青沉着应付,妥善安排近百名党员、干部和大量文件安全转移。1948年2月,苏浙人民自卫纵队党政军委员会成立,姚一青任委员,率70余人至上海市郊开展敌后游击活动,迎接大军渡江。不料在奉贤境内,受敌包围被捕,在松江县监狱受尽折磨,幸未暴露身份。上海解放前夕,国民党军仓皇溃逃,姚一青坚持与敌看守所长说理斗争,始得出狱。同年12月,经组织审查清楚,任苏南区党委组织部巡视员。

1951年1月,任上海电业管理局人事组长、副处长,后任上海南市发电厂厂长。1957年任华东电业管理局基建处副处长。1979年7月,任华东电业管理局组织处处长。1980年2月12日,因劳累过度,由阵发性心绞痛转心肌梗塞,不幸逝世。

姚月琴

1 9 6 1
|

　　姚月琴,1961 年 3 月 17 日出生于江苏省镇江市姚桥镇北湾子村 46 号,曾先后获镇江市丹徒县"三八红旗手"、"镇江市劳动模范"、"江苏省劳动模范"等称号。2000 年,姚月琴在姚桥镇解放桥村创建润青养殖场有限公司并担任场长,养殖场在创建初期就养殖有 250 多头优良品种母猪,积极带动村内养猪专业户改良品种,为养殖户提供技术帮助。在大面积出现猪疫时,姚月琴 一方面主动帮助村民给猪看病,另一方面给各养猪专业户传授养猪防疫课程,带动身边群众一起脱贫致富。2003 年至 2005 年,《镇江日报》连续对姚月琴的个人事迹进行报道。

秦惟明

1921
|

镇江大港镇人。中共党员。江苏省劳动模范。曾任丹徒县谏壁白云石矿机修车间副主任。

1980 年带领职工完成了吸尘器的制造和安装,为消除粉尘污染做出了贡献。1981 年,他自制设备并主持组建金银丝车间的工作,提前完成了任务。常年坚持修旧利废,为国家节约资金近万元。退休以后仍继续为矿区建设尽力。

聂老虎

1 9 1 7

|

1 9 9 2

　　原名聂冬虎,镇江大港镇聂家村人。少时在上海蒸笼作坊学徒。1941 年参加革命,同年 7 月加入中国共产党,任山北县县长赵文豹的警卫员。在丹北抗日游击根据地内,"一豹一虎"(赵文豹、聂老虎),妇孺皆知,令敌人闻风丧胆。抗日战争时期,聂老虎历尽艰险,英勇顽强,常常深入敌后,打击日伪军,处决汉奸特务,惩治叛徒。在危急关头,他常将个人安危置之度外,出生入死,多次冒着生命危险引诱敌人,保护领导和同志们的安全。1945 年 10 月新四军北撤后,聂老虎奉命留守江南坚持斗争,任镇江县武工队队长。国民党军队反复"清剿"、搜山、设伏,武工队始终紧紧依靠人民群众,神出鬼没,打击敌人,不断取得反"清剿"斗争的胜利,直至江南解放。

　　1956 年 4 月至 1957 年,在丹徒县交通科任副科长。1964 年离职休养,居住在大路镇西街,1981 年 1 月迁回大港定居。1992 年 9 月病逝。

徐长荣

1 9 4 7
|

1947 年 10 月生,镇江大路镇人。初中文化。江苏省劳动模范。1963 年进丹徒县大路镇柳器厂工作。曾担任工艺编织组长、车间统计员、车间主任。

近 30 年来,刻苦钻研柳编工艺技术,并根据用户心理和国际市场需求进行研究创新。1975 年设计的刀叉盘新产品,10 多年畅销不衰,深受外商青睐。1986 年随中国进出口总公司考察团赴德国、法国等四国考察之后,又将喷漆、着色新工艺应用到柳编工艺品上,使企业出口创汇能力大幅度提高。1977 年出席江苏省先进集体、先进个人代表大会。

徐仁兰

1972
|

女，1972年3月生，江苏句容人。中共党员。研究生学历。主治医师。现任镇江新区丁岗镇党委、平昌中心社区党委书记。2016年获江苏省先进工作者称号。她爱岗敬业、勇于创新，在平昌中心社区回迁安置工作中，开创社区党建、自治组织、物业服务"三位一体"管理新模式，实现三镇6万多名农民变居民的平稳回迁、有序管理。2012年始，她组织推进丁岗、平昌和新能源产业园"农城融合、产城融合"工作，被市委表彰为"创先争优优秀党员"，平昌社区被市政府评为跨越发展有功单位、区拆迁安置先进集体。2013年，丁岗镇获市委、市政府科学发展分类考核（农业生态类）一等奖；2014年新能源产业园获市"三集"办先进制造业特色园区第二名，2015年获省商务厅"特色产业园"。她曾获全省计划生育优秀工作者、镇江新区"跨越发展先锋"等称号。

徐志云

1 9 3 1
|

1931 年 4 月生，镇江姚桥镇茂华村人。上海退休工人。徐志云退休后自创企业，获利润百万元，他把这些钱全部用于镇、村的公共事业，受到了社会各界的一致好评。2008 年进入"中国好人榜"。

［链接］

（助人为乐）江苏徐志云：捐出一生积蓄的退休老人

徐志云，男，汉族，生于 1931 年 4 月 21 日，镇江新区姚桥镇茂华村人。他是一位热心公益、关爱乡邻的可敬老人，捐出了一生积蓄 80 余万元，自己却住着两间普通的平房，过着清贫的晚年生活。

1995 年，已经 65 岁的徐志云在镇江丹阳市新桥镇开办了"志云"制笔厂，当时，厂里只有 3 个人，连续两年亏本，第三年才扭亏为盈，第四年还清所有债务。第五年，工厂发展到了 55 人，利润达到 10 多万元，也就是在这一年，徐志云开始了他的救助之路。

工厂所在的丹阳新桥镇林家桥村要修一条 1000 余米的水泥路，总造价 8 万元，他一个人拿出了 2.5 万元；看到林家桥变电站严重漏水，他随即拿出 4000 元翻修；2003 年，徐老又出资 2.5 万元修了一条通向别村的水泥路……与此同时，家里的乡亲们也有人不断地找他。石桥卫生院想添置一辆救护车，缺 2 万元，徐老将刚收来的 2 万元货款交给了卫生院院长；儒里祠堂要翻修，徐老送来了 3 万元；庄徐村贫困户徐桂珍患了肠梗死，需要动手术，徐老承担了 7000 多元的医疗费……

特别是他看到自己老家所在地姚桥镇茂华村庄徐自然村的乡亲们走的还是砂石路的时候,他一下子就拿出了 31 万元,修建了一条 1800 米长、3 米宽的环村水泥路,彻底解决了乡亲们行路难的问题。

做财务会计工作出身的徐志云有着记账的习惯,通过他的小账本发现,自 2000 年以来,徐老捐给镇江丹阳新桥的善款有 20 多万元,捐给镇江新区姚桥的善款超过了 60 万元。

2005 年,75 岁的徐志云将工厂转让给别人,只身回到了姚桥老家,将两间祖屋稍加修葺就住了进去。现在,他的生活设施十分简陋,除了电视机,就是几个破沙发和旧凳子,几乎没有什么值钱的东西,睡的还是硬板床。

虽说厂子转给了别人,自己仅靠退休工资度日,但老人乐善好施的本性依然如故。春季流行病多,医护人员比较辛苦,他送去了慰问品;夏天发大水的时候,不少村民上江堤防汛,他给大家送去西瓜;邻居们有了困难,他总是雪中送炭;汶川发生大地震,他捐了 1000 多元……

人们常劝他:您年纪这么大了,自己要吃好,身体要紧,再说您退休工资又不高,干吗还要捐出来啊? 徐老总是笑着回答:"吃好吃坏没什么,只要吃饱就行。我以前办厂赚钱,现在拿退休工资,都是党和政府政策好,我把钱捐出去,就算是我回报社会吧!"

徐老所做的一切,感动着每个人。镇里、村里的干部没有忘记他,逢年过节都登门拜访;老百姓没有忘记他,在他捐款所修的水泥路边,立了功德碑;乡邻们没有忘记他,经常上门问寒问暖。新华日报、镇江日报等省、市媒体多次报道其先进事迹。

(中国文明网 www.wenming.cn 2009 - 07 - 01 来源:江苏文明办)

新区姚桥镇七旬徐志云乐善好施令人敬

发布时间:2008 - 08 - 06 来源:京江晚报

当老板时,他总是乐于捐款捐物;回到老家,他依然尽绵薄之力帮助他人——

七旬徐志云乐善好施令人敬

金山网讯 他有一个小账本,记的是自己为乡亲们做过的事:身为企业主时,他在 8 年间捐出了 80 万元;放下企业的重担,在两间普普通通的小平房里安度晚年时，虽已孑然一身，他仍然尽自己的绵薄之力帮助着他人。这位老人，叫徐志云。

徐志云是镇江新区姚桥镇茂华村的普通老人。1995年，已经65岁的徐志云在丹阳市新桥镇开办了志云制笔厂。刚开始，厂里只有三个人，连续亏损两年，直到第三年，在老徐和同事们的努力下，厂子的效益有了好转，第四年，厂子还清了所有债务。

2000年，笔厂规模扩大，就业人数达55人，年利润超过10万元，这时的徐志云也已步入古稀之年。从这一年开始，身边的人发现老徐有了一个新习惯：记账。

这个账记的可不是企业的经营账，而是老徐的"捐助账"。徐志云很注重这本账，他要用账本告诉自己：或许我还可以做得更多。

在这个小小的账本里，记者看到，2000年以来，老徐捐给丹阳新桥的善款有20多万元，捐给老家姚桥的善款超过了60万元。村里修路、变电站翻修、卫生院添置救护车、贫困户动手术，老人都捐过钱，出过力。

2005年，75岁的徐志云把厂子转让出去，只身回到了姚桥老家，将祖上留下来的两间老房子稍加修葺便安顿下来。生活设施十分简陋，除了电视机，就是几个破沙发和旧凳子，睡的还是硬板床。邻居们都感到惊讶：老板就过这种生活？

事实上，老徐在老家的生活虽然清贫，但乐善好施的劲儿却一点没减。

春季流行病多，医务人员比较辛苦，他送去了慰问品；夏天发大水的时候，不少村民上江堤防汛，他给大家送去西瓜；哪家邻居有了困难，他总是雪中送炭；汶川发生大地震，他捐了1000多元……

老人的这种做法在很多人看来是不可思议的，常有人劝他：您年纪这么大了，自己要吃好，身体要紧，再说您退休工资又不高，干吗还要捐出来？徐老总是笑着说："吃好吃坏没什么，只要吃饱就行。把钱捐出去，也算是回报社会！"

记者问他："为什么不把钱留给自己子孙？"老人的回答很淡定："如果子孙有能力，根本不需要我给他们留钱；如果子孙没能力，留下再多的财富也会花光。"

（邹　俊　姚锡明　崔　骏）

唐冠生

1 9 3 7
|

镇江大港镇人。担任过 17 年生产队会计。江苏省劳动模范。

从 1968 年开始学习养蜂,由于刻苦钻研,养蜂技术不断提高,四年后即能生产蜂王浆,养蜂数量也大有增长,到 1980 年已达 30 箱,年收入达万元,正式成为养蜂专业户。1986 年养蜂量又增加至 70 箱。养蜂过程中,注意在蜂王浆和花粉的产量上下功夫,取得可喜成绩。1984 年每箱产花粉达 6 公斤,1985 年每箱产蜂蜜达 75 公斤,1986 年平均每箱蜂生产王浆 2.1 公斤。致富后,又积极带动村民一起养蜂,使 9 户村民成为富裕户。由于成绩突出,1982 年被评为江苏省劳动模范,1984 年当选为丹徒县第八届人大代表,1990 年他家成为中国养蜂研究所养蜂病毒研究调查点。

梅　初

1 9 2 0
|
1 9 8 6

无锡县（现为无锡市）人。9岁到圌山西林寺出家为僧，后在该寺受戒，做主持。

西林寺位于圌山西麓半山（又称"半山庙"），相距大港、大路镇国民党据点较远，且居高临下，能俯视山下动静，加之山林茂密，便于疏散、隐蔽。因此，这座庙宇从抗日战争到解放战争时期，便成为共产党地下工作人员开会活动和吃饭住宿的场所。

1946年12月29日（农历腊月初六），中共镇丹扬工委书记陈云阁和高俊杰、周忠等带领武工队员40余人到圌山区检查工作。初七日到圌山西林寺住宿，当晚梅初热情接待，安排住宿，并说："明天是腊月初八，我煮腊八粥给大家吃。"第二天拂晓，陈云阁得知国民党保安队员端着枪冲进庙时，便果断地下令："集中火力，冲出去！"在这千钧一发之际，梅初立刻撬开一扇长期被关锁的后门，让所有人员都从后门冲了出去。事后，大港、大路镇的国民党驻军包围了西林寺，逮捕了梅初，并施以种种酷刑：先往其嘴里灌辣椒水，再在其手掌心穿铁丝，最后在其身上压杠子，但他始终只字不吐，严守机密，坚贞不屈。后经地下党竭力设法营救，方幸免于难。然而，身体却受到严重摧残，留下嘴唇发抖，严重口吃的残疾。

中华人民共和国成立后，曾任丹徒县佛教协会会长，被选为丹徒县第六届和第八届人民代表大会代表。晚年曾带病主持恢复绍隆禅院工作，为发展丹徒县佛教事业尽心尽力。1986年病逝。

解加平

1 9 6 5
|

1965 年 4 月生,镇江新区丁岗镇葛村人。高中学历。中共党员。原为镇江市邮政局丁岗支局职工,现任镇江市邮政局大港支局副局长。镇江市第七、第八届政协委员。

解加平曾先后被评为镇江市精神文明建设"十佳新人",全国邮政系统先进个人,镇江市第二届大爱之星,江苏省十佳文明职工。曾荣获全国五一劳动奖章、江苏省五一劳动奖章和镇江市"最美政协委员"等荣誉。

[链接]

做一个农民致富的引路人
——镇江丁岗邮政支局乡邮员解加平事迹

解加平,今年48岁,是镇江丁岗邮政支局的乡递员。他曾经在家种过地,外出打过工,1995年邮局招收乡邮员,从小就对投递员叔叔仰慕的他也就报了名,当上了每天送报送信的农村投递员,一干就是17个年头,干出了滋味,干出了名气,干出了人生价值。

(一)

他最初服务的投递段道主要集中在镇江的葛村、留村、饶巷等村,邮路全长60多公里,绝大部分都是农户,村中不少年轻人外出打工或者做点小生意,家中有不少老人。还有70多户从上海、苏州等城市退下来的老工人,有的已七八十岁了。这些老人家中无小,生活十分不便。

当时的支局领导要求他要做好服务,他本着"服务就从孝敬老人开始吧"的朴实想法做起。有些老人行走不便,他时常帮这些老人从镇上捎带一些生活零用品,还有些老人每月有固定的退休金汇款过来,离镇上远的他就先拿出自己的周转金,先填付给这些老人。以至于有时候,有几对老年夫妇,手拿着印章,在村口等待他的出现,当这些老人看到他的身影时,高兴劲儿洋溢脸庞,相扶着往前挪动,但步子是迈得那么蹒跚,此情此景使人想起了"夕阳无限好,只是近黄昏",感人而又伤怀。他更感受到邮政服务的价值。

一段时间来,老人们只要提起邮局的解加平,总是竖起大拇指,李长根等老人们还赠送他一面锦旗,上书"热情周到,一丝不苟,送信送报,全程服务"。这是对解加平投递服务工作的充分肯定!

(二)

农村投递工作比较辛苦,但他视苦中有乐。有没有苦恼?有!在相当长一段时间,解加平的名气虽然比较响,服务态度也不错,但每到报刊大收订时,总是东托西拜,花了吃奶的力气,欠了一屁股的人情债,才结结巴巴地完成任务。解加平心里有点着急,他时常琢磨:订报任务年年上升,老是跑断小腿、磨破嘴皮地推销不是个长久之计,得有个好办法。解加平虽然文化程度不是很高,但看得懂《江苏农业科技报》《农家致富》杂志上的内容,上面有不少适合农民致富的信息,可为什么农民兄弟不订呢?解加平是农民出身,农民经济上穷,观念上保守,是影响他们订阅报刊的最主要因素!农民出身的他,深知说服农民最好的办法是"看得见,摸得着,有结果"。

2004年,解加平从报纸上看到一条信息:温氏集团提供鸡苗、饲料和技术指导,长大后全部收购,年净收入可达2万到3万元。这条信息在他心中掀起了波澜,"要是自己段道上的农民也能加入其中,不就是两全其美了吗?"

为了识别真伪,他自费到温氏集团去考察,实情与报纸上的信息基本一致,他心里怦怦直跳,心里想"这是公司+农户的形式,正适合刚刚入门的农民户",他高兴地拿着报纸挨家挨户地推荐,得到的答复是"怕骗,风险大",这种报纸也没有订出几份。

一盆凉水从头浇到脚,难道就这样拉倒了?他与爱人一商量,决定自己先干。夫妻俩拿出自己几万元积蓄,搭起了一间养鸡棚,与温氏集团签订了合作协议,还自费订阅了《农业科技报》《中国禽业》等报刊,边看边干。为了不影响投递工作,他毅然叫在乡镇企业打工的爱人辞职,专门打理鸡场。功夫不负有心人,当年他家卖出的鸡超出10万元,纯收入超过2万元。2005年大收订开始,他以自己"多读报刊,科学致富"的体会,推荐农户"订报刊,知信息,富农家"。当年,在镇江邮政局组织的年度报刊大收订中,400多人的投递员中,他第一个完成收订任务,局里还专门发了一个简报,介绍他的收订经验。

(三)

自己富,不算富。在解加平的投递段道上,有不少穷的农民兄弟,看到他们渴望的目光,他一有空就向村民们宣传"致富经",真心实意帮助他们。

汪大轩,今年76岁,是解加平邮路上葛村的农民,老汉也是村里响当当的一个角儿——老中专生,可惜遇上三年困难时期,没顺利安排到工作。后来打过不少工,开过小饭店,可到头来还是手头拮据,再后来岁数大了更没人肯要他打工了,只能窝在村里靠晒太阳来打发时光,来了客户敬烟每包也就2元多,喝酒每瓶3元多,订报存钱就更不要谈了。有一天,解加平送完信后,决定到汪老汉家去一趟,以自己的亲身经历,劝他养鸡可以致富。

听了解加平的讲述,汪老汉那久违的"发财梦"似乎被激活了一下,眼前一亮,但很快又暗淡下去,汪老汉知道养那么多鸡是需要投入的,自己根本没那么多钱,何况岁数大了,体力也不如从前了。

解加平的一句话打消了他的顾虑,钱——我可以帮你向银行与温氏集团担保,科学养鸡,活儿不重,动动对老人身体有好处。

在解加平的穿针引线下,汪老汉当年养的三批鸡顺利出笼,不仅还清了贷款,而且开了自己的邮储绿卡——有了"私房钱",来人到客敬烟上升到"南京烟"。汪老汉有文化,他从邮局订了几百元的《镇江日报》《农家致富》等报刊,了解各方面的信息,还集起了邮票。

大严庄农户罗寿珍,来来往往的家信比较多,解加平在接触中了解到,她是一个苦命的山西籍女人,经历了一次失败的婚姻,无奈中来到丁岗镇砖瓦厂打工,嫁给了一个同在一起打工的男人,日子过得紧巴巴的。看到这位朴实的农村妇女,他就暗暗下定决心有机会一定要帮助她摆脱困境。

解加平多次把《致富科技》送给她看,建议她养鸡致富。她诉出了自己的苦衷:第一,自己穷,拿不出启动资金;第二,自己一个外乡人,没有场地;第三,人生地不熟的,害怕万一有什么事帮忙的人都没有。面对这些问题,解加平也犯难了,但看到她致富的渴望,他决心帮她。第一,温氏集团加盟的押金,解加平帮她做了担保;第二,场地问题,解加平帮助联系租用,采取先用后付钱的办法;第三个问题,解加平联合村里的几家养殖户,上她家门,表示会全力支持她。在他的张罗下,罗寿珍的养殖场办了起来。现在,养殖场运转良好。在解加平的建议下,罗寿珍还订阅了《农家致富》《养殖与饲料》等刊物,她还用杂志上学来的知识搞起了半放养的方式,节省了饲料,平均6000只鸡可节省饲料5000余元。现在,她的生活也好起来了,在邮政储蓄存款也有十来万元了。

农户老孔家小孩已念高中,成绩不错,但老孔也为未来孩子上大学学费的事犯愁,听了解加平的"发家致富经"后,上门来取经,他一股脑地教老孔,老孔跟着他的路,现在做得比他还要大,不仅用上了邮政绿卡,还为孩子买了保险。

在解加平的宣传帮助下,他的邮路上出现了像汪老汉、罗寿珍、老孔一样的农户达20多户,走上了养殖致富之路。

(四)

如今的解加平家中的一间养鸡棚发展成三间养鸡棚,年纯收入超过了4万元,他的"农民学生们"的收入也不错,他也成了农民兄弟心目中的致富"土专家"。

他在自己的养鸡场住所,自费办起阅览室,摆放着一些农村科技致富类报刊,供农民兄弟免费阅读。墙上是一张由他服务的养殖户、大棚素菜户、种粮大户等专业户的表格,内容包含养殖品种、规模及发展方向、联系电话,报刊品种、邮储、保险及使用的邮政其他业务。

丁岗镇政府对他"积极把科技信息推荐给农民,带领农民走致富路"的做法给予了充分肯定,丁岗镇朱良镇长多次来到解加平家的养鸡场,勉励他做好"帮扶农民"工作。2007年他加入了中国共产党;2008年被镇江市政府评为"镇江市精神文明建设'十佳新人'";2009年7月被评为全国邮政系统先进个人;2010年1月被评为镇江市第二届大爱之星;2010年4月荣获江苏省五一劳动奖章;2011年4月荣获全国五一劳动奖章;2012年4月被评为江苏省十佳文明职工。面对成绩,已是镇江市政协委员的解加平表示,要把农村投递当作一个大的事业做好,做得更加完美。

(陆建航)

翟根宝

1949
|

1949 年 2 月生,镇江丁岗镇纪庄村人。大专文化。中共党员。

1980 年至 1990 年先后任纪庄皮鞋厂副厂长、县食品机械三厂厂长,村党支部副书记、村经委主任、村委会主任;1990 年至 2005年先后任纪庄村党总支书记兼村委会主任、县食品机械三厂厂长、丁岗镇党委委员、丁岗镇党委副书记兼纪庄村党总支书记;2005年因年龄原因,任丁岗镇副主任科员兼纪庄村党总支书记;2007年被镇江新区任命为主任科员。2009 年退休。

多来年,翟根宝始终依靠科技进步,狠抓技改投入,促进了经济发展。任职期间,纪庄村被列为镇江市农业现代化试点村;1998年起,纪庄村农、工、副总产值达 2 亿元,利税超千万元,先后被评为市、县文明单位,市科普先进村;村制鞋厂先后被评为江苏省明星企业、江苏省外贸先进企业;食品机械三厂获国家星火示范企业,并在人民大会堂受到李鹏总理和田纪云副总理的接见。他本人1988 年获国家"星火科技奖"和"全国优秀星火企业家"等荣誉称号,1991 年被评为江苏省劳动模范,从 1992 年起先后被评为江苏省和镇江市的乡镇明星企业家,连续 3 次被评为市、县科技进步先进个人,多次被评为镇江市和丹徒县优秀党务工作者和优秀共产党员。2005 年 1 月和 2007 年 2 月分别被市人大常委会评为优秀市人大代表。

革命英烈

马正贵

1924
|
1948

镇江姚桥镇钱家埭人。幼读私塾数年,家贫辍学务农。其父马国坤,抗日战争时期加入中国共产党,曾任伏元乡小沙党支部书记。1944年秋,马正贵在其父影响下参加县警卫营,同年加入中国共产党。新四军北撤时,马正贵留守江南,为镇江县武工队员。时活动地区虽离家很近,但四年中仅探家三次。1946年12月30日,在圌山半山庙战斗中,马正贵一马当先,奋勇冲杀,和战友一道,把敌人打得落花流水。1948年10月,马正贵与赵鸟根在大山村被敌包围,在战斗中壮烈牺牲。

马家富

1 9 1 4
|
1 9 4 9

镇江大路镇西戴许家村人。青年时期以务农为生。在抗日烽火中加入民兵组织,因表现突出,后任民兵大队长。1943 年加入中国共产党。

抗战胜利后,新四军北撤,马家富奉命留守坚持斗争,任南元地下党支部宣教委员。他的家成了地下工作者和武工队活动的联络点,重要会议也常在他家召开。马家富活动能力强,组织派遣他打入敌人内部搞情报工作,很快他就成了姚桥"清剿"指挥部的"地步哨"(敌人下乡"清剿"时带路),还担任过国民党乡自卫队队长。马家富外出时,妻子万顺弟就为他接转情报,赵文豹等再通过万顺弟传递情报和部署工作。马家富一度涉嫌"通共"遭敌人关押,万顺弟四处找人作保方获释。

1948 年"腊八",国民党军队再次抓走马家富,羁押在丹阳县埤城"清剿"指挥部。因叛徒指认,地下党营救无望。敌人施以各种酷刑,对其进行长期折磨,马家富坚贞不屈道:"我是共产党员,什么都知道,就是不告诉你们!"敌人多次送物品企图软化他,他概不接受。敌人叫他带路抓武工队,他带着敌人在没有武工队的地方转悠。在狱中还发动难友绝食,抗议敌人虐待。1949 年春,国民党政权已是风雨飘摇,他们预感末日来临,于 4 月 4 日将马家富等人押至南门外集体杀害。

王东方

1917
|
1945

　　原名王柱爱,学名工高奎。参加革命后,曾用名王栋、黄晓云,镇江大路镇王巷里村人。天资颖悟,孜孜勤学,在宗张巷读小学时为进步教师王洞若所赏识。16 岁时因家贫,其父要送他至金坛学徒,王洞若则暗中将其带至上海,介绍其在陶行知创办的"山海工学团"做小先生。1933 年初,陶行知创建"晨更工学团",调王东方任教。该校为"中国左翼文化界总同盟"领导下的"中国左翼教育工作者联盟""中国左翼作家联盟""中国左翼戏剧家联盟"的活动之地。是年夏,王东方参加中国共产主义青年团。冬,晨更工学团团长徐明清被国民党当局注意,经党组织同意推荐王东方继任。王东方接任后与山海工学团第二任团长张劲夫交往甚密,而益勤于团务,晨更工学团深受沪郊农民欢迎,声誉日隆。1934 年 2 月,突遭当局查封,王东方及陈企霞、袁超俊、柴川若等 5 人被捕,经陶行知等人营救获释。1935 年 11 月,王东方加入中国共产党。

　　"一二·九运动"后,山海工学团建立秘密党团组织,王东方任第一任党团书记,还先后任国难教育社沪东分团、沪西分团党支部书记。1937 年 8 月,日军进攻上海,王东方及其他同志领导山海工学团师生,为难民及前线作战部队服务,出生入死,昼夜不息。9 月底,参加第四路军六十六军战地服务团,任通讯联络员,并随之撤至武汉。中共长江局湖北省委任命王东方为纱厂委员会组织部长、武汉市武昌区区委委员。王东方在保卫大武汉战斗中做出了贡献。武汉失守后,调沙市工作。1939 年 10 月,任鄂西七区特委组织部长,分管恩施、建始、巴山、秭归、兴山、宜昌等县党的工作,使鄂西党组织发展壮大。鄂西特委遭破坏后,情况危急,王东方将个人生死置之度外，及时通知各县党组织转移，使大批革命同志幸免于难。南方局组织部副部长钱瑛充分肯定其在关键时刻所进行的撤退转移工作，并派其日夜兼程再赴鄂西，转移更多的党员。1942年初，王东方调任中共（四）川（西）康特委委员，负责成都至西康雅安、洪雅一带党的工作。抗日战争胜利前夕，中共南方局通知其去成都商讨工作。王东方所乘汽车于成都南门外八里桥翻车，不幸牺牲，安葬于八里桥南塥，川康特委书记王致中为之立碑纪念。

1956年7月16日，张劲夫同志对他做了很高评价："……东方是我党的一名好党员、好战士、好同志，与他一起工作的同志对他相当尊敬。他的牺牲是我党的损失，他留给同志们的好行为，是人们不能忘记的……他为革命献身的精神，在同志们心中一直长存。"

王若谷

1919
|
1946

　　原名致和，又名其明，镇江姚桥镇王甸村人。小学成绩优秀，保送至镇江中学，毕业后考入同济大学。上海沦陷前夕，学校迁至浙江，在浙东遂昌等县参加抗日救亡活动。1938年加入中国共产党。次年1月，中共浙江省委调王若谷至国民党浙西行署政务处当服务员，为服务员中中共特别支部委员。国民党浙西行署以政务处服务员为基础，成立省政工队第二大队第一中队，王若谷任该中队分队长，开赴临安县（现为临安区）进行抗日宣传。是年夏秋，被国民党怀疑，调《浙西民族周报》工作，企图软禁。冬，又调天目山朱陀岭集训，王若谷借故辞职。浙西特委调其至吴兴县，从事党的建设工作。1940年春，中共吴兴县委成立，任县委组织部长。1940年秋，在吴兴塘北织里镇被国民党地方武装逮捕，押至浙东，后脱险回到浙西特委。1941年春，任长兴县委组织部长。是年10月任苏南丹阳县委宣传部长，后任镇丹工委书记、镇丹中心县委宣传部长。

　　1943年3月，日军在镇江地区"清乡"，王若谷奉命隐蔽于镇江大西路薛家巷口协成南货店，以账房为合法身份，开展城区秘密工作。七八月间，王若谷在店中突然被清乡大队以"共党"罪名逮捕。经日军多次严审，均未吐实。日军见硬的不行，又用软的办法，"放长线，钓大鱼"，释放王若谷，暗中派人监视。日军投降，王若谷立即离开镇江，找到赵文豹，留镇江县工作。北撤时，编入苏中五地委教导队学习，调任江都县文教科长。1946年8月，新四军主力做战略性转移，敌占邵伯镇，县政府干部大部分撤至后方，王若谷坚决要求留下坚持斗争。不多日，县武装与敌25师在邵伯镇附近发生遭遇战，王若谷突围逃出，隐蔽于渌洋湖畔一风车篷内，被敌发现逮捕。国民党区长凌鸿宝亲自毒打审讯，令其交出枪，王若谷答以"枪在河里"，痛斥敌人进攻解放区的罪行，惨遭枪杀，复被敌用刺刀捅捣，为党和人民流尽最后一滴血。

王思敏

1 9 0 8
|
1 9 4 8

镇江大路镇西王家村人。16 岁去泰兴学徒,两年后,因不堪店主虐待而回家务农。1938 年,任大路镇商团自卫队教官。同年 9 月,自卫队改编为新四军特务连,任一排排长,参加了控占嘶马、大桥的战斗。1940 年,任镇五区常备队副队长,在葛村伏击敌人汽车及韦家村遭遇战中,机智勇敢,冲锋杀敌。翌年春被捕,坚贞不屈。经营救获释后,奉命潜入大路镇敌自卫队,为 1942 年大路镇反"清乡"斗争的胜利,提供了不少情报。1943 年加入中国共产党。1945 年 8—9 月,参加攻打谏壁和镇江模范监狱的战斗。新四军北撤后,复打入国民党大路镇自卫队,进行隐蔽斗争。年底,潜往苏北汇报大路镇敌情,领受任务。1947 年因身份暴露,调镇江县武工队。次年 11 月 22 日下午,去小桥头参加碰头会,行至许弄以东闸口,突遭国民党交警部队三路包围。王思敏面对强敌,沉着应战,毙敌班长、士兵各 1 名。终因敌枪弹密集,连中数弹牺牲。敌人砍下他的头颅,遍悬大路镇、姚桥、埠城等地,妄图威吓群众。

王洞若

1 9 0 9
|
1 9 6 0

原名王义田,乳名锡堂,镇江大路镇薛港忖前北族人。1926 年夏于省立第六中学(今镇江中学)毕业,次年考入陶行知初创的南京晓庄师范,毕业后留校工作。常与刘季平、戴伯韬等一起,探索改革乡村教育和救国救民之策。1930 年 4 月,为反对日舰停泊下关,学校师生举行抗议游行示威,竟遭国民党军警逮捕、杀害多人,学校被封。王洞若隐蔽家乡,执教于乡村小学。

1932 年秋赴沪,与张劲夫等共同协助陶行知创办山海工学团。1933 年加入"左翼教育工作者联盟"(党的外围组织),同年 11 月加入中国共产党。"一二·九运动"后,上海地下党与陕北党中央取得联系,成立上海党临时工委,王洞若为临委负责人之一。1936 年奉命与张劲夫组建"国难教育社",任党团书记。次年,日军侵犯上海,地下党成立群众运动委员会,王洞若任委员,为难民救济委员会负责人之一,曾冒着战火进入战区安排救济难民,组织抢救伤员,运送食品。1937 年 8 月,收难童 22 人组成"孩子剧团",用文艺形式宣传抗日,剧团一直演到南京、武汉、衡阳、桂林和巴山蜀水。在武汉,剧团属于国民政府军事委员会政治部第三厅(郭沫若任厅长)的一个组成部分,成为救亡运动史上的光辉一页。1938 年在桂林成立"生活教育社",王洞若任常务理事,主持工作。1939 年 1 月,遵照中共中央南方局指示移居重庆。陶行知与王洞若等积极筹建育才学校,在周恩来的关怀下,学校于 7 月 20 日开学,陶行知任校长,王洞若任研究部主任。

王洞若长期在白色恐怖下工作,积劳成疾,被迫休养。中华人民共和国成立后,中共上海市委安排他疗养,后定居镇江市。1960 年 12 月 19 日不幸逝世,被追认为革命烈士。王洞若不仅是革命者,还是一位在哲学、政治学、心理学、语言学等方面造诣很深的学者。20 世纪 90 年代,由其后人将其遗著编为《王洞若文集》,并由原国务委员张劲夫同志作序。

[链接]

怀念革命战士兼学者王洞若
——《王洞若文集》代序

1935 年,王洞若同志是我参加上海"教联"的介绍人;1935 年,王洞若同志是我入党的介绍人。我之所以走上革命道路,一是受到老师陶行知"人民第一、人民至上、一切为人民"思想的影响,要和人民站在一起;二是受到王洞若同志的影响。

王洞若,原名王义田,1909 年 10 月 10 日出生于江苏省镇江大路镇乡前北族村。1926 年夏以优异的成绩毕业于江苏省立第六中学,1927 年 3 月考取陶行知创办的南京晓庄师范。1933 年春,在上海参加左翼教育工作者联盟,同年 11 月加入中国共产党。他当时介绍社会科学书籍给我看,经常和我谈心,交流读书心得,要救中国,要使劳动人民求得自由解放,只有依靠中国共产党的领导。当时上海白色恐怖很严重,我的心情,正如鲁迅在《忆韦素园君》一文中所说:发扬则送掉自己的命,沉静着又啮碎自己的心。思想情绪经常处于矛盾斗争之中。经过反复的内心斗争,我决心"提着头"参加共产党。在解除我的思想矛盾中,洞若同志给予我很大的影响。当时我俩是朋友,相处无间,无话不谈,他以好友谈心的方式,在思想上给予我的启发帮助是很大的。

王洞若同志是一位坚定的共产主义战士,处在当时上海白色恐怖环境中,他始终在刻苦学习社会科学理论,追求真理,深刻理解社会发展规律,深信人类社会总要向着没有剥削、没有压迫的理想社会走去,中国总是要在人民觉醒团结奋斗中,求得独立自由的。任何艰难困苦,任何危险,都动摇不了他的信念,他把这种信念传播给我,感染给我,帮助我不断提高觉悟,自觉接受这种信念。因此,我一直认为他是我走向革命道路的引路人,我从内心深处永远怀念他感激他。

王洞若同志又是一位苦学深思的学者,他在社会科学的各个领域,尤其是在哲学、政治学、心理学、语言学方面造诣很高。

在接到刘季平同志(笔名满力涛)自烟台监狱中寄来的用复写纸写的文章后,他和我讨论最多的,是该文提出的哲学问题,即膨胀与收缩的矛盾问题,他认为在经典哲学著作中没有提到这一问题,是值得进一步探讨的一个重要问题。

在政治问题上,他和我经常讨论国际反法西斯统一战线,保卫马德里问题。从红军胜利长征到达陕北,到抗日民族统一战线的提出,他明确提出毛泽东是党的正确路线代表,是党的领袖,并指出正确政治路线的重要性。当时我们能看到的文件很少,对党中央的情况不大了解,他能看清这样的重大问题,是很难得的。

在心理学问题上,当时英国一位马克思主义者出了一本书,叫《马克思主义与精神分析学》,这本书的观点有片面性,不适当地将弗洛伊德的精神分析学过分强调其有唯物主义观点,不适当地与马克思主义的历史唯物主义联系起来给予过高的评价。洞若能阅读英文原著,经常和我议论这些问题,他的观点,我认为是有道理的。

在语言学方面,洞若对制定上海话新文字方案起了重要作用。据我所知,这一方案主要是在他的主持下制定出来的。对于推广拉丁化新文字方案,陶夫子当时也很积极,在《生活教育》半月刊上,不仅公布了这方案,而且大力提倡推广,并运用这一方案,编写出一些课文,在沪东、沪西工人夜校中,在山海工学团附近的农村中,进行过推广工作。

以上几个领域,是我在和洞若相处的四五年时期内,印象比较深的几件事。

1937年底,我的党组织关系由"教联"党团转到地下党江苏省委军委系统,以后就再未和洞若在一起工作了。我到新四军根据地工作,洞若在国民党统治区做地下工作。全国解放后,洞若病情已很重,由马侣贤同志主持的育才中学照顾他,生活过得很困难。我去上海在沪西程家桥见到洞若,他脑子对往事已记不清楚,但见面后仍能认识我,彼此紧紧握了手,只能简单地谈谈生活琐事。我当时很难过,找到中央华东局组织部,请求给予照顾。中央华东局组织部特安排洞若到虹桥疗养院治疗休养。后来洞若回到丹徒家乡,于1960年12月19日逝世。

洞若的早逝,主要是在国民党统治区长期从事地下工作,工作压力很大。生活过于艰苦,精神上受到过大的压抑,以致得了重病。全国解放了,虽然经过10年左右治疗,但他的病已无法挽救,终于离我们而去。

接到朱云同志的来信,得知洞若有这样一位继承岳父之志的女婿,深感宽慰。朱云同志经过好几年的努力,搜得洞若撰写教育方面的文章26篇,政治方面的文章39篇,新诗2首、词3阕,编就《王洞若文集》。我很感动,谨写上述怀念的话,作为这本集子的序言。

（原国务委员 张劲夫）

任筱庭

1 9 1 7

|

1 9 4 8

乳名阿喜,镇江大港镇西街人。幼年丧母,由姨母抚养。任筱庭幼年天资聪颖,勤奋好学。少年时曾去上海学徒,后因日军侵略返乡。1938 年,任筱庭参加当地革命活动,被派往大路镇孙家场、武家桥一带收盐税,后结识王筱珍,结为夫妇,遂移居孙家场。1939 年 2 月,任筱庭加入中国共产党,9 月任党支部组织委员。

1940 年,任筱庭被调往新老洲、江都县大沙做税务工作。1943 年在江都县从事财经工作。日伪经常"扫荡",任筱庭的行李屡屡被抢,但保管的公家钱财却安然无恙。一次任筱庭划小船执行公务,船内载有新四军的布匹、药品和黄金。途中遇日军小艇,任筱庭脱下鞋袜,披上蓑衣,装扮成渔民编织渔网,机智地骗过了日军。1945 年,任筱庭被派往江都县丁沟区工作。1947 年春,奉命开辟溱潼县顾庄(今兴化市顾庄乡)新区工作,组织反清算斗争。五六月间,建立中共溱潼县双港区委,任筱庭任区委委员、组织科长。区委深入群众,发展党员,建立党组织。任筱庭经常出没于敌占区,冒着生命危险为党工作。1948 年春,任筱庭仍任组织科长。5 月 1 日夜,任筱庭和区长朱新带领区小队乘 3 只小船出发,活捉了张庄反动乡、保长,缴了伪自卫队的枪。不料归途中遭遇国民党正规部队。下半夜月光如昼,区小队无法隐蔽,任筱庭、朱新两人一面组织还击,一面命船只迅速靠岸,分散突围。敌军火力猛烈,朱新不幸中弹牺牲。任筱庭和另一同志沿岸奔跑。此时一条河道挡住去路,任筱庭不会游水,而敌人已追到河边,任筱庭站在水中举枪还击,不幸中弹牺牲。任筱庭长眠于苏北大地。1978 年,顾庄乡花杨庄党支部建立烈士陵园,将任筱庭的棺木移葬陵园墓地。每年清明节,数以千计的群众和学生划着小船,祭扫烈士陵墓。

许瑞林

1 9 1 4
|
1 9 4 4

    镇江大路镇普照村龚家甸人。自幼富有正义感,成年后曾在小学任教。抗战爆发,与江南抗日义勇军挺进纵队人员接触,遂倾向革命。1939 年 4 月与新任山北区区长范超群同时遭日军逮捕,范超群遇害,许瑞林被带至埠城关押。获释后,革命意志愈坚。1941 年秋,地下党隐蔽人员俞廼章秘密发展王式泉、许瑞林加入中国共产党(秘而不宣),1942 年 3 月,俞廼章代表组织宣布二人为中共党员。许瑞林曾被派作税务人员,为民主政府征税。地下党负责人王龙参加谭震林在茅山举办的对敌伪工作培训班,向许瑞林、王式泉传达精神,许瑞林即为单线联系的特别党员。此后,两人由中共丹北地委敌工委员会派遣,先后打入镇江日军宪兵队特高课及其下属组织 94 号特工站。在大路镇,许瑞林接替王式泉担任商会会长,并开设养和堂中药店做掩护,药店即为秘密联络站,许瑞林任站长。王式泉将情报传递至联络站,由许瑞林送交地下党。有时,许瑞林亦到镇江,两人奔走于宪兵队特高课、94 号特工站、县政府侦缉队、日军特工队等特务组织之间猎取情报。1943 年日军"清乡"期间,王式泉在镇江搜集情报,许瑞林在大路镇与日伪军周旋。许瑞林还拜 94 号特工站余泽明为"先生",施离间计,将驻大路镇的 94 号特工站镇东组组长高某挤走,由我方人员取代。许瑞林曾多次巧妙掩护群众免受日军袭扰。1944 年初许瑞林染病,同年春病故,中华人民共和国成立后被追认为革命烈士。

何邦富

1 9 2 6

|

1 9 4 9

镇江大路镇南元村人。父母以耕种为业,家境贫寒。15 岁去上海学徒,诸事勤勉,一次无意打坏用具,遭店主侮辱,愤然回乡务农。1943 年入伍,新四军北撤后,为县武工队员,留守江南坚持斗争,参加过多次战斗,锄奸反特,战绩卓著。1946 年 12 月加入中国共产党。1948 年春节,何邦富随聂老虎在沙墩、蒲包陈一带活动,被国民党埠城保安队发觉,敌人遂出动 30 余人包抄沙墩。何邦富随即改装出村,与敌相遇。敌人查问,何邦富答:"上海做生意的,回家过春节,不信有身份证。"佯装取证件,掏出驳壳枪,打得敌人措手不及,何邦富乘机冲出重围。次年 3 月 12 日凌晨,何邦富由汪家山到徐字分赵村赵同生家隐蔽。11 时左右,从沙墩来了几个国民党保安队队员,到保长家催粮草。此时,赵同生家两妇女出屋,见到保安队队员,神色慌张,引起敌人警觉,紧跟进屋搜查。何邦富盘坐在厢房小床帐内,双手持枪,严阵以待。敌一掀帐门,何邦富双枪射击,不意瞎火,遭敌捆绑,带至据点。何邦富正义凛然,痛斥敌人,不幸遇难,时年 23 岁。

邵建甫

1918
|
1944

原名连保,又名振礼,化名王志超、胡强,镇江大港镇人。幼年丧父,中途辍学。16 岁到上海学徒,参加受共产党影响的厂外夜校学习。1938 年,毅然离沪去太湖地区参加地方抗日武装,不久加入中国共产党。次年到新四军江南指挥部所属部队工作。

镇丹县成立后,任县委社会部副部长兼公安局长。日军"清乡"前,被派隐蔽于丹阳西门小学,以校工身份,开展党的秘密工作;后又转至城内五洋商店管账,经常活动于日伪据点与游击根据地之间。1943 年,镇丹县县长包建华、副县长江辅华相继叛变,党组织遭严重破坏。邵建甫奉命撤出县城,转移至西门黄庄、楼下、西麻、吴塘一带活动,化名胡强,任镇丹工委书记兼区长,坚持和领导镇丹地区的抗日武装斗争。1944 年 1 月 4 日,县警卫连一举攻克叛徒包建华盘踞的白兔据点。翌日,前村日军调防,邵建甫误以为日军撤走,即率区大队前往攻打,待冲近敌据点时,发现敌情有异,如不及时将敌人火力吸引过来,正面向敌进攻的战友将有严重伤亡。邵建甫为掩护突围,立即向敌据点开枪,并令大队撤离。在敌人机枪的猛烈火力下,邵建甫不幸中弹,忍痛爬过河沟,扔枪沟中。战友们要背邵建甫后撤,而邵建甫考虑到战友们的安全,命令他们快撤,并说:"我已不行了,以后你们到石桥底下沟里捞枪。"日军追上来后,邵建甫已牺牲。事后,地方党组织在邵建甫指点处,捞到长短枪各一支。烈士遗体由党组织派人用棺木掩埋在都观庙(现丹阳市司徒镇内)。中华人民共和国成立后,移葬于大港镇西郊陆家湾。

范　敏

1916
|
1940

　　原名春宝,又名钦铭,出生于无锡一个贫民家庭。幼年就读于著名的东林小学(校址即原东林书院所在地)。后参加抗日救亡活动,并在南昌参加新四军。

　　1938 年被派到茅山抗日根据地一支队老二团任文化教员兼随军记者。曾报道过 1939 年 8 月二团一营战士在扬中老郎街击落日机的事迹,并在重庆《新华日报》上刊载。1939 年底,一支队政治部主任郭猛选派范敏前往镇江东乡大路镇、大港、姚桥地区工作,控制南北交通枢纽,便于新四军北上南下。该地区原有国民党扶植的三个小区区长,范敏通过反复说服教育,引导他们走上抗日道路。1940 年 4 月,范敏担任镇五区区委书记兼区长。沿江地下交通站组成之后,范敏极为关心南来北往的中国共产党党政军领导和部队,他曾亲自掩护陈毅司令员渡江北上。他十分关心税收工作,和三个镇的商会保持良好关系,教育商人照章纳税,保证新四军给养。

　　1940 年 5 月 28 日,范敏邀集统战对象在姚家桥聚乐轩旅馆谈话,驻扬中的日伪军突然包围旅馆,除两人脱险外,范敏和税务员陆昊、通讯员艾连顺三人不幸被捕。日军施以酷刑,范敏等人常被折磨得不省人事。范敏在审讯中巧妙地保护了陆昊,使其得以保释。他在狱中曾传出一张便条,几经辗转,字迹已模糊,隐约能辨认出"放心""勿念"字样。范敏坚贞不屈,日军凶残地将其活埋,就义时年仅 24 岁。

赵鸟根

1 9 2 6

|

1 9 4 8

镇江大路镇小港村人。父母早亡,家境凄苦。

1943 年 6 月参加新四军,为山北县警卫营战士,因表现突出,同年加入中国共产党。新四军北撤时,被挑选为镇江县武工队员,留守江南坚持斗争。在反"清剿"斗争中,多次参加战斗,奋勇杀敌。

1948 年 10 月 27 日夜,赵鸟根与战友马正贵为扩大活动范围,去开辟边区,借宿于大港大山村严巧根家。28 日晨,该村赵云哎密报大港国民党县保安队,保安队小队长张肇顺率 30 余人,上午 10 时将严家团团围住,用机枪封锁大门。保安队将严巧根的妻子和两个妹妹叫出来后,就对赵鸟根、马正贵喊话,妄图诱降。他俩沉着应战,与敌相持两个多小时。狡猾的敌人一计不成,又生毒计,叫嚷"烧房子",在这关键时刻,屋内传出"叭叭"两枪,敌人以为两人"自杀"了,就逼严巧根的妹妹进屋查看。赵鸟根、马正贵伪装受伤,敌人信以为真,向屋内冲击。两人立即开枪射击,扔出手榴弹,打退了敌人的进攻。敌狗急跳墙,张肇顺由后进山墙上屋,向室内扔手榴弹,敌人密集射击,赵鸟根、马正贵与敌拼搏 3 个多小时,子弹耗尽,壮烈牺牲。

赵永和

1 9 3 6
|
1 9 5 7

　　1936 年 11 月 18 日生,镇江大港镇赵家庄人。1953 年 7 月毕业于大港中学并考入南京地质学校,1956 年 8 月分配到贵州省地质局石油普查大队工作。1957 年 6 月 30 日,在工作途中遇山洪暴发,为抢救 3 位落水队友被洪水卷走,英勇牺牲。烈士墓坐落在贵州省安顺市黑石头烈士陵园。由于工作表现突出,生前被评为贵州省第一等先进工作者。虽然 21 岁就为祖国的地质事业献出了宝贵的生命,但他无私无畏、舍己救人的高贵品质和朝气蓬勃、踏实肯干、忘我工作的先进事迹被贵州省的媒体和中国地矿报广泛宣传,在贵州当地家喻户晓。他是中国地质系统的一面旗帜,一面镜子,一个榜样。1992 年,有关部门还专门组织了悼念赵永和烈士的纪念活动,以激励年青一代地质工作者向他学习。

赵荣森

1917
|
1949

　　出生于镇江大港镇东街，家境清寒。少时曾在私塾读书，后去沪眼镜厂学徒。1937年底，他目睹日军侵占上海的暴行，便毅然参加共产党上海地下组织领导的抗日活动。1939年，参加崇明县抗日自卫总队。次年春撤离崇明，与海门新四军会合，11月，任苏中四分区第三旅六团三营教导员。1941年5月，部队整编，建制为新四军一师三旅九团，任九团教导员。他会唱歌，是个男高音，因而营部政治鼓动工作做得很出色。1943年6月，被调往苏中海防三团任指导员。次年春率团出海，出击敌伪骚扰抢劫之船艇。激战1小时，击沉敌船1艘，重创2艘，其余敌船纷纷向长江口逃窜。

　　日军投降后，华中海防纵队成立，赵荣森任纵队副参谋长。1946年3月，国民党企图独霸淮北盐场，"海纵"组织400多条船只，动员数万民工，组成一支运盐队伍，4个月间，共抢运盐250万担。赵荣森在整个抢运战斗中，做了大量的组织、安排和调配工作。1948年底，赵荣森奉命组建汽艇大队并任汽艇大队长，组织专人秘密建造机动船，把缴获敌人的100多辆卡车引擎装在船上和木筏上，共造了70多条机动船，组成了一支颇为壮观的汽艇大队。1949年4月21日，渡江战役开始，上级命令汽艇大队为渡江突击队，在南京一线抢先渡江，面对敌人的密集炮火和江上的汹涌波涛，赵荣森从容镇静，沉着指挥，在后续部队的增援下，率先冲破长江防线，占领南岸。渡江后，部队在江阴一带休整。5月4日，赵荣森受命率船队经长江西上南京，驶至镇江焦山江面时，突遭敌机空袭，不幸头部中弹牺牲，遗体归葬大港镇东南锣鼓山。

倪福寿

1 9 2 0

|

1 9 4 7

镇江姚桥镇漕丰村人。1938 年参加新四军,化名"倪荷中",任镇丹区政治部第二股股长。1947 年 2 月 8 日,遭国民党部队包围被捕,在狱中宁死不屈,被敌人割下头颅,慷慨就义,终年 27 岁。

解舜臣

1912
|
1943

又名小臣、雅顺、解尧、再生，化名杨再生。1912年11月出生于镇江丁岗镇葛村的一个儒医家庭。1938年投亲搬住阜宁县东坎镇。

解舜臣幼时在家读书，在其父的严格教诲和影响下，不仅学业成绩优秀，而且养成刚直不阿、见义勇为的性格。青年时代，他见穷人子弟上不起学堂，遂生教育救国之心，在其父赞助下，利用自家敞厅办起称为"外馆"的学校，让穷人子弟免费就读。

解舜臣因经常帮助正直的邻里写状词、打官司，引起了地方劣绅、土匪的忌恨。他们合谋制造了"黄村抢劫案"，对他栽赃陷害，众亲友虽多方奔走，终因上告无门，致解舜臣身陷囹圄，被囚禁在镇江监狱。1937年抗日战争全面爆发，在共产党组织的一次劫狱战斗中，被关押3年之久的解舜臣得以死里逃生。出狱后毅然同妻子一起到丹徒县上党一带参加地下抗日活动。

1938年底，解舜臣到东坎投亲，行商谋生。1939年春，日军第二次占领东坎。解舜臣投身国民党阜宁县公安局，意欲从戎报国，后看到政府抗战不力，决意退出。

1940年东坎解放，解舜臣在三师八旅供给部开办的阜东商店当会计。他不仅认真搞好账务，还积极开办卷烟厂。时常为部队到日伪统治地区兴化、合德、泰州、镇江、上海等地购进大批枪支、弹药、布匹、药品、粮食、棉花等解放区紧缺的物资，支援部队和根据地建设。1942年到丹徒县上党地区为部队转运武器弹药，夫妻二人不畏凶险，乔扮送柩的孝子孝妇，把武器弹药装进棺材，走千余里水路，闯十数道关卡，终于如期完成任务。

1943年日伪军第三次占领东坎，解舜臣随阜东商店撤出，护卫着大批物资，辗转在獐沟、篆河一带。是年3月7日，三师八旅敌工部通知解舜臣，旋即只身一人，连夜赶到神籁参加敌工工作会议。原来日伪控制的东坎为强化治安，迫不及待地要商界成立商会。

敌工部决定趁机派人以合法身份打入商会,开展反伪化斗争。经过党组织一番秘密工作,东坎商业界已公开提名杨再生(解舜臣的化名)出任会长,伪方也予以默认。面对这时刻会丢掉脑袋的任务,解舜臣欣然受命,在会上慷慨陈词:"驱日寇,雪国耻,匹夫有责! 共产党、新四军对我如此信任,就是肝脑涂地,我也在所不辞!"敌工部当即为其明确了接送情报的办法和人员。

翌日,解舜臣在东坎北圩门,接受了众多商人、士绅和伪县府人员欢迎,走马上任。

解舜臣任东坎商会会长以后,不分昼夜地投入战斗,东奔西颠,表面筹组商会,暗地里把原商业救国会的人员组织起来,广泛开展地下抗日活动,并以认干亲、拜老师、结把兄弟等方法,与伪军、政界人物拉关系,因此,解舜臣也赢得伪阜宁县政府日本顾问的信任,取得了正式"委任状"。同时,解舜臣利用伪军关系,把中共地下党员安插到东坎日军驻地挑水、烧饭,以监视日军的行动。经过其艰苦繁难的努力,一个较为周密的情报网形成了。日伪的一举一动,都能及时传递出去,致使日伪在团荡、横滩、瘦蛏洼等地"扫荡"时均遭伏击。

解舜臣善于利用日伪间的各种矛盾,分化瓦解敌人。在频繁的交往中对有民族意识的伪方人员,审慎而大胆地进行策反,先后受其教育启发的有伪东坎区长、伪挺进队队长、伪县长、日军翻译等人,表示愿意为新四军提供情报。伪军一名师长,经解舜臣采用拜"老头子"、叙家族等方法拉上关系,改变了对新四军的态度,多次掩护敌工部人员安全出入据点。

伪东坎区长朱某、伪区队长梁某,作恶多端,解舜臣决心除掉这两个民族败类。他了解到双方正为一个姘妇争风吃醋,并存在分赃不均的仇隙,就和几个打入敌人内部的同志故意制造事端,加剧他们之间的矛盾,终于使双方发生火并,一个被打死,一个停职受审。解舜臣又通过内线关系,让一名已被新四军敌工部争取过来的人当了伪区长,使东坎区公所完全被敌工部控制。

解舜臣还通过驻东坎伪军的军需官,购得大批枪支弹药和药品。买通伪军看守,营救被捕的民运工作队员及二区联防队长、部分干部和群众共50多人。

1943年6月上旬,驻东坎的伪阜宁县长易人,新县长上任后要征粮15吨。解舜臣表面应承,背地里叫人外出躲避,进行软抵抗。6月17日伪县长乘车去响水,途中遭伏击,头部受伤,险些丧命。是年8月17日,伪保安大队长去刘大庄抢粮,又遭伏击,大队副以下官兵30人毙命,19人被俘。8月27日伪警察局长在獐沟的四岔口同样遭伏击身亡。这些伏击胜利,都归功于解舜臣事先设法送出的情报。

因为叛徒的告密和解舜臣频繁的活动,敌人开始怀疑他。伪县长知道解舜臣在东坎是个有影响的人物,不便轻易下手,竟采用卑鄙的"指供"手法,用严刑逼迫被捕的人员说出"解舜臣通新四军"的口供,于是抓走了解舜臣。先由伪县政府秘书利用与解舜臣的同乡关系进行引诱,希冀从他嘴中得到东坎附近新四军军政和地下组织情况,结果一无所获。伪县长恼羞成怒,把他押送给日军,日军头目连夜对他进行严刑审讯,施用鞭抽、杠踩、灌辣椒水等种种酷刑,直至动用电刑,伪县长还把另一些怀疑的人抓来与解舜臣对审,要他承认这些人是同党,每问一次都要动一次刑,解舜臣忍受了各种刑罚的痛苦,始终未向敌人吐露半点秘密。

　　1943 年 9 月 17 日下午,解舜臣被日伪军押至东坎宁市桥南土地祠旁的荒地上杀害,他挺胸昂头,怒目而立,誓死不跪,就义时年仅 31 岁。

褚良文

1 9 1 0

|

1 9 3 9

镇江姚桥镇华山村人。1938 年参加抗日斗争,担任游击队队长,常年活跃在武进孟河、丹阳后巷一带,打得日伪军闻风丧胆。1939 年 9 月 13 日由于汉奸出卖被捕,3 天后被日寇杀害,终年29 岁。

潘金生

————

1 9 3 7

|

1 9 6 9

镇江大路镇新港杏花村人,父母以耕种为业,家境贫寒。1956年3月应征入伍,驻守四川。翌年底赴朝,1958年归国。1959年,西藏发生反动农奴主叛乱,潘金生随部队参加平叛战斗。一次,部队首长为部署作战任务,需派一名战士传达命令,途中要经过叛匪盘踞的30多里地域。时任营部军械员的潘金生第一个报名,他立下誓言:"为了解放百万农奴,我死也要把命令送到!"他冒着零下30摄氏度的严寒,蹚冰河,翻雪山,冲过封锁线,送达了命令,荣立三等功。1961年,又参加甘肃围歼潜伏特务和残匪的战斗,他先后与六个匪特拼刺刀,消灭和俘虏多人,再次荣立三等功。1962年,潘金生被提升为连长。

1968年12月15日,潘金生奉命来到与缅甸接壤的云南省盈江县,任革命委员会生产指挥组副组长,指挥全县工农业生产。后来他患了肝炎,但他4次将住院单塞进口袋。之后又得了严重的胃病,因营养不良全身浮肿。他不顾剧烈的肝痛和胃痛,全身心地为边疆少数民族服务。1969年8月1日,盈江县遭暴雨袭击,山洪暴发,发生了群众伤亡事故。潘金生与另一名同志乘摩托车深入灾区指挥抢救,部署完任务后,潘金生独自开车返回汇报灾情,因山路崎岖,不慎翻车,头部负重伤。部队领导从昆明调去医务人员救治,但他终因伤势过重,抢救无效,于8月3日牺牲。8月6日,近万名边疆各族群众参加了潘金生的追悼大会。潘金生以身殉职后,新华社播发了题为《为人民鞠躬尽瘁——记解放军某部连长共产党员潘金生同志》和《潘金生同志永远活在盈江人民的心中》的长篇通讯。丹徒县革命委员会也发出文件,号召全县党员、干部向潘金生同志学习。

戴　祥

1 9 1 9

|

1 9 4 7

原名宗祥,小名锡宝,镇江大路镇西堰戴村人。父早逝,家贫失学。14岁至启东汇龙镇学徒两年。因不堪老板凌辱,去沪当店员,"八一三"事变后回家务农。

山北县抗日民主政府成立不久,参加民兵组织。1944年加入中国共产党。1945年初,任南元乡农抗会主任,后任民兵大队长,参与领导民众减租减息运动,开展游击活动,曾活捉特务张恒达送抗日民主政府审讯处决。1945年6月,率全乡民兵配合新四军一举摧毁姚桥小庵日军据点。1946年10月北撤,进苏中公学学习,结业后任启东和合区财粮股办事员、团结乡财经组长。

1947年3月,国民党占领启东多数乡镇,建立据点,四处"清剿",大批优秀共产党员、翻身农民惨遭杀害,革命斗争形势日益险恶。戴祥化装成小贩、工匠,穿插于敌人密集据点之间,与敌周旋,白天隐蔽,夜晚活动。遇敌时便潜入水中,以备用的芦苇管伸出水面呼吸。一天晚上,敌人强迫建立的"联保自卫队"开会,戴祥手提短枪,进入会场,对自卫队进行形势教育,指明前途,制服了自卫队,很快打开了坚持斗争的局面。5月2日,东南行署签发了功字第一号《嘉奖令》,赞扬戴祥在3个月的反"清剿"斗争中,英勇沉着,神智机敏,紧紧依靠群众,支撑了整个乡的局面,认为戴祥不但是一个模范的财经工作者,而且是"反顽斗争的英雄",号召全东南的同志向戴祥看齐。

1947年5月,戴祥任启东区路东地区财经所长。时因敌人经济封锁,供给十分困难,为筹集资金,戴祥乔装成兑油农民,肩挑空油箱,闯入敌哨边的毛召福油坊,带出老板,宣传斗争形势,要求工厂、商店按章纳税。数日,油坊、店铺陆续送来税金。敌人得知这一情况,大为恼怒,悬赏皮花 50 担,捉拿戴祥。6 月 7 日,戴祥在东余乡桃园村活动,因有人告密,被百余敌人包围,于激战中牺牲,时年 28 岁。九专署《财经通讯》和南通地委的《江海报》,分别介绍其坚持斗争的英勇事迹,誉为"可歌可泣的坚持范例"。东南行署财经局将其事迹编印成册,行署主任于仲儒亲笔题字"精神不死的戴祥同志"。是年 12 月,改东余乡为戴祥乡,中华人民共和国成立后,烈士遗骨移葬于大路镇西堰戴村。

后记

《镇江新区近现代名人》的编辑工作从 2017 年 3 月起至当年底,历时十个月。新区党工委、管委会对编辑《镇江新区近现代名人》高度重视,成立了由政协新区工委负责的地方志办公室。在政协新区工委的组织领导下,新区各职能部门、直属单位、镇、街道、村、居委会积极配合做了大量材料与信息的收集工作,许多名人本人或其亲友也都热心、主动发来了相关资料,在此向提供帮助的各位表示衷心的感谢。地方志办公室的五位退休老师在政协新区工委办公室的组织协调下,参阅了《镇江人物辞典》《镇江市志》《丹徒县志》《大港镇志》《大路镇镇志》等多种史料性书籍,团结合作、兢兢业业,付出了辛勤劳动,完成了本书的编写工作。

在此,首先声明《镇江新区近现代名人》一书中所收集名人的信息、提出的观点仅作参考用途,不作其他任何依据。其次,期望《镇江新区近现代名人》的出版,对展示新区名人风采、激励新区人积极作为、推动新区宜文化建设起到积极作用。最后,由于时间偏紧、编者水平有限等多种原因,《镇江新区近现代名人》的资料收集、编写工作难以做到全面,疏漏与不足之处在所难免,还有许多新区名人未能收录进来或收录信息有不够准确之处,特此表示诚挚的歉意。名人资料永远处于一个动态的开放过程中,请广大读者批评指正、提供信息,以便再版时加以修正、完善。